薄荷实验
Think As The Natives

PEOPLE OF THE SEA
Identity and Descent Among the Vezo of Madagascar

依海之人

马达加斯加的维佐人，
一本横跨南岛与非洲的民族志

［英］丽塔·阿斯图蒂 著 宋祺 译
Rita Astuti

华东师范大学出版社
·上海·

图书在版编目（CIP）数据

依海之人：马达加斯加的维佐人，一本横跨南岛与非洲的民族志/（英）丽塔·阿斯图蒂著；宋祺译. —上海：华东师范大学出版社，2022
 ISBN 978-7-5760-2780-8

Ⅰ.①依… Ⅱ.①丽… ②宋… Ⅲ.①民族志—马达加斯加 Ⅳ.① K482.8

中国版本图书馆 CIP 数据核字（2022）第 059831 号

依海之人：马达加斯加的维佐人，一本横跨南岛与非洲的民族志

著　　者	［英］丽塔·阿斯图蒂
译　　者	宋　祺
责任编辑	顾晓清
审读编辑	赵万芬
责任校对	周爱慧　时东明
装帧设计	周伟伟
审 图 号	GS (2022) 5128 号
出版发行	华东师范大学出版社
社　　址	上海市中山北路 3663 号　邮编　200062
客服电话	021－62865537
网　　店	http://hdsdcbs.tmall.com/
印 刷 者	苏州工业园区美柯乐制版印务有限责任公司
开　　本	890×1240　32 开
印　　张	10
版面字数	218 千字
版　　次	2023 年 2 月第 1 版
印　　次	2023 年 2 月第 1 次
书　　号	ISBN 978-7-5760-2780-8
定　　价	75.00 元
出 版 人	王　焰

（如发现本版图书有印订质量问题，请寄回本社市场部调换或电话 021-62865537 联系）

献给
纳波依爷爷、洛伦佐和西恩

目 录

导读......001

致谢......001

1 **前言**......001
由此,我逐渐意识到,"维佐人是一群以海为生、栖海而居的人"这种说法,并不像我最初以为的那样"显而易见",也不再那么"无趣",甚至说,它恰恰是一种"真正"的关于维佐人身份认同的描述。

2 **活在当下的维佐人**......023
他们就说要看看我的手,他们想知道我的手指上有没有"维佐人的标志"。确实,拉那条又大又重的鱼时,我的手被鱼线划出了伤口,太阳晒过后就留下了些红道道。那天下午,很多村民都跑来看我的手,他们对我说:"你正在成为一个维佐人。"

3 **没计划的人**......065
维佐人感到意外和他们缺少计划性都有一个重要的时间维度,感到意外及不做计划的人都是在现在行动的(或者正在遭受他者行动的影响,比如受到大海和那些印巴商人的影响)。他们不了解过去,对未来也没有任何期待及计划。

4 **拒绝牵绊的人**......091
如果按规则遵守每一条风芭和法栗,他们会"无时无刻不在死掉",因此他们有意识地在那些"严苛"的传统中选择,有多少自己真的可以遵守。

5 **中场**......117

可以说，维佐人是纯净的人，因为他们身上没有任何来自过去的残留。当然，维佐人并非全然纯净。在他们内心深处，也有一处不透明的领域，那里有些微历史的残留：是一道过去之人留下的疤痕，无法舍弃，也不会褪色。

6 **生的亲属关系　死的亲属关系**......123

有一次，爷爷也从一个更宏大的维度表达过相同的观念。那次谈话，大家在聊维佐人有太多的亲戚，讲到中间，爷爷停下来，简短地同我说了一句："大家其实都是一家人，是婚姻让大家分开，成为不同的人。"

7 **分隔生与死**......163

葬礼上演了一场复杂的、矛盾的、充满情绪的活动，葬礼中的每一部分都在印证着大蒂克罗克已经死了与她没有彻底死去。

8 **为死者服务**......189

生者为死者所进行的那些服务，不是简单地在表达对死者的铭记与尊重，而更像是一种予以好处的调解。通过为死者进行这些服务，哪怕只有这么一刻，让死者又重新回到与生者的联系，满足死者对生命的渴望、对活着的后人的想念。那些已经失去的生前景象，可以在这一刻得到重现。

9 **结论**......233

在一定程度上，南太平洋群岛民族志与非洲民族志在各自研究对象上的差异，似乎可以映照为维佐人在他们自己与死亡之间竭力构建的区隔。

注释......245
维佐语词汇表......269
参考文献......291

| 图　表

图片

图 1　田野点地图 \ 015

图 2　制作一艘新的独木船 \ 033

图 3　孩子们看着索马利准备熏他捕的裴皮鱼 \ 041

图 4　贝塔尼亚的海滩鱼市 \ 048

图 5　立起十字架 \ 216

图 6　贝糯糯（有乳房的十字架），终于被送到坟墓里 \ 227

图表

表 1　卢佛和丹尼谱系图 \ 129

表 2　萨丽和卢佛谱系图 \ 130

表 3　十字架仪式流程图 \ 210

导　读

在族群研究界，丽塔·阿斯图蒂（Rita Astuti）的名字可谓无人不知。丽塔出生于意大利，本科就读于锡耶纳大学（University of Siena），曾受过哲学与人类学的训练。1985年，丽塔前往伦敦政治经济学院（LSE）的人类学系学习，受教于著名的莫里斯·布洛克（Maurice Bloch），并在布洛克的建议下前往马达加斯加地区从事田野调查。原本丽塔的研究计划是围绕捕鱼的维佐人（Vezo）与其近邻之间的经济、政治与社会关系，但随着调查的展开，她日益意识到，维佐人对自身身份的认知及其族群性的表达，是一个更加有趣的主题。自1993年起，丽塔陆续发表关于维佐人的研究，主题涉及婚姻、食物、性别、仪式等多个方面。1995年，在《美国人类学家》（*American Ethnologists*）上，丽塔发表了题为"维佐不是一种人的类别：西马达加斯加一个捕鱼群体中的身份、差异与'族群性'"[1]的论文，同年，更为详尽的民族志作品《依海之人：马达加斯加的维佐人，一本横跨南岛与非洲的民族志》[2]出版，瞬间让她名声大噪。

2000年，丽塔受邀在马林诺夫斯基系列纪念讲座上发表演讲。这是 LSE 人类学系一年一度最高规格的讲座，赫赫有名的利奇、大卫·格雷伯等人也都曾受邀担任讲演人。丽塔演讲的题目是"我们是否都是天然的二元论者？——一个认知发展的路径"[3]。在演讲中，丽塔基于维佐人的案例，从认知人类学的角度，反驳了"非西方人没有二元思考"的主张，认为维佐人在基于出生的生物性与基于养育的社会性之间，建立起了一种二元的思考方式，而这种思考方式，也成为维佐文化根深蒂固的组成部分。

可以看到，或许是受导师布洛克的影响，丽塔始终关注人类学中的"认知"面向。在这本《依海之人》中，丽塔所讨论的维佐人的族群身份，也正是在自我认知的过程中，在"可变的社会身份"与"固定的血缘身份"之间的张力中建立起来的。族群身份，也是维佐人"人观"（personhood）的一部分。

维佐人的族群身份，究竟有什么特殊之处呢？丽塔告诉我们，维佐人是一群以海为生、沿海栖居的人，他们的身份会在生活中不断发生变化。在他们看来，"只要是捕鱼和出海的人，就是维佐人"，或者"所有住在海边的人，都是维佐人"。当丽塔这位外来的人类学家跟着当地人出海捕鱼，并且手指被鱼线划出伤口之后，他们会说："你正在成为一个维佐人"；当她随着一位当地人，战胜了恶劣天气，乘独木舟顺利返回的时候，他们会说："你相当维佐！"而当他们相互评论时，也会用"非常维佐"来称呼一个能够造出很好的独木船的人，或者一个能够顺利将坏鱼卖给不识货的隔壁族群的人。也就是说，在维佐人看来，"维佐"不是一种既有存在，而是一种行为方式。当一个人被称为"维佐人"的时候，就意味着他会像维佐人那样行动，而当一个人不再这样行动，或者搬离了维佐地区，就不再被认为是维佐人。

众所周知，关于族群性的研究与讨论，是自20世纪六七十年代以来人类学界的重要主题。通常认为，族群研究的主导范式可以分为原生论与工具论两种，前者强调由血缘、继嗣而来的"天生"族群身份及人们对它的认同，后者则认为族群身份只是人们策略性使用的工具。乍看起来，维佐人对自身族群身份的认知似乎和"工具论"有着相似之处，但丽塔想要强调的是，即使是工具论，也只是说人们会在没有内心认同的情况下，策略性地使用自己的族群身份，而在维佐人那里，他们对于"身份"的定义就是不一样的。用更清晰的语言来表达则是，"维佐人"的身份不是一种"存在状态"（state of being），而是不断由行动（activity）来定义的[4]。正如她在本书中写道：

> 因此，学界的结论是，维佐人不是一个真正的族群，不是一个特殊的人种，也不是一个可被识别的民族，但在我看来，维佐人需要的是一种更灵活的身份认同方式……他们对于自己的身份，明明有着鲜明的认知，人类学家需要找到一种非传统的认同理论，才能从学术上给予他们身份的定义，理解这个茫茫人海中的小群体自己所拥有的身份认同。[5]

有学者认为，丽塔的研究，呼吁人们关注行动者自身的族群分类概念，也就是传统人类学意义上的"主位理解"⁶。而在我看来，维佐人案例的启发还不止于此——它真正挑战的是作为知识范畴的"族群"，是这一概念本身。用丽塔自己的话来说，当我们面对"他者"的时候，不要前提性地假设他们一定有"族群理论"（ethnic theory），而是应当去探究他们的"族群生成"（ethnotheory）⁷。

在这里，借用知识社会学的观点，我们可以更好地理解二者的区别。事实上，我们每个人在日常生活中，都是借由自己的行动被观察、被认知的。为了相互理解的便利，我们会把某些常规化、惯例化的行动抽象为概念⁸。所谓"族群"，就是这样的概念。从根本上来说，"族群"是为了在"我们"和"他们"之间做出区分，这些区分本是源于行为上的不同，但一旦我们把这些不同固化为一个身份标签，并被更广泛的人群接受，那么，它就会带来固定化的角色期待。比如，"中国人过春节，美国人不过春节"，"沿海人吃海鲜，内陆人很少吃海鲜"，这些都是基于族群身份而来的行为期待。进一步，当我们拥有某个确定的身份之后，还会不断用新的行动来加强这个身份。比如，我们会告诉自己："既然我们是中国人，那么，就应该过春节。"因为某种原因没有过春节的时候，心里会觉得空落落的。这就是族群身份构建的循环过程：activity 先转化为 being，being 接下来产生新的 activity，新的 activity 又会再次对 being 进行确证⁹。

而维佐人缺少的，恰好就是"activity"和"being"的相互转化过程。或者也可以说，在他们看来，寻找一个确定的 being

并没有那么重要。对他们而言，社会生活的理想状态就是保持高度的流动性，任何的being，都是在行动中界定的，也都会随着行动而变化。他们"不喜欢牵绊"，对于历史和任何固定化的东西都不感兴趣，而是始终保持对当下情境的关注。丽塔虽然没有明确指出，但显然，她认为，如果我们很难理解维佐人的思想，那是因为我们过于陷入自己制造的概念牢笼之中，不能体会另一种流变的生活形态。丽塔用一个形象的比喻概括了这种生活："如果要在一个维佐人'体内'寻找维佐人的身份特征，是无法看到的，犹如在看一件透明的物品，视线只能穿透而过。"[10]

然而，维佐人最大的困扰在于，当一个人去世之后，他就没有办法再继续这种流变的生活了。人们必须要为他找到一个确定的身份，因为，他只能按照这个身份被安葬。"生"与"死"之间的张力，正是丽塔在全书后半部分为我们呈现的内容。

维佐人经常会说，"遗体是引发矛盾的存在"。因为遗体不能分割，不能"让一伙人带走脑袋，另一伙人带走脚"[11]，因此，需要确定一个"能带走遗体"的人。在维佐人看来，这并不是一个愉快的过程。按照中国人的观念，一个人最大的确定性应当在于他的亲属关系，而这种亲属关系，在维佐人那里仍旧不存在。"维佐人有很多亲戚"，这是当地的常识，甚至，一位维佐爷爷会为丽塔想在一个笔记本中记下他的所有亲戚而感到惊诧。在形容一个人的亲属关系时，维佐人用的词是"壤葬"（*raza*）。在他们看来，一个活着的人有八个壤葬，其中四个是母亲那边的,四个是父亲那边的,这也会带来无穷多的亲属。而当他死去之后,他就必须确定一个壤葬。在维佐人看来,这意味着一种"失去",因为他失去了生前复杂的亲属关系,被迫只能在一种亲属关系中安置。

维佐人最终通过一个仪式,即"索颅仪式",解决人死后的安置问题。所谓"索颅仪式",简单来说,就是孩子的父亲向孩子母亲的"壤葬"供上一头牛或者大米,仪式之后,孩子的父亲就"拥有"了这些孩子。如果一个人生前举办了索颅仪式,就会被埋进父亲家的坟墓;如果没有,就会被埋进母亲家的坟墓。在维佐人看来,生死是绝对的分离,人死后,就成为了"异类",脾气很差,暴躁蛮横,因此,一定要在生与死之间建立起绝对的屏障。他们会用葬礼来送走死者,在整个葬礼过程中,参加者们都会觉得很"热"("热",也是他们用于形容墓地的词),他们会缺觉、疲倦、醉酒,还要吃难吃的食物,而之所以完成这一切,就是为了让死者回到他们的地方,然后生者便又可以回到自己"凉爽"的生活。

这里的"冷"与"热"的对立,再次颠覆了我们的常识认知。维佐人对此的解释是,活着的人喜欢凉爽,因为凉爽意味着宁静、无忧无虑,"不分你我";而死者则是燥热的、坏脾气的,因为他们被坚固的墙壁分割为了不同家族。此后,在某些仪式中,死者会短暂回归村落生活,以释放他们对生命的眷恋,但最终,生者与死者之间还是要保持严格的区隔。

阅读这本书,带给人的是智识与文笔上的双重愉悦。一方面,丽塔的写作是流畅的、生动的、细致的,种种细节的呈现,仿佛将我们带入到了那个美丽的海岛之中，感受到维佐人"凉爽舒适"的生活。另一方面，那些不同寻常的思考，那些维佐人的"地方性知识"，又会在让人惊叹之余，不得不再次回头审视我们自己。我们"习以为常"的，不仅是生活本身，更是那些构筑生活世界的知识前提，而人类学对"习以为常"的挑战，指向的正是这些知识前提。这是一本族群研究的著作，但它带来的显然更多。

刘琪（上海外国语大学全球治理与区域国别研究院教授、北京大学人类学博士）

注　释

1 Astuti, Rita, "'The Vezo are not a kind of people': Identity, Difference and 'Ethnicity' among a Fishing People of Western Madagascar", in *American Ethnologist* 22 (3), 1995.
2 Astuti, Rita, *People of the Sea: Identity and Descent among the Vezo of Madagascar,* Cambridge University Press, 1995. 台湾的中译本已在1997年出版。
3 Astuti, Rita, Are we all natural dualists? A cognitive developmental approach, *The Malinowski Memorial Lecture*, 2000 [online], London: LSE Research Online.
4 Astuti, Rita, "'The Vezo are not a kind of people': Identity, Difference and 'Ethnicity' among a Fishing People of Western Madagascar", in *American Ethnologist* 22 (3), 1995, p.466.
5 见本书，第5页。
6 马腾嶽，"ethnicity（族属）：概念界说、理论脉络与中文译名"，载于《民族研究》2013年第4期。
7 Astuti, Rita, "'The Vezo are not a kind of people': Identity, Difference and 'Ethnicity' among a Fishing People of Western Madagascar", in *American Ethnologist* 22 (3), 1995, p.465.

8 关于日常知识的建构过程，可参见［美］彼得·L.伯格、［美］托马斯·卢克曼著，《现实的社会建构：知识社会学论纲》，吴肃然译，北京：北京大学出版社，2019。

9 在当代著名人类学家约翰·卡马洛夫（John Comaroff）看来，这种对"being"与"becoming"之间关系的探寻，也是人类学可以做出的独特知识贡献。参见 Comaroff, John, "The end of anthropology, again: On the future of an In/Discipline", in *American Anthropologist*, 122 (4), 2010, pp.524-538.

10 见本书，第 120 页。

11 见本书，第 135 页。

致　谢

这本书是与马达加斯加的维佐人共处 18 个月的田野调查成果。本次研究得到了温纳-格伦格兰特基金会（Wenner-Gren Grant-in-Aid [1988]）的资金支持，以及伦敦大学中央研究基金（the Central Research Fund, University of London）、罗马国家研究中心（the Centro Nazionale delle Ricerche [CNR], Rome）、罗马意大利-非洲学院（the Istituto Italo-Africano, Rome）和意大利锡耶纳大学（the University of Siena）的资助，英国国家学术院（the British Academy）为我提供了博士后奖学金，才让我有可能完成这本书。我要感谢以上所有机构的支持。

感谢安塔那那利佛大学艺术与考古博物馆（Musée d'Art et d'Archéologie, Université d'Antananarivo）的馆长让-艾梅·阿库图阿里索（Jean-Aimé Rakotoarisoa），在他的帮助下我的研究得以顺利进行，我还要感谢该博物馆的所有工作人员；感谢佩内洛普·西蒙（Pénélope Simon）女士，她是第一位在伦敦教我马达加斯加语的老师；感谢罗莎·史蒂文（Rosa Stevan），她在安塔那那利佛给了我友情上的支持以及生活上的关照，还有吉诺·卡巴尔扎（Gion Cabalzar）和希琳·索图德（Shirin Sotoudeh），感谢二位在穆龙达瓦（Morondava）对我的诸多关照。

在整个调研过程中，我的父母卡萝（Carlo）和费尔南达（Fernanda）从远方给了我殷切的支持与鼓励，不论是田野调查期间，还是那动荡不安的毕业前夕。我对这一切深表感谢，更多感激难以言表。

珍妮特·卡斯特（Janet Carsten）、约翰尼·帕里（Johnny Parry）、皮埃尔·乔治·索利纳斯（Pier Giorgio Solinas）、查尔斯·斯塔福德（Charles Stafford）、迈克尔·斯图尔特（Michael Stewart）、史翠珊（Marilyn Strathern）和宝拉·塔贝特（Paola Tabet）在我写作的不同阶段，均给过我宝贵的意见与建议。

莫里斯·布洛奇（Maurice Bloch）为我打开了马达加斯加研究的大门，他与我分享了人类学实践过程中的诸多兴奋，也帮我克服了写作过程中种种难以下笔的沮丧。

洛伦佐·艾皮斯坦（Lorenzo Epstein）曾深入研究维佐人，他热爱他们，也理解我对于维佐身份研究的沉迷。从我第一次提出有关维佐人的问题，到我逐渐可以回答其中的一些，他一直在给我源源不断的支持，在研究过程中跟我苦乐与共。

还有那些我实在不知道如何表达谢意的人——我在贝塔尼亚（Betania）和贝隆（Belo）的朋友们，但我仍想说，感谢他们在教我时的耐心、热情与包容，感谢他们让我成为一个维佐人，感谢他们告诉我如何做到这一切，希望他们知道，和他们在一起生活让我多么轻松，和他们在一起的时光我多么快乐。

1

前言

第一章　前言

本书研究的是两种不同的认同形式：一种传承自过去，由种种历史因素所决定，比如出身、血缘，当一个人出生于非洲，他就被烙上了非洲人的身份烙印；另一种则着眼于现在，根据当下的行为来实现，具有可辨识的南岛（Austronesian）特征，是可变的、非原生、非本质的。生活在马达加斯加西海岸的维佐人，同时具有这两种认同。本书的目标之一就是探索这两种完全不同且不相容的"成为一个人"的方式是如何在他们身上共存，并且互相补充、互为关要的。

接下来，我将向读者介绍这两种认同，当我在维佐人中做田野时与它们相遇。我将描述我是如何提出本书所要探讨的问题的；同时，我将开始提供并解释当地有关认同的术语——"不固定的身份"和"固定的身份"。

我的田野点之一，贝塔尼亚，是一个马达加斯加西部的沿海村庄。抵达那里几天后，我在海滩上看到了两个孩子在玩耍。他们大约六岁，坐在一艘坏掉的独木舟中，那艘船的半个身子都陷在沙里，他们却在里面划桨，同时还高呼着："维——佐——！维——佐——！"（*ve-zo! ve-zo!*）就像是独木舟在海上航行，船员们共同高喊着节拍。"维佐"（Vezo）这个词，在当地方言中，是动词的祈使态，意为"划桨"。

然而，"维佐"这个词，还代表着一群人，也就是本文的主角——维佐人。他们经常强调，自己的名字就代表了自己的身份，他们是"划桨"[1]的人，是"一群以海为生、栖海而居的人"。维佐人的生活和海洋密切相关。在田野调查初期，我还在学习当地语言的时候，每次掌握的日常用语，不是和"捕鱼"相关，就是和"出海"相关。我的向导告诉我——只要是捕鱼和出海的人，就是维佐人；也有一群年轻人指着我的地图告诉我——所有住在海边的人，都是维佐人。维佐人喜欢反复向我强调，"我们是一群以海为生、栖海而居的人"。他们反复提及这一点，开始我觉得相当无趣，当时的我不甚理解这句话的内涵，只觉得他们在描述一个显而易见的事实——不就是说维佐人是一群以海为生的人嘛。

不过，维佐人在我这儿反复强调过的"执念"，从早期来马达加斯加旅行的传教士所留下的记录中，似乎少有提及。至于地理学家、人类学家、历史学家等学者，从他们最近在这个领域的研究来看，大家早已公认：维佐人就是"沿海渔民"。一位做了大量详细维佐研究的学者凯什兰（Koechlin，1975：23），将维佐人定义为"半游牧-半海洋"人群，认为他们主要在珊瑚礁、红树林滩涂以及沿海的森林中猎食。而其他人提到维佐人时，有时会不那么学究地将其称为"一群热爱捕鱼、大多数时间在海上、生活在海边的人"（Grandidier，1971：9），又或者是，"经常出海并精通捕鱼的海边人"（Poirier，1953：23）[2]。一直以来，文献中的主流观点都认为，定义一群人具有共同的身份，需要的是一套固定不变的行为模式，维佐人的生计方式就是他们最具辨识度的特征[3]。然而人可以迁居，也可以改变自己的生计方式。"维佐"这个词，包含的意思是维佐人会做什么、住在哪里，这样的特征是无法从本质上定义"真正的维佐人"的，比如一个维佐人离开海边，搬去内陆居住，那么他就不再是维佐人，而是变成了马斯克罗人（Masikoro）——维佐人的邻居，一群以农耕和畜牧为生的人[4]。因此，学界的结论是，维佐人不是一个真正的族群，不是一个特殊的人种，也不是一个可被识别的民族[5]，但在我看来，维佐人需要的是一种更灵活的身份认同方式，不能将他们简单地归于凯什兰定义的"萨卡拉瓦（Sakalava）大家族"[6]（Koechlin, 1975：26）。他们对于自己的身份，明明有着鲜明的认知，人类学家需要找到一种非传统的认同理论，才能从学术上给予他们身份的定义，理解这个茫茫人海中的小群体自己所拥有的身份认同。

　　由此，我逐渐意识到，"维佐人是一群以海为生、栖海而居的人"这种说法，并不像我最初以为的那样"显而易见"，也不再那么"无趣"，甚至说，它恰恰是一种"真正"的关于维佐人身份认同的描述。虽然我的田野调查中难免存在误解或臆断，但对于维佐人自己的这种说法，我仍然抱有不少疑问：为什么有些安坦德罗人（Antandroy）没有维佐人的血统，但在迁徙到了南方后，也被称为维佐人？为什么那些祖先不同、习俗和文化也大相径庭的人，全都被称为维佐人？对于我的疑惑与讶异，我的报道人轻描淡写地说："维佐人的身份不是固定的呀。"

karaza 这个马达加斯加语词汇，意思是"种类"、"类型"，指一群享有某些共同特质的物品、动物或人（也可见 Bloch, 1971: 42-43）。比如，鱼，是一"种"生物；西班牙马鲛鱼，是一"种"鱼。在马达加斯加语中还有一个词 *raza*，*karaza* 由它而来。*raza* 的意思是祖先，尤其是同一"群"祖先，也就是那些葬在同一个墓穴的祖先，当地称之为一个 *raza*（*raza raiky*）。可见，不论是物品、动物，还是人，同一类型的成员，依据的是其某些内在的、天生的特质。比如说"鱼"，一出生就是"鱼"，不存在"鱼性"或某种可以通过后天获得、学习或改变的特殊的"鱼性"。同样地，人不能通过掌握或学习而获得特定墓穴或 *raza* 所包含的成员身份，只能通过其出身来获得。

因此，"维佐人的身份不是固定的"这种说法意味着维佐人不是**天生**如此，他们的身份是模糊的——他们并非一出生就是维佐人，也并非因出身而成为维佐人。因此，安坦德罗人或者其他任何出身的人都可以成为维佐人，因为维佐身份无关**出身**；那些祖先习俗不同的人都可以成为维佐人，因为维佐特性不是由祖先来定义的。

在理解了"维佐人的身份不是固定的"这句话的含义后，我似乎也意识到了为何他们要不断同我强调，维佐人是"一群以海为生、栖海而居的人"。实际上，他们向我描述的不是自己的生计方式和生活环境，而是维佐人在生活中的实际行为和居所，他们试图通过这种描述让我理解他们是谁。"维佐人的身份不是固定的"和"维佐人是一群以海为生、栖海而居的人"这两种表达都体现了维佐人对自我的认知——对他们来说，身份并非来自出身或祖先，不是由某种天然的特质定义，而是由行为所创造的，比如一个人现在做了什么、住在哪里——种种生活图景下人的行为，创造了"维佐人"。维佐人说："没人一出生就是维佐人，出海、捕鱼、在海边生活，就成了维佐人。"

在正文的前半部分，我坚持强调：维佐人的身份，其实是一种行为方式，而非一种存在状态。维佐人之所以是维佐人，只与他所做的事情相关。一个维佐人几乎不会去关心他现在是什么身份，或者未来将变成什么身份，而只会关注自己当下的所作所为。基于我的研究，我提出这个不同的观点："维佐"这个词，可以从本质上定义"真正的维佐人"，因为这个词专门用来描述维佐人的行为和居所。不过，我认同"维佐人不是一个真正的族群，不是一个特殊的人种，也不是一个可被识别的民族"这种观点，虽然我得出这个结论的研究目的及因果逻辑未必与其他学者一致。那些认可这种观点的学者通常会认为：一种"真正"的身份必须是固定不变的，而非可转换的，一个人是"真正"的维佐人，那他就不能变成马斯克罗人；也就是说，身份必须是与生俱来的，来自与祖先之间的亲缘关系，不能通过后天日积月累、反复训练的行为来获得。而维佐人并非如此，他们没有可被定义的身份，是因为他们"反常"，西方族群理论（Linnekin and Poyer，1990：2）在他们身上不适用。此外，人们观念中的身份认同，通常来自共同的出身。由于出身相同，诸如血缘和亲缘关系等生物性的联系或是随之而来的语言、信仰、历史等文化上的特点，都因出身而存在天然的共性，也能据此定义人们的身份 [7]。虽然维佐人的身份认同与此相异，但维佐人并非没有自己的认同观念。观察到维佐人的"反常"后，之前的学者并未据此做进一步研究，没有试着去理解维佐人文化的全貌，他们停留在了族群理论略显狭隘的框架之中。因此，我的研究，便从这里起步。

在我的田野调查开始之前，经常听到这种理论观点："维佐人不能被称作一'种'人。"诚然，彼时我试图探寻维佐人身份认同的本质，所提出的疑问和试图研究的内容也在一定程度上受其误导。然而，随着逐渐学会从维佐人自身的角度发问，我开始意识到，认为维佐人"不能被称作一'种'人"的观念，其实源于人们自身对身份概念的那些根深蒂固的认知，因此，就有了这项关于维佐人身份认同的研究。我发现，认为维佐人的身份是"不固定的"，对维佐人的存在不仅不是否定，对这个通过行为来定义自身的群体来说，反而更像是一种正面的肯定。[8]

本书的前半部分旨在阐明维佐人自己说的那句："维佐人的身份不是固定的呀。"在我看来，对于"没有固定身份"这种观念，更容易理解的描述是"模糊不清"——维佐人的身份是模糊的，无法凭过去判定一个人是否是维佐人。在维佐人的观念中，只能通过一个人当下的行为来判断他是否是维佐人，而过去的行为，在任何时间点上，都无法给人以一个明确不变的身份。因此，我们可以想象这样的画面：每天清晨，维佐人起床时，其身份是一片空白，要通过当天的行为，从头做个维佐人。

在维佐人眼中，过去了无痕迹，因此，维佐人的身份不受任何历史要素的影响。直到殖民时期，萨卡拉瓦王国都在长期统治着整个马达加斯加西部，然而，维佐人从来不称自己为萨卡拉瓦的一分子。他们还会得意地说，统治者到访海边时，他们从不致敬，而是赶紧乘独木船躲开。他们坚称，自己的身份不由历史决定。维佐人强烈地回避各种规训身份的力量，历史要素便是其中之一。这段鲜为人知的故事在历史上是否确凿并不重要，故事中维佐人与萨卡拉瓦政权[9]的交往方式，或许能够帮助我们探究维佐人缘何面临"没有固定身份"的现状。不过，我的研究目的并非从历史角度去揭示维佐人身份的根源，而是试图分析维佐人在日常生活中所经历的特有的身份认知方式，更多是着眼于这种身份认同的形态，而非起源。

在与维佐人相处的田野调查中，很容易觉得自己正在变成一个维佐人，我说这个不是指那种人类学家常有的感受——在自己的田野点，从被研究对象初次接纳，到逐渐融入这个群体——这种带着些许浪漫意味的过程。而是想强调一种"变成维佐人"的可能性，这与维佐人自己独特的身份认同方式密切相关。

不论什么人，只要和维佐人一起生活，也不论他们掌握的讨海技能娴熟与否，维佐人随时都会向他们灌输两种观念：维佐人是"身份不固定"的人，维佐人的身份是由所做的事来决定的。他们曾告诉我：

维佐人没有老大，任何人只要喜欢大海，能够在海上生活，就能被称为维佐人。维佐人的特点不是谁独有的，谁都不能因为自己有特别好的讨海技术，就说自己是维佐人的老大。不对不对！或许应该这么说，只要有维佐人的行为，愿意的话，每个人都可以说自己是维佐人的老大！[10]

我的维佐朋友经常说我选择来他们这儿做田野非常明智。在他们看来，我喜欢大海，喜欢游泳，也喜欢出海和钓鱼，在这边做研究再合适不过了，他们似乎也觉得我很适合做一个维佐人。

而我自己，也因为不断地参与维佐人的生活，像维佐人那样整天钓鱼、熏鱼，还去市场卖虾，才在日常中愈发理解维佐人说的"维佐人的身份不是固定的"到底是什么意思。正是由于维佐人身份"模糊"，不被出身定义，我才能摆脱自己的过去，于现在重新获得一个身份。我甚至能感觉到，自己也可以以一个维佐人的视角，去体会他人对我的看法，让自己更彻底地成为维佐人的一员。从某种意义上来说，我变成维佐人的过程，也可以被看作维佐人身份认同的一个缩影。虽然这个例子非常微观，但依然非常能说明问题——维佐人的身份，是通过其日常行为来定义的。

学做维佐人做的事，最后就会成为维佐人。关于这点，接下来我会讲述一些个人经历。当我游泳和出海时，我的房东会称我为维佐人，然而在我看来，这里他指的并不是真正的"维佐人"，如果问他"认为我是个'真正的'维佐人吗"？答案显然是否定的。但这并不是因为我是个来自远方的外乡人,与他们风俗相异,相反,即使我的维佐朋友们都非常清楚,一旦我离开他们,回归自己的生活,我将会有另一个完全不同的身份,但在他们看来,那是暂时的。当我和他们在一起的时候,他们非常乐意我以他们的方式生活,用他们的行为一起相处,这完全没有问题。我之所以不是个"真正的"维佐人,其实是因为——没有任何人是"真正的"维佐人,没人能说自己生来就是维佐人。诚然,作为我自己来说,"当一个维佐人"是需要条件的,但这里我想提出的是——任何一个维佐人都是如此,也就是说,任何人"当一个维佐人",都需要条件。

我十分确信,维佐人这种特殊的定义自己身份的方式深深地影响了我的田野调查。他们通过当下的行为构建自己的身份,这也左右了我的研究问题。有时候我甚至觉得,自己成为维佐人的过程是被动发生的,这种在不知不觉中融入他们的经历,让我开始思考,并逐步聚焦于本书前半部分将讨论的问题。同时,在融入维佐人的身份之后,我所感受到的规训,让我意识到在另一个方面还存在着一种定义维佐人身份的方式。正如前文所言,这种身份认同与维佐人的自我认知相去甚远,也是本书后半部分要讨论的内容。

此外,在田野快结束的时候,我有一次出海遇到了危险。那天,我和一位年轻人乘独木船外出,他负责驾驶。夜里返航的时候,他弄丢了桨,也就是我们的船舵。平时船上是会有备用桨的,但他突然意识到,自己忘带备用桨了。我们无法控制独木船,只能随水而流,逐渐被带入一个浅水湾,那里风浪很大。发现不妙时,我们赶紧收起了帆,然而,大量的海水漫进船身,整个船体都有裂开的可能。我们只能设法利用船上的两根桅杆,让自己缓慢地驶向安全地带。到达岸边后,我全力安抚着一位同行的小男孩,但我心里很清楚,刚才差点就被淹死了。几天后,有人跟我说,他们在南边几英里外找到了一个西瓜,是那晚我们从船里丢出去的。他顺带暗示,如果那天晚上独木船沉了或者翻了,大家找到的就是我们的尸体。关于这次经历,我产生了一个疑问:如果我死了,我的维佐干亲们会不会将我埋进他们的墓地呢?这个问题困扰了我很久,最后我的答案是——不会——因为我在大洋彼岸的父母一定会找他们要回我的尸体,埋在自己家的坟墓里。

如马达加斯加的其他人一样,维佐人非常重视"对死者的处理",尤其是对墓地的选择(请参照 Bloch,1971)。在维佐人看来,埋在不同墓穴中的人,属于不同的"种",也就是当地人说的壤葬(raza)。我的维佐朋友们不会将我埋进他们的墓穴,这样我就不会和他们成为同一壤葬的亲戚。这件事情的逻辑是这样的,与维佐人自我认知的身份不同,跟壤葬相关的身份是一种存在状态,而并非行为方式。这种身份需要由出身来决定,与每个人的祖先相关,不论在何种时空条件下都无法改变。

一直强调自己"没有固定身份"的维佐人,却有着壤葬这样被归于"某种家族"的概念,的确令人充满了疑惑:通过日常行为逐渐成为维佐人和因为与祖先的亲缘关系作为维佐人,这两种大相径庭的身份认知,一种极具包容性,另一种又相当排外,是如何在同一群人身上共存的呢?维佐人如何既"没有固定身份"又"有固定身份"呢？这些问题将在本书后半部分中重点讨论。

讨论维佐人观念中的"固定身份"，需要以亲属关系为背景，这里要提到人类学的两种继嗣关系：血亲继嗣与单边继嗣（cognatic and unilineal descent），这两种亲属关系在维佐人的认知中是共存的，并且充满了互动。同时，关于人的身份，维佐人也有两种不同维度的认知，一种是基于当下所建立的，而另一种则是在未来形成的，准确地说，是在一个人死后，将人定义为某"种"（壤葬）。要理解这一点，观察两者在时间上的差别就显得十分重要。基于这种差别，我们可以分析维佐人对死者是如何进行身份认同（一种固定的身份）的。而在这个问题中，对丧葬仪式的分析非常重要。在丧葬的过程中，维佐人重建了死者的身份，将活着的维佐人与死去的维佐人区隔开，于是，两种不同的身份认同也都于此刻诞生。

最后，我们还要试图去理解，在活着的人与死去的人之间，在"不固定的身份"和"固定的身份"之间，在过去、现在与未来之间，维佐人是如何既否认又接纳他们这两种身份同时长久存续的。

我对维佐人的田野调查始于 1987 年 11 月，终于 1989 年 6 月。这期间，我一直住在贝塔尼亚和贝隆苏梅（Belo-sur-Mer）（下文简称为贝隆）[11]这两个村子中。穆龙达瓦是该地区的镇中心，在贝塔尼亚以北 3 公里处，那里有一些政府部门、一个市场、一家医院、一所邮局和一座机场。贝隆村位于穆龙达瓦以南 60 公里处，大部分时间其居民只能乘船去镇上。其间，我时不时地也会去附近其他有维佐人的村子：罗沃贝（Lovobe）、贝曼吉里（Bemangily）、安科沃（Ankevo）、安坦尼曼宁波（Antanimanimbo）、马纳希安德亚基（Manahy an-driaky）。在穆龙达瓦的市场上，我遇到过很多来自贝塔尼亚南部及北部的维佐妇女。我还去造访了内陆一些马斯克罗人的村庄，如安比巴利（Ambohibary）、马诺梅迪纳（Manometinay）、贝莱奥（Beleo）、马洛非希（Marofihitsy）、马纳西安特迪（Manahy antety）（见图 1）。

贝塔尼亚是一座狭长的岛屿，三面环水，西面 200 米处便是汪洋大海。在岛屿的北面，有一片随着潮汐涨落时隐时现的浅滩，而岛屿的东面，是一片红树林沼泽。从海上才能看到这个村庄的全貌。住在岛上，每一天都可以看到太阳和月亮从海水中一再升起、复又落下。

维佐人的村庄都不是建在"硬土地"上，而是建在"软泥沙"上的，贝塔尼亚也是如此。海滩和村庄的土地连成一片，房屋间散落着几棵椰子树，作为海陆的分隔。要从海上找到贝塔尼亚，可以通过岛上棕榈树的布局和高度，以及岛屿北部那株巨大的伞形酸角树来进行辨识。

海滩上房屋成群，以南北为轴，鳞次栉比地平行于海岸线排布，独木船也沿岸停靠。大多数房子都是木结构的，墙壁间塞满干草，用的是一种当地叫作冯德罗的在内陆生长的长草。屋顶则由椰子树的叶子盖成，一层又一层。地板是编织毯，直接铺在沙地上。此外，岛上还有一些砖房，它们有着波纹状的

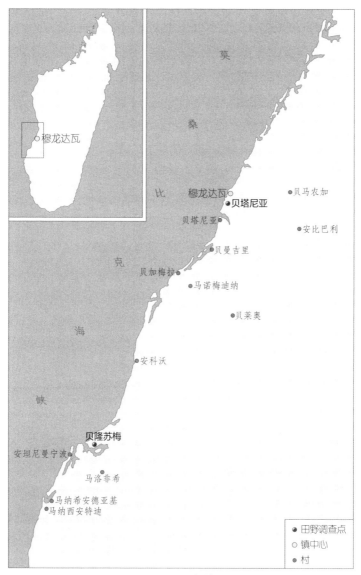

图 1　田野点地图

钢制屋顶和水泥地板。两种住所的门都开在东面和西面的墙上。

厨房是一个专门的小屋，大多数维佐人家里都有，如果没有的话，就会在室外下厨，他们是不会在睡觉的房间中做饭的。房屋旁边通常还有个浴室，其实就是一块小小的围墙，在那儿可以换衣服，也可以用水桶洗澡。洗澡水通常是井水，水井凿在各个房屋之间，人们烹饪、饮用和盥洗时都能去打水。房屋间还散养着一些鸡和猪，但如果它们跑得离自家太远，尤其是跑到了"对头"的房子附近，就有可能会被棍棒或石头打，还会被开水烫，难免遭遇伤亡。

如果有人问贝塔尼亚的居民："你们村除了是一个维佐人的（沿海的）聚落外，最重要的特点是什么？"他们可能会说："我们这儿的特点就是离穆龙达瓦市场近呀！"穆龙达瓦市场是当地居民重要的活动场所。如果你看到一个向北走的村民，问他"去哪儿啊"？得到的回答多数都是，"去市场"！虽然我很快了解到，"去市场"也可以是"少管闲事"的意思，但很多时候他们真的就是"去市场"。这里的居民每天都会到市场去卖鱼，也会买一些日常三餐所需的食材，比如大米之类的。赚得够多的时候，还会买一些做"大餐"的原料，做点猪肉土豆或者地瓜叶牛肉，他们经常会提到，离市场近，就不用每天都吃鱼那么单调，因此很少会有吃腻了的感觉。

而贝隆就不一样了，贝隆被贝塔尼亚人称为"连市场都没有的村子"。我在贝塔尼亚的朋友一听说我要搬去贝隆，就坚持说那我会过得很惨：一天到晚地吃鱼，日子无聊透顶，很快就得思乡病了！搬到贝隆后，一位贝塔尼亚的老乡来看我时，戏谑地问我能不能在晚饭前去市场转转,当听到附近没有市场时,他还装出一副非常惊讶的样子。

到贝隆后,我首先注意到的就是沙滩上深深的车辙,那是运玉米、树薯和大米的车留下的。这些车把内陆马斯克罗地区的货物运到贝隆卖,也会在贝隆换些鱼货回去。贝隆的居民将这些货车称作他们的市场,他们也知道这种货车市集不如穆龙达瓦的市场好逛。因为每天都吃鱼,他们也承认自己的日常饮食相比贝塔尼亚人要单调很多。但贝隆也有不错的地方,这边的鱼和小龙虾更多,而且肉质更肥,味道也更鲜美。

在贝隆的感觉和在贝塔尼亚的区别很大。贝隆村坐落在一个巨型的环礁湖边,它离开阔的海面距离要远一些,因此贝隆比贝塔尼亚可热多了。贝隆海滩上的沙子颜色更深,温度也更高,小孩子踩在上面的话会很疼。在贝隆经常会见到年长些的孩子背着自己的弟弟妹妹,踩着灼热的沙子,穿过热气腾腾的沙地,来往于阴凉的地方。此外,贝隆大部分的房子是用硬木板建造的,比起贝塔尼亚的要更结实。总而言之,这里的设施看起来更坚固,更经久耐用,尤其当我在贝隆看到了正在建造中的大型双桅帆船,这种印象就更强烈了。这里的帆船被称为"botsy",由大量坚硬非常、经年耐久的木材所造。对于贝隆的居民来说,这些木船,以及终日参与造船的人们,就是这个村子最大的"特点"。

当我从贝塔尼亚搬到贝隆,又或者每一次我在不同的维佐村庄间穿梭,我都会特别注意他们不同的行为(风芭,fomba)。我主要关注他们的生计方式,当然也会对他们说话的方式、日常的饮食、村落的位置以及居住的建筑感兴趣。在我借住的人家中，有位维佐人算是我最亲近的老乡之一了。他有次向一位从没见过我的访客这样解释我做的事儿：她是来马达加斯加研究维佐人的，她一直在这儿四处旅行，就为了了解维佐人各种各样的行为。我在当地的关注点大概就如其解释的这般吧。

尽管维佐人的行为普遍存在差异，但我的受访者不论是在同我谈话时，还是在他们自己的聊天中，"维佐"这个称呼都是用来指所有"以海为生、栖海而居的人"，也就是说，一个地方的人潜水捕龙虾，而另一地方的人用鱼线钓马鲛鱼，只要这两个地方——或者说整个西海岸的所有地方——的人是以海为生，那么他们就是维佐人，在身份上没什么差别。

这本书中，我用"维佐人"这个称谓来指代两种相互参照的群体。第一种，我指的是那些在我长时间居住的村庄中生活的那一小部分维佐人，我写下他们告诉我的关于他们自己的事情，以及那些让他们"成为维佐人"的点滴。第二种，我笔下的"维佐人"，是生活在贝塔尼亚、贝隆抑或是任何一个西海岸村庄中的人，如我的报道人描述他们自己时所讲的概念一样，在大家的认知中，不论行为上有何差异，只要是"以海为生、栖海而居的人"，全都是维佐人。根据报道人的用法，我接受了一种为所有维佐人所共享的超越地域差异的身份认知（也就是"维佐人的身份不是固定的呀"），虽然对我研究以外的地区情况是否也如此，还缺少些经验性的论据。

我在田野调查之初选择在贝塔尼亚居住主要是为了方便，因为它是离穆龙达瓦这个行政中心最近的村庄，对我来说，是最容易快速进入的田野点。那时，我最急切的事情就是学习当地语言了。在贝塔尼亚生活非常便捷，我想在这里学成语言后，再搬去稍偏远些的地方做研究会比较容易，当时我计划的另一个田野点是贝隆。

虽然计划如此，但当我在海边住了四个月后，第一次到访贝隆时，我发现自己无法轻轻松松地离开贝塔尼亚。毕竟我已经在贝塔尼亚住了那么久，在那里已经为自己创建了一个非常不错的人文及工作环境。租房子给我住的贝塔尼亚村民，他有八户亲戚，他们都已经接纳了我进入他们的亲属关系网。和他们在一起，我可以参与任何我想参与的交流、聚会、争论、八卦、冲突和玩笑；我们可以一起讲悄悄话，也可以共同嬉笑哭泣；我可以提问，还可以要求解释。大多数人都觉得我有兴趣研究他们，会很放心地与我交谈，而且都很愿意告诉我那些我想知道的事情，会为我解释，而且，他们中有些人给我的解答特别便于我理解。

除了这个亲属关系网，我还迅速地和其他一些人熟络了起来，我可以向他们自由提问，也可以就我感兴趣的话题发起讨论，甚至可以借此看到他们的矛盾。偶尔我会做一些正式的访谈，但我觉得参与那些不是由我发起的对话及活动往往更有收获。只要我想，就可以随意地拜访那些村民，可我与他们的关系不如与我的房东那样亲密。而在一些与我更疏远的人看来，我是一个特殊的外来者，他们会对我有些特别的关注。相对于这种更为陌生的关系，我又觉得自己与这些村民的交情还算不错，至少他们允许我，甚至欢迎我去观看一些特殊的仪式，也算是享有某种特权了。相反，同我房东家在一起时，一旦日常相处增多，我的存在就变得理所当然，失去了那种特权。至于其他村民，在我逗留期间一直与我保持距离。我觉得有些人不喜欢我，有些人我自己不太喜欢，还有一些人对我的存在表示无所谓或者没兴趣同我讲话。即便如此，对于他们我依然有一定程度的熟悉，因为我们住在同一个村子里，一起参加了很多公共活动，比如出席葬礼或者逛穆龙达瓦的市场。还有一点，村里有一些人，我不能同他们交谈，也不能和他们打招呼。因为，成为某个亲属关系网的一部分，也意味着不得不接受他们所有的仇人和敌人。

在贝塔尼亚待了一年多后，我终于去了贝隆。在贝隆，我被当作一位来自贝塔尼亚的客人。当时陪同我的是一位嫁到我在贝塔尼亚的房东家的妇女，她的父亲住在贝隆，所以我被当作她的女儿，她父亲的孙女，很快融入了他们在贝隆庞大的亲属关系网。然而，除了我在贝隆的"房东祖父"和少数几个村民，我在贝隆的关系比在贝塔尼亚要显得客套些。这一方面是因为我在贝隆的时间短些，另一方面是因为当时我的研究已经到了一个阶段，开始想要就非常具体的方向提问。所以，在贝隆我做了大量的结构性访谈，根据我想要获得的信息重点去有目的地拜访村民，这同我在贝塔尼亚所使用的研究方法大不相同，在贝塔尼亚我是无选择性地参与谈话及活动的。

这本书是在大量使用我的田野笔记的基础上完成的，在笔记中我记录了很多报道人的叙述。由于在书中我经常引用这些内容，在这里有必要解释一下我是如何记录下它们的。从来到贝塔尼亚的第一天我就开始记笔记，最初我对维佐人的语言几乎一窍不通，我会写下一些简单的内容，描述人们做了什么，比如他们的穿着、坐姿，还有他们如何行动或者开玩笑。随着语言能力的提高，我开始能听懂更多人们说的内容，我会写下一些似乎经常出现又容易记住的句子。有时候我可以要求他们重复说过的话，这样我就可以记下一些完整的句子了，但大多数时候，我只是节选了一些谈话内容，选择一些我觉得更有趣的点，记录那些我要求解释或他们主动解释的信息。由于大多数时候，我和当地人的会面、交谈或倾听都是非正式的，所以我极少使用录音。然而，我仅有的那些录音稿，还是被用了一部分到书里，它们包含了解释维佐人特性的重要方面，是相当有效的陈述。

不论是在贝塔尼亚还是贝隆，我都可以参加几乎所有我希望参加的活动。值得一提的例外是，我不能到森林中去观察建造独木船这项工程的第一阶段。虽然很少有女人参与这项工作，但他们不带我去并不是因为我的性别，而是因为在那种危机四伏的陌生环境中，如果我在旁边，他们工作起来会不太方便。在整个田野过程中，我从没觉得自己的性别和年龄对所获得的信息、能够参加的活动有严重影响，关键报道人同我之间所建立的亲密关系才是更重要的因素，而这种关系，也需要我对他们有着像家人那般的相互认可与忠诚。

2

活在当下的维佐人

你啊，说起你刚来这里的那会儿，我们会讲："嘿！这位女士经常出去钓鱼呢。"虽然你是个与我们很不一样的白人，但现在我们会说："难道你还没变成维佐人吗？"要是你每天都在这里钓鱼，你也以海为生，划独木船，我们会说："嘿！这位女士是维佐人！"因为做这些事的人就是维佐人。[1]

我在贝塔利亚第一次比较顺畅的交流，其主题是关于游泳的。当时我想要知道我能不能去海里游泳，他们告诉我可以，然后人们看到我在海里游泳后，跟我说："你是个维佐人！"后来，我开始像我房东那样吃鱼——将鱼肉、鱼皮和鱼骨全部一口塞进嘴里，吃掉鱼肉和鱼皮后再吐出鱼骨，他们又跟我说："你真是个维佐人！"他们第一次带我出海捕鱼，回来时我看到一大群人在海边等我，他们上来问我会不会晕船，饿不饿，渴不渴，有没有被太阳晒伤。我告诉他们我感觉挺好的，出海很有趣，而且还钓了一条鱼呢。他们就说要看看我的手，他们想知道我的手指上有没有"维佐人的标志"。确实，拉那条又大又重的鱼时，我的手被鱼线划出了伤口，太阳晒过后就留下了些红道道。那天下午，很多村民都跑来看我的手，他们对我说：

"你正在成为一个维佐人。"

不过，第一次有人说我"你相当维佐！"是在我第一次去贝隆回来的时候。那天碰到了一阵坏天气，我们在贝隆滞留了很久。我干爸同我交流再三，确认我不害怕后，决定要"强行返航"，虽然当时的天气状况依然非常恶劣，甚至说非常危险，强风肆虐，波涛汹涌。我们试图在贝塔尼亚着陆，当时整个独木船都要翻过来了，帆都被卷进了海中。我干爸将帆收回后，熟练地驾驶独木船，如冲浪般顺着层层海浪，这样浪头就不会将我们和整个船都拍倒，如此慢慢地划回了岸边。因为我一点都不害怕，我干爸和来岸边看我们的人都称赞我"相当维佐"。虽然我全程什么都没做，只是默默地蜷缩在船底，心里暗暗惊叹："船体遭受波浪这样的撞击竟然都没有损坏，这船可真结实呀！"他们还告诉我，如果坐独木船时船翻了，不要向岸边游，要爬到船体上，等潮汐将我送回岸边。

通过这次遭遇，我发现我的维佐朋友已经把教会我那些和大海有关的事儿当成了他们自己的任务。他们还经常说："因为你不畏惧，不懂就问（*mañontany raha isanandro*，字面意思：她总在问问题），也不怕水，所以学得特别快！"他们认真地教我成为一个维佐人要做的各种事情，像维佐人一样游泳、吃鱼、钓鱼、出海、划独木船。不过很快我就意识到，不光是我一个人有这样的经历，维佐人对他们的邻居，比如一些农民和牧民，也会这样。

假如一个来自内陆的马斯克罗人住在了贝塔尼亚，在这里娶了老婆,看看这里人如何讨生活他就会知道,这儿没有庄稼地,人们都出海去捕鱼,这儿只有渔网。在这种情况下,他的岳父或兄弟也会带他出海咯。都已经出海了,他就会开始努力用脑子记住:在海上大家都做些什么,这这那那的都是怎么完成的!只要他不断地和朋友们一起出海,总有一天他会学会海上的事儿,即使他的老祖宗根本不会这些,他也会变成一个维佐人。[2]

可见,任何人都可以变成维佐人,即使他的老祖宗对大海一无所知。因为每个人都可以学着做维佐人做的事情,出海和钓鱼之类的。一个内陆来的马斯克罗人初到贝塔尼亚时还不是维佐人,因为他只会做那些祖先们教他的事情,种玉米啦,大米啦,树薯啦,还有养牛。不过,当他搬到海边同维佐人一起居住后,他就要开始学习做一些其他事情了。一旦他知道了维佐人的知识,会做维佐人的事情,他就变成维佐人了!这种外来者逐渐变成一个维佐人的过程被当地人称为 *mianatsy havezoa*,字面意思就是"学习维佐人的身份":一旦一个人学(*mianatsy*)了,会(*fa mahay*)了,他就变成维佐人了。

然而,通过学习变成维佐人这个过程,并不是对外来者才有的事情,维佐人的孩子也要学习维佐那套:

小孩子是不能被称为维佐人的,他们只能被称为"小维佐"……你看这些孩子,大海就是他们的学校。他们要学会游泳,只有努力学游泳,学会了,掌握了,再也不害怕海水了,

才可以被称为"维佐人"。³

当然,维佐人的孩子不是一出生就会游泳、出海、吃鱼吐刺的。小孩子不会做那些让人们变成维佐人的事情,所以他们不能被称作维佐人。他们要像所有马斯克罗人或外地人一样,通过学习这些行为,才会变成维佐人。

然而,不论是白人人类学家、马斯克罗人,还是小孩子,一旦学会了如何捕鱼、划独木船或者能够在海洋中游泳,就意味着他们"变成了"维佐人。由此可见,所谓"维佐身份",并不是一种人们一出生就会有的状态,而是一种后天形成的行为方式,是这种实践让人们成为维佐人。对于这一点,我将从以下两方面来说明。

首先,在人们通过实践成为维佐人这部分,我将会描述一系列行为活动,来体现不论是女人、男人,还是孩子,怎样通过游泳、造独木船、出海、捕鱼、吃鱼、卖鱼等一系列事情成为维佐人。我也会列举一些有人因为不擅长做这些而被认为是马斯克罗人的例子。尽管我提到的行为活动,不论如何都无法完全包括让人成为维佐人的全部事情,但这不影响我的思考,因为成为一位维佐人并不需要实践维佐人所有的行为。下文会有许多例子来印证,对于维佐人这个身份而言,并不是给出一系列的行为,然后全部严格做一遍,才能获得一个完整的维佐人认证。另一方面,关于维佐人那些具体的日常实践如他们如何选择一棵树来做独木船、怎么钓虾卖鱼等的描述,也恰恰传递出了这样一个观念:维佐人是谁,是通过他们做了什么来定义的。而这也是在我的理解范围内，我所了解的维佐人向我展示的他们自己的形象——他们认识自己的方式。

　　接下来我还会讨论这些田野资料所体现的更深层的内涵。我认为，如果我们要明白为什么一个人在某个时刻是维佐人，而在下一个时刻就是马斯克罗人，我们需要意识到很重要的一点：拥有维佐人的"身份"，就要像维佐人那样"行动"。维佐人的身份，换句话来讲，是一种随时间间歇反复的行为活动——只有当一个人**现在**像维佐人一样生活时，他才具有维佐人的**身份**。维佐人的身份不仅与现在联系十分紧密，而且，维佐人否认一个人的过去影响他当下的身份。关于这一点，我将会深入展开讨论。通过观察维佐人如何描述一个人通过学习而成为维佐人这个过程，以及他们人与人之间的交往方式，还有他们居住的地方，我提出这样一种身份认知方式：它始终存在，但视当下行为而定——一个人"是"谁由其行为来定义。

游泳

　　孩子们在海边玩耍，也在这儿学游泳。经常可以在沙滩看到小男孩和小女孩，他们在岸边钓鱼或者驾驶他们的玩具独木船。这些和水有关的游戏会让大人们非常担心，尤其是妇女们，她们害怕小孩溺水。而且，海水中的盐分也会弄坏衣服。所以，在海边玩的孩子们经常会被骂。尽管如此，孩子们通过这些游戏逐渐熟悉了水性，从来都不用人教，自己就学会游泳了。大人其实也很期待孩子们掌握游泳的技能，只有学会游泳才能安全地出海和钓鱼，也只有会游泳的孩子们才可能被带出海，体验更刺激的航行。

维佐人会游泳看起来是件理所当然的事情。有次我问两个年轻人是否会游泳,他们笑着表示这显而易见。他们说:"当然会,因为所有生活在沿海地区的人都会呀。"反之,马斯克罗人不会游泳也是理所当然的——要是一位马斯克罗人会游泳的话,那他其实是个维佐人。

也许我们会觉得,生活在海边的人都会游泳,可实际情况并非如此,但这不妨碍那些不会游泳的人成为维佐人。在上文我提到的那次从贝隆到贝塔尼亚的危险旅程中,有件我后来才知道的事情,想一想还挺吓人的。有位和我们一起在独木船里的妇女,她不会游泳,之前她从没提过这件事。而令人惊讶的是,过去航海的时候,我记得她的航海技术特别好,她会把身子靠在桅杆上,一边躲避水花,一边保持船身的平稳。后来她告诉我,她小时候和母亲一起生活在马斯克罗人的村里,之后跟父亲一起生活。来到维佐人的村庄时,她已经年纪很大了,无法再跟那些很小的孩子一起在海边玩,因此错过了学游泳的时机。但是这一切并没有影响她学习维佐人的其他技能,她在做其他事情时的表现,就好像也会游泳一样。她说自己会钓鱼、卖鱼,还会划独木船,等等。因此,她也是个维佐人。尽管作为一个不会游泳的维佐人是有潜在危险的,偶尔也会真实地感受到恐惧,但不会游泳并没有影响这位妇女成为维佐人。

另一位叫作马洛法斯的年轻人,他的维佐名字是法诺拉纳,他的故事则不太一样。他是一名安坦德罗人,出生在南方,一个靠近齐奥贝的地方。几年前他为了来穆龙达瓦找工作,搬到了贝塔尼亚，在贝塔尼亚做了很多不同的工作。他有三位兄弟，同样是安坦德罗人的后裔，他们早些年搬来了贝塔尼亚，现在已经是维佐人了。法诺拉纳一到贝塔尼亚，他的亲戚就非常欢迎他。他第一次来贝塔尼亚时，看到兄弟们每天都能捕到那么大的鱼在市场卖掉，赚那么多的钱，印象很深。他深信自己如果会捕鱼的话，赚得肯定比在穆龙达瓦当一个夜班保安多。但是他完全不熟悉大海，对他来说，学习讨海技术非常困难。而他的维佐亲戚告诉我，法诺拉纳最大的问题，就是他不会游泳（至于其他事情，他都能做得很好。他学会了独木船各个不同部分的名称，可以叫出不同位置的帆和绳索的名字，如果有人让他把帆系好，他大概也知道如何正确做到。每天早上，法诺拉纳的亲戚们出海，他都会去海滩帮忙，等他们回来时，他也会帮忙归置独木船。有一次我问法诺拉纳："想不想学更多的技能呢？"他回答道："我想学，但是我太害怕了。"不过，他的兄弟们很希望他有一天能克服恐惧，与大家一同出海——"如果他能熟悉大海，他就是维佐人了。"

独木船

维佐人的独木船，是用一种叫作法拉法塞（学名：*Givotia madagascariensis*）的树的树干挖出来的。这种树被砍倒晾晒几天后，木质就会变软、变轻，而且非常柔韧。维佐人有两种独木船，一种有舷外支架，名字是拉卡弗哈[4]，常被称作拉卡；另一种没有舷外支架，名字是拉卡艋嘎[5]，也被叫作艋嘎。它们都是用这种木材制作的。

制作独木船的第一步是砍树。切开树干，就有了船身，船身被称为洛卡。等木头完全晾干后，船身就会被运到村里。如果这个船身是用来做艋嘎的，剩下的工作就很简单了；如果是用来做拉卡的话，就要进入制作一艘新的独木船的步骤了。不论是制作拉卡还是艋嘎，都要根据船的形状来选择树干。首先要测量树干的高度和周长，确保树干上没有结，大多数时候，这项工作不太容易，因为要到一片非常茂密的树林中去。[6] 一旦选好了一棵树，就要清理周围的区域，保证砍树的时候，周围没有障碍物。不过，要是树在倒下来的过程中受损了，这块树干就只能被扔掉，大家要重新找下一棵树。如果树倒下来的过程很顺利，就可以马上进入挖树的环节，砍掉枝桠后，慢慢地削出船头、船尾和船身的形状。

将洛卡制作成艋嘎或拉卡的过程，是在将木料运回村里后完成的。制作艋嘎的话，只需要把船身刨成合适的形状就行。但如果是做拉卡的话，就还有不少工作要做。首先，船沿需要用旧独木船上取下的法拉法塞的洛卡木板来加高[7]，为了避免连接处漏水，木板和洛卡需要非常契合，再用长木钉将两者相连。当船沿达到了要求的高度，这些木板就要被磨平，边缘也要被打磨光滑，船身的内部要非常平滑，在洛卡和木板的连接处，任何不平坦的地方都要被磨掉。

然后，就要把桅杆和船座安装到船身上。将一根长木棒分成六段，做成一个框架，钉在船边，这种结构可以保证船座和桅杆架固定在合适的位置，不会在船里移动。下一步就是将船的外表面刨出形，船头的线条及形状至关重要，因为它会影响

图 2　制作一艘新的独木船

独木船在海上的速度和稳定性。等船身做好后，要在船底涂上沥青防水。如果造船的人还有些余钱，会去买一些油漆，涂在独木船的表面，这些漆面可以起到保护木材的作用。等沥青和油漆干了，就可以将船身和桅杆、舷外支架组装到一起，独木船就可以下海航行了。[8]

维佐人认为，制作独木船的流程中，在森林里的那段是非常艰难的。虽然在森林中洛卡还没被做成独木船，但这是让树干变成独木船的第一步，也是决定未来独木船结构和形状的关键。因此，将树干变成洛卡是做独木船最重要的一步。[9]

维佐人做这项工作非常不容易。当我干爸准备去森林中造洛卡的时候，我跟他说我也想去，这是他第一次也是唯一一次拒绝了我的请求。他非常严肃地告诉我说不行，原因是森林里条件很艰苦，去的话我会很危险。我明显察觉到，组里的两个男人会因为有个女人跟他们一起而非常担心。虽然大家都觉得做独木船是一项和女人无关的工作，但从来没说有女人一起是禁忌。如果有女人想陪着男人一起去，女人就要帮干活的团队做饭和打水。而在这项特殊的工作中，女性帮手并不是必需的，而且，我的女性朋友中没有一个人想要陪我一起去。当做独木船的团队从森林中回来后，我干爸和他的朋友们为了让我了解维佐人如何做独木船，努力地向我用语言表述他们所做的事情。他们会聊到自己夜晚听到野狗逼近的恐惧，让我看他们浑身上下被蚊子叮咬的痕迹，他们告诉我已经很久没好好睡一觉了，因为只能在森林又硬又凉的地上休息。显然他们是在试着向我证明，如果我跟他们一起去的话，我将会很惨，以及有我一起的话会让他们的工作难上加难。在他们细致的描述中，森林成了一个对维佐人来说非常陌生的环境，在那里行动、工作甚至睡觉都非常艰难。

由于去森林中并不容易，学习如何砍洛卡比学习如何将洛卡做成一个像样的独木船要难得多。[10] 当有人在村子里造独木船时，人们会坐在附近观摩，讨论用到的各种技术。大家都很希望年轻人来上手试试，做一些简单的活儿，比如使用和造船身一样的方法，来给船头和船尾做些装饰。这些孩子看起来很能欣赏独木船建造过程中的美感，他们会围着独木船来回打转，称赞它的形状，触摸它的表面，感受它光滑细腻的手感。

在做完洛卡的侧板后，人们会用法拉法塞剩下的木料块给小男孩们做玩具独木船，这种玩具独木船简直就是真独木船的精确复刻。有次我问一位厉害的造船师傅他是怎么学会造独木船的，他指着自己孙子的玩具独木船说，小男孩都是从这个开始学习的，把法拉法塞拆成小块，然后拼船身，再把船身和舷外支架、桅杆、帆拼到一起。

建造独木船是让人们成为维佐人的活动之一，这对维佐人来说意义非凡，我们可以通过下面这个例子来体会。有一次我在贝隆，听说我干爸的亲兄弟很擅长雕洛卡，就想拜托他做一个独木船，好送给我在贝塔尼亚的干妈。于是我请干爸陪我去马洛非希找他，那是一个靠近马斯克罗的村庄。整个过程主要是他俩在交流，先寒暄一下身体和天气，对没见过我的人解释一下我在这儿干嘛。进入正题后，气氛就变了，他们开始说行话。我干爸问这里是否还有法拉法塞，有没有足够建一个独木船的，并比划着大概有多大尺寸。而在这两个人中，马洛非希的那位让人觉得他真是一位专家。他见过各种各样不同的树，对木材的特性了如指掌，他细致地给我讲了很多，还认真描述了他最近雕的一个洛卡的样子，听说这个洛卡后来被造成了这里速度最快的独木船。我感觉到他的言语中带着些炫耀，但他在这方面真是太博学了。最后，他还答应了帮我雕一个洛卡。

这个男人住在内陆，每天种玉米和树薯。由于他的母亲嫁给了一个马斯克罗人，他们搬到了内陆并一直在内陆生活，他告诉我自己正在成为一个马斯克罗人，似乎对此非常惭愧。他还承认，自己越来越像马斯克罗人了，因为他已经没法划船从贝隆到穆龙达瓦了。但当我问他，马斯克罗人知道怎么砍法拉法塞，知道怎么造独木船吗？他说，马斯克罗人只会打猎，捕那些马岛猬，要是他们造独木船的话，他们造的就是"牛舟"，换句话说，会造成牛槽。[11]

从这点上看，这个男人既然知道怎么造独木船，他就**不是**一个马斯克罗人。而且，由于他雕的洛卡造出的独木船是速度最快的，我干爸说他"非常维佐"。但从另一方面看，他住在内陆，也不会行船了，所以**是**一个马斯克罗人。如此看来，这个男人的身份似乎充满了矛盾，他怎么能既是一个技术高超的船匠，同时又是一个在他看来不会造船的马斯克罗人呢？根据这个，我们会发现，如果我们通过一个人做什么、**什么时候**做，来定义一个人**是**什么身份，就像我干爸和这个男人的逻辑那样，那么矛盾就不存在了——当这个人说自己越来越是马斯克罗人了，他指的是他不像也无法像维佐人那样生活（他不钓鱼，也不航海）；当他越来越少地进行维佐人的活动时，他就与维佐人的身份渐行渐远，也就是说，当他不像维佐人那样生活时，他是一个马斯克罗人。然而，当他制作一艘美丽的、快速的独木船时，他又是一个维佐人。

出海

除了驾驶那种最小的、只能一个人乘坐的独木船，出海通常需要两个人配合完成，其他人则可以坐在船上当乘客。一个人坐在掌舵的桨后方，另一个人坐在桅杆后面，听同伴的指令，调整帆索来改变桅杆和帆的位置，还要时不时随着突然来的风变换自己的位置，坐到舷外支架的边上或者坐到帆桁上，来保持船的平衡。

出海最基本的要求是要学会下指令和执行指令时使用的术语，人们必须知道独木船上所有部件的名称、各种帆的位置、使用绳索和打结的方法，这些流传下来的技能也是那个安坦德罗人马洛法斯的亲戚需要教他的知识，这就是关于大海的事儿。大人们说，小孩子通过玩他们的玩具来学习最基本的航海技能。在大孩子们的指挥下，他们在游戏过程中仔细地尝试各种位置的帆，以此来掌握那些正确的术语。[12] 索隆（大概六岁）让我印象非常深刻，他在游戏时，就好像真的有各种各样的风正刮过来，他会举起手，指向船桅确切的方向，骄傲地展示自己如何控制桅杆和帆的位置，虽然这更多是为了引起自己父亲的注意。

大家通常会认为，小孩子和年纪轻轻的少年不够强壮，不能去航海。虽然逆流航行时的确需要强壮的胳膊和手，但如果知道正确的方法，掌舵并没有那么累。不过，随着风向的变化及时改变船桅的位置，或者更费劲地，在海上给独木船装配帆和索具，这一系列操作是小孩子无法完成的。撑船就更难了，要站在独木船的边缘，将五米长的桅杆垂直地插入水中，将它们高高拉过船体边缘，再慢慢地滑到合适的位置上。索隆是个异常瘦弱的男孩，他还需要等上好一阵子，才能成为自己期望中的独木船上的一员。但是，当他竖起自己的手指，像拉着又长又重的桅杆放在不同位置时，他显然因为被称赞"你了解独木船！"而感到非常高兴，这表示，他是维佐人。

会出海就意味着会预测风向、洋流、海浪、潮汐以及天气的变化，同时，还要了解海床的结构，沿海岸线相关的航线情况。出海捕鱼前，要等合适的风向：认真观察椰子树的枝桠，等到风足够强了，再扬帆出海。同时还要知道如何预测整整一天中风的变化，因为这决定了去捕鱼的位置。会看天是安全出海的前提，如果预测到了坏天气，起大浪或强风天，所有出海的活动都要被推迟。虽然人们会认为出海即存在潜在的危险及困难，但危险又与航海技术成反比：一个人的技术越厉害，出海的难度和风险就会越小。因此，在我上文提过的出海小插曲后，我干爸的姐姐狠狠责备了他，怎么能冒险在坏天气时从贝隆回来呢？但是这位女士也知道，当看到独木船慢慢靠岸时，她就没那么害怕了。她知道她的兄弟有着丰富的航海知识，而且"非常维佐"，实际上她内心是确信我们不会陷入很严重的危险的。

在夜谈或村中的各种聚会，比如葬礼和会议上，人们会反复讲述与勇气和危险有关的故事，详细描述当时海面、风的情况，以及自己怎样面对困难，又怎样采取了一系列行动。女人通常是这些故事的听众，却很少是故事的主角，因为她们几乎不出海。确实，如果船上有女人，会降低航行的冒险程度。有时候，出海计划会因为"刮的不是女人风"而改期。我亲眼看到过，两艘独木船一起出海，在遇到特别强的风时，那艘载着四名女人的船为了降低速度，上了一倍的帆，这样海浪对船体的撞击会小一点，而另一艘只有一名男人的独木船，却可以非常快地航行。然而，在这次旅程中，还发生了另外一件有意思的事情。在这两艘船驶出红树林沼泽、要进入公海的关键时刻，那艘载有女人的船遇到了很大的风，非常危险。当时，一个女人跳进海里，站在浅水中，紧紧抓住独木船，移动桅杆，调整帆，独木船才没有被风吹翻，大家因此脱离了危险。几个月后，一个男人讲述了这次危险的航行，那个女人也回忆起了这段经历。从他的描述中，她才意识到，她的兄弟，这个独木船上唯一的男人，当时比她自己要害怕多了，换作是他的话，大家可没法成功回到村里。大家笑成一团，最后开玩笑道，这位女人的兄弟那天表现得像个马斯克罗人，而这个女人非常维佐。

  外地人学会了航海，就能成为维佐人。正如我在前文提到过的那位马斯克罗人，他被带出海，并学会了如何在海上作业，人们便认为他是维佐人。还有另一个故事，一位科劳人（Korao）[13]，他成为维佐人的决定性事件，发生在他的独木船在海上翻船之后。他在海上漂了三天，最后成功地回到了岸边。虽然在我看来，一位科劳人经历了海难却标志着他成为维佐人，这令人感到很奇怪，但维佐人告诉我说，"不论你是不是维佐人，翻船这种事都经常发生"。其实这个故事的重点在于，如果这个男人不是维佐人，他可能会在翻船后试着游回岸边，这样他就会淹死，但因为他已经学会了维佐人关于海洋的知识，他知道自己只有抱着独木船等待洋流将他送回陆地才有可能获救，所以，当他如此行动时，他不仅仅救了自己的命，还使自己成了一个真正的维佐人。

讨海

说到讨海，也就是捕鱼捕虾等，维佐人的方法非常多，从他们使用的器具到讨海的技术，各个地区都很不一样。[14] 关于这一部分，我将会描述一些我在贝塔尼亚见过和参加过的讨海活动，这也是使人们成为维佐人的众多实践活动之一。

我到贝塔尼亚后，很快就参与了一次讨海，这也是我第一次在这边讨海，捕一种叫作帕特萨的小虾。这种小虾每年会在一些固定的时间成群结队地游到岸边，人们会用一种蚊帐做的小型平网去捕它们。这种网是长方形的，四面的包边是厚厚的棉布，角上也有用棉布打成的圈环。捕虾时，两个人站在水中撒网，一只手抓住一个角，把另一角的圈绑在大脚趾上，将网尽量展开，几乎都浸到水中去，沿着岸边慢慢移动，一边走一边就能把虾都网进来。走一阵子后，他们会根据网的重量，用空出来的那只手抓住水里的圈，慢慢地将网提起，像折麻袋一样折起来。这时，会有第三个人拿着篮子到虾的聚集处，将虾装进篮子里。篮子装满后，人们把虾撒到海岸和村庄之间的沙

图3　孩子们看着索马利准备熏他捕的裴皮鱼

地上，在烈日下晒。当天下午三点左右，将晒干的虾和沙子一起分成一堆一堆的，接着用又大又密的筛子仔细地过筛，最后把干虾装进大大的黄麻袋，就可以去卖了。

　　虾群靠近岸边时，很容易捕，但它们也会突然行动。所以，捕虾成功的关键很大程度上在于能不能预测到虾群游过来的时机。维佐人可以通过许多线索去判断虾的动向，包括天气、洋流的强度和方向、海水的颜色、相关鱼类的行为变化，甚至观察刚抓到的鱼的内脏，比如其中消化到一半的食物。每当虾群将要靠近时，村里人都会热闹又兴奋，女人们忙着确认海况，并让孩子们去问问其他人有没有发现什么情况。虾群一出现，所有人都会拿着渔网和篮子冲到岸边。人们会仔仔细细地观察海水的颜色及波纹，判断虾群的踪迹，和其他讨海活动一样，人们会觉得捕虾成功的人"非常维佐"。

　　捕虾时,孩子们会特别积极。虽然拖虾网很简单,就是脚趾力量的问题,但我很快发现,逆着水流拖虾网实在是太累了。孩子们在没有虾群的时候,也会在岸边或红树林滩涂附近用虾网去抓些小鱼,锻炼自己的脚趾力量。这种活动,一半是游戏,一半也是项认真的工作,足够孩子们忙上几个小时。最后他们会燃起一小把火,用自己的小锅去烹饪这迷你的渔获。虽然在大人眼中,这不过是一种"捕着玩儿"的游戏,但有些时候,孩子们的游戏也会收获颇丰,给家里大大地加餐,甚至可以去市场上卖些钱。有个12岁的小女孩就经常抓一小桶鱼,带到市场上去卖。其实,孩子们在海边进行这种"捕着玩儿"的游戏,也被看作学习成为一个维佐人的训练。就像上文这位小女孩在海边及鱼市的行为,都是她学会了维佐人知识的证明——"她会了,她就是一个地道的维佐人"。

　　除了捕虾是用网,大多数贝塔尼亚的讨海活动使用的是钓线。清晨,几十艘独木船一起出海,到达渔场,根据当天的航行条件、前一天在不同海域的渔获数量,再来决定具体的捕鱼地点。大多数独木船都会到同一个渔场会合,人们驾驶独木船纷纷抵达后,四散在渔场中,下锚,然后开始捕鱼。大家最喜欢捕的鱼的名字叫作拉玛撒(学名:*Scomberomorus leopardus*),这是一种西班牙马鲛鱼。随着成群的拉玛撒出现,就要进入漫长的捕鱼过程。除了鱼群跟着鱼饵游到船边时,大家要忙活一阵子,剩下的时间里都非常无聊,因为人们不需要动。大家就是在独木船的船底坐着、躺着,有人呼呼大睡,还会不合时宜地打呼噜。

把钩在独木船上的渔网拉起来,再拖上船,需要胳膊有力、手掌有劲。由于鱼会不停地动,而鱼线通常很长,在拉的过程中,要趁鱼累了的时候再使劲。我第一次跟维佐人出海捕鱼时,发现一位同伴的中指上有个很严重的伤口,还感染了。在我们慢慢地驶向渔场时,他提到说自己的伤口很疼,但当第一群拉玛撒咬到我们的鱼线后,他就完全进入了兴奋状态,似乎忘掉了手上的伤口。到了晚上,当他坐下开始一一讲述那天的经历时,他说,因为自己的伤口,本来出海时心情特别糟糕,但当天我们捕了九条拉玛撒,从捕到第一条拉玛撒开始,伤口就不疼了。这也是我的第一次捕鱼经历,我深深觉得:"他因为捕了九条拉玛撒就完全忘记了手上的伤,他可真是个维佐人!"

捕拉玛撒最难的环节是下诱饵,因为拉玛撒是一种非常聪明的鱼。对于其他鱼,只要鱼钩上有饵,再加上一点耐心,基本都可以钓到,但是拉玛撒对鱼饵十分挑剔,要将鱼饵非常仔细地制作成一条鱼的形状,再以某个角度放到鱼钩上,它才有可能上钩。总之,鱼饵的制作更为复杂,必须藏起鱼钩。放下水后,整个鱼饵要看起来像一条真正的、在水里游的鱼。

捕鱼时,有些人会使用"鱼药",就是一种放在鱼饵上的药,但没人承认自己这样做,我也只是偶然有次发现我干爸的亲戚中有人使用这种"药"。那天他气冲冲地跑来和他姐姐说,药被老鼠吃掉了。在我自己的理解中,鱼对这种药的反应还挺大的,有人用了后,鱼就只会到有这种药的人那儿去,而且看起来只会聚到某一条鱼线附近。通常,一艘独木船上会有两个船队，同时使用五六条鱼线。而我的这位亲戚使用鱼药时，我可以听到他轻声嘀咕着某种配药流程，摆弄他的某条鱼线。当然，这条鱼线捕到的鱼是最多的，他自己别的鱼线以及同伴的鱼线上基本都没什么鱼。不过，最后他捕到的鱼还是要被平均分成两份。

虽然我试了很多次，想让这位朋友聊聊他的鱼药，但不论是他自己还是其他人，对这方面都三缄其口。我感觉人们非常不愿意承认自己使用鱼药，因为这样的话会显得他们个人的钓鱼技术很差。当他们钓了很多鱼时，更愿意将其归功于他们"非常维佐"。还有一种情况，如果一个人一直钓不到鱼，他就会声称自己中了一种叫作法纳巴卡的巫术，被下了药（*fanafodygasy*，字面意思：马达加斯加语中的药物）。这种说法通常只是一种假设，大家会简单聊聊，之后便不再深究。但如果这件事有进一步的发展，受害者就会去找巫师。巫师会查看受害者的独木船，看船是否被下咒或者沾了晦气（*mampaloto*，字面意思：脏了），然后，使用一种药物来清洁独木船，与其对抗。在他们看来，独木船是否沾了晦气，比受害者本人是否被下咒还受人们关注。尽管如果是本人遭到攻击，潜在的破坏力可能更严重，但沾了晦气的独木船意义更为重大，因为任何一个乘坐独木船的人都会受影响。不过，要是遇上这种麻烦事，人们不会觉得责任在某个人身上，也不会觉得他讨海能力弱，所以，这对他的维佐人身份并无影响。

讨海除了有技术上的难度，在独木船上待那么久，行动上也会有很多困难和不便。孩子们要学会适应海上的艰苦条件，比如在热带的烈日下连续坐几个小时,起浪时船会一直颠簸。虽然孩子们还不是维佐人,但他们也明白或者说期待开始体验这一切后,自己将会成为维佐人。在海上孩子们会晕船、会挨饿,想上厕所时也会很麻烦。有次我看到一个第一次出海的孩子,他在船上半个小时就觉被晒得难受,他的父亲抱起他,把他放到海水里。那个男人微笑着整理独木船,把自己的衬衫悬在桨上,给孩子搭了一小块休息的地方,孩子睡了很久才恢复过来。返航时,他又恢复了生龙活虎的样子,说自己饿了,而父亲聊起刚才的航行,取笑自己的孩子说:"你是个马斯克罗人吗?"可就在几分钟前,在回村的路上,这孩子拿着桨架在肩上时,他还被人说:"你这样子非常维佐噢!"

鱼类

维佐人很懂鱼。他们知道可以在哪里找到鱼,也知道哪里的鱼最好最肥。他们知道不同鱼的习性和位置、在不同时节的多种变化,比如每年的某些时候,有的鱼会"不吃食"。此外,他们还知道各种鱼的名字。[15]

维佐人经常吃鱼。他们吃鱼时用的是我前文讲的方法,很少会被鱼刺卡住。但对维佐人的小孩子或者并非维佐人的来客,吃大鱼要容易些。有些鱼身上有小刺,很难被发现,吃起来会很危险。有一次,一个安坦德罗女人来看望她在贝塔尼亚的亲戚,吃饭的时候,她吃鱼吃得很费劲。我干妈就直接说,她可真是个安坦德罗人。让我有点尴尬的是,我干妈还说她应该好好向我学习。她说:"如果一个白人都能像维佐人那样吃鱼,你还学不会吗?"几周后,那位安坦德罗女人回到自己的村子。有一天我们正在吃螃蟹,我干妈误食了螃蟹的"心脏"。维佐人都知道,吃这个位置会引起过敏。饭后我干妈很快就喘不上气,几乎要晕倒。等她恢复过来后,她的嫂子说,这是犯了安坦德罗人的错误呀,她变得和前阵子那位来拜访我们的亲戚一样了!

孩子们不仅要学习如何吃小鱼,还要学会吃一些重口味的海味。海龟的味道就特别重,而且烹饪海龟时要遵循习俗和禁忌。不能使用盐,要用海水代替盐来煮。经过这样处理的海龟汤,可以说是道非常有特色的"维佐菜",不论闻起来还是吃起来,味道都很浓郁。我第一次吃海龟的时候,觉得特别咸,印象很深,当时我想这一定是维佐人喜欢的味道。同样地,如果一个人喜欢吃咸海龟(比如我),那么这个人也是维佐人。

熟悉一种鱼,指的是知道如何处理和腌制,包括如何售卖或者跟别人交易。贝塔尼亚的鱼市在穆龙达瓦的中心,几乎都是由女人来打理的。而在贝隆的村子里,交易方式各不相同,因为附近没有城镇那样的销售点。

在贝塔尼亚卖鱼的能力,最重要的是要在鱼被运到市场前,保持鱼的新鲜度。一个人要根据鱼的种类和大致的天气情况来判断鱼会在多长时间里坏掉,也要根据供求状况来评估大概多久这种鱼能被卖掉。一个有能力的卖鱼女会掌握和评估穆龙达瓦市场上莫测的众多信息,以此来制定最高效的销售策略。每天的鱼价都受当天售卖的鱼的数量和质量影响,肉的价格也是影响鱼价的主要因素。如果当天市场上的肉比较少,比如隔壁村办葬礼,当地的肉都被卖光了,鱼就会比较好卖,而且价格会高。但奇怪的是，大米的供应对鱼价的影响是相反的，维佐人说，如果大米变得又少又贵，鱼就会很难卖，因为人们吃鱼时如果没有米饭来搭配，就不吃鱼了。[16]

当独木船载着一天的渔获归来时，女人们就会决定如何出售这些鱼。她们可以自己直接去市场上卖，也可以将其卖给其他卖鱼女，还可以将这些鱼运去附近的工厂。这些工厂会批发渔获进行冷冻加工，然后到首都安塔那那利佛去出售。在冬天，她们还可以将鱼进行熏制或者把鱼清洗干净后，挂在外面，放在室外的冷空气中保存。通常来说，直接到市场上去卖掉是最常见、赚钱最多的选择，但如果当天市场上供过于求，女人们可能会决定熏鱼，第二天早上再卖（悬挂或熏制的鱼只能保持一天）。不过，任何时候熏鱼的价格都会比新鲜的低[17]，而且，只有在少数妇女这么做时，第二种选择才能赚到钱。否则，偶尔会出现这种状况：过剩的供应只持续到了第二天——每个人都带着熏鱼而不是新鲜鱼到市场上卖。总之，将鱼卖给工厂的利润是最低的，但这么做很快捷，选择这样处理的也不少。如果当天的渔获收入要用来买当天的晚饭，女人们就会损失一部分收入，以获得从工厂变现的方便。

鱼市的交易并不局限于自家的渔获。有些妇女专门做中间商，她们买鱼再卖出去，获得一些微薄的利润。维佐人的渔获交易链就像一股洋流，沿着海岸从北部流向穆龙达瓦市场的木架桥附近。一篮又一篮的鱼，有新鲜的，也有熏制的。女人处理了囊括大量交易的各个销售环节。当渔获抵达穆龙达瓦后，不是被卖掉，就是进入新的供应链，被运到内陆马斯克罗人的

图 4　贝塔尼亚的海滩鱼市

村庄。由于整个交易的毛利很低，很容易亏损或赔钱。当我干妈在海滩上等着南边村子的妇女们带着鱼篓过来时，她会非常仔细地记录下经手的鱼篓中的货物，评估自己进货的风险。如果到海滩时已经晚了，她会观察沙地上商人们的脚印，从蛛丝马迹中判断有多少鱼已经被卖掉了。在鱼市现场，我干妈和其他卖鱼女都非常紧张，也很专心，她们会抓住每一个获得微小利润的机会，这些女人比任何人都了解市场，因为她们"卖得多了"。

毋庸置疑，参与这些交易的不都是维佐女人。卖鱼女经手的鱼、从市场回家后手上和衣服上的味道，还有她们在卖鱼时使用的小伎俩，这些让她们成为维佐人，而那些特别擅长卖鱼的女人，会获得"非常维佐"的评价。与一些不是维佐人的客户相比，这些女人"懂鱼"，要是能把质量不好的鱼卖给没注意到的客户，她们会特别开心。用维佐人的话来说，买鱼的人要是没注意到鱼快坏了，那一定是个马斯克罗人。而且，如果一个人能够卖掉些坏了的鱼，她的朋友们会恭喜她，因为她能够愚弄一位不懂分辨好鱼和坏鱼的马斯克罗买家，人们会觉得她"非常维佐"。[18]

由行为构建的身份

前文反复重申的观点是：只要人们知道或者开始学会如何游泳、做独木船、航海、钓鱼、吃鱼和卖鱼，他们就是维佐人。我在书中特意反复提及这点，是为了传达在田野调查中，在与维佐人相处的过程中，我所听到的人们评价一个人是否具有维佐人的身份的评论（这些评论大多不是因为我的在场而引发的）。

这一点可能会显得有点奇怪。读者也许会觉得，人们反复地重申他们是维佐人，是否带着某种身份上的焦虑呢？或者，不断有各种评论，比如，航海技术高超就是个维佐人，在鱼市上犯错误就是个马斯克罗人，是否说明一个人是维佐人还是马斯克罗人是一件不重要的事情？实际上，维佐人很少有身份认同上的危机感。他们觉得自己的身份是生活中非常重要的特点，是或者不是维佐人之所以在日常谈话中那么重要，是因为"作为"一个维佐人，是一种"行为"，而不是一种存在的状态。

在马达加斯加语中是没有动词"将要成为"的。如果用维佐人的语言表达一个女人很漂亮，一个人会说"真漂亮（*soa*）那个女人（*ampela io*）"，而"她'是'维佐人"，说法是"*fa Vezo ampela io*"，第二个句子中"*fa*"这个词，表达的是一种在行为上已经完成的概念，比如说，*fa vita* 就是"已经完成了"，*fa matanjaky iha* 就是"已经长胖了"，*fa maty* 是"已经死了、坏了、累了"。可见，漂亮是一种状态，是一种可以达成的特点，而"是"维佐人，指的是一种行为上的结果。

一旦我们将"是"维佐人看作一种行为，我们就可以接受这样的观念：维佐人的身份指的是让人们成为维佐人的活动——在时间中要么已经发生，要么没有发生。因此，当一个孩子用肩膀扛着独木船的桨"是"非常维佐的，这是有意义的。这是因为他的行为**在当时那个时间点**上让他成为维佐人，但是**在之前的另一个时间点**上，他在独木船上觉得难受，"曾是"个马斯克罗人,这就是为什么同一个人既可以在某一时刻"是"维佐人,下一个时刻又"是"马斯克罗人,因为一个人"是"他自己完成的行为。

作为一种行为,维佐人的身份不是持续的,而是间歇性的。它"存在"于一连串微小的活动中——吃鱼,下饵让马鲛鱼上钩,在强风中航行。在这种背景下,一个白人人类学家只要在海里游泳就可以"是"维佐人;一位不能再航海或者捕鱼的老人,当他吃鱼吐刺的时候,或者当他好像在说今日之事一般讲述关于航海和捕鱼的回忆时,他"是"维佐人;一个孩子用他的手指来展示他可以控制独木船的桅杆,他"是"维佐人。换句话说,维佐人的身份是建立在**当下**人们做出维佐人行为的背景下的。作为一种行为方式,而不是一种存在状态,维佐人的身份与现在紧密相联。因为只有在当下,人们才可以实践行为——并且,人们实践这个行为的目的一定是自己"是"个维佐人。

学习"成为"维佐人

我在本章开头提到了这样的观点:人们通过自己当下的行为"成为"维佐人。与此相联的还有一点,人们在当下"是"维佐人,既不会决定与过去相关的事情,也不会决定一个人的未来。这种对身份的认知基于以下事实:一个人"是"谁,由一个人做了什么来决定——由当下随时都可以发生的行为决定。为了阐释这一点,我将会分析人们如何"学习"成为维佐人。

乍看之下,人们学习成为维佐人,强调维佐人的身份与现在紧密相关,二者似乎是相抵触的。一方面,在我们的观念中,学习是一个长久持续的过程；另一方面，我们会假定一个人过去学会的东西（在很大程度上）会影响他现在做的事情，而现在做的事情也会（部分）决定未来做什么。虽然维佐人也接受这种观点，但他们对需要学习的内容以及它将会带来的东西，都给出了一种非常不同的解释。

请记住我并不是在描述一个人（一个孩子、一位外国人或者一名人类学家）实际上是如何学习成为维佐人的[19]，我表达的是维佐人他们自己如何描述这个过程。在这点上，我们可以看看罗尔法，一位出生在罗沃贝，并一直生活在这个沿海村庄的老人。罗尔法的祖先来自贝克洛坡卡（Bekoropoka），一个内陆村庄。罗尔法说，当他们搬到罗沃贝时，他们是马斯克罗人，因为他们过去住在马斯克罗人的村庄。[20]但随着搬到罗沃贝后，学会了如何出海，他们就成了维佐人。[21]我问罗尔法是谁教会他的祖先们成为维佐人的，他这样回答：

当我祖先第一次到这里时，当然，这里已经是维佐人的地盘了。所以，他们来了后，就开始学习，这并不难。即使是很小的孩子，只要他们开始学，就学得很快。因为这里面没有任何文字记载的东西，人们学这些也不是为了取得什么学位。一个人学习如何划桨，他就会驾驶独木船了。我们的祖先就这样了解了独木船，他们会了，我们就跟着他们学，说起来就是"一个人的爸爸做什么，他也做什么"吧，就像白人说的："有其父必有其子"（tel fils tel père[原文如此]）。一切就是这样发展的，我们学习关于独木船的东西，然后我们学会了这些东西，我们的孩子也就接着学习独木船，就这样继续发展。[22]

看起来罗尔法指出的是两个截然不同的命题：维佐父母的孩子自己如何成为维佐人，以及不是维佐人的人如何成为维佐人。一方面，子孙跟随他们父母的脚步，**变成**维佐人，而不是一开始就像他们父母和祖辈那样，已经是维佐人。维佐人的身份，换句话说，不是继承来的，它需要后代们通过学习来获得。另一方面，罗尔法在关于他祖先如何转变为维佐人的描述中，似乎又低估了之前是马斯克罗人的人学习成为维佐人的难度。我推测，从头开始学习挖独木船、出海及讨海比他讲的要难得多。因为罗尔法在讲故事时完全忽略了学习的过程，或者说他忽略了**学习的时间之长**。

不过，罗尔法的态度非常典型。在我所有维佐朋友的描述中，从一无所知的状态转变为熟练掌握的状态，似乎就是在一瞬间（是瞬间的"飞跃"，而不是一个过程）。罗尔法的描述中也包含了这种"飞跃"。他说他的祖先之前住在内陆，是马斯克罗人，而他们一搬到维佐人的村庄定居，就开始学习并掌握维佐人的技能。换句话说，这个学习的过程是由居住空间上的突然变化引发的，由于空间上的移动往往是很快、很突然的，也就是说他所描述的学习过程也很突然，这个"飞跃"很容易就出现了。

这并不是说人们没有意识到学习和变成维佐人需要时间（"……到最后，他学会了，他就是维佐人了"），他们也会满心赞同马洛法斯，学习与海有关的一切是非常困难的。这位安坦德罗男孩很想变成维佐人,但因为实在太害怕了而没能做到。还有在游泳这件事情上,人们也认同如果一个人是在内陆长大的,在他成年后或许永远无法轻易地掌握这门技能。在第二种关于学习过程的表述中,一个人的过去确实影响了其现在的行为,但罗尔法的观点却非常不一样。虽然我们可以假设他了解自己的祖辈花了很长时间、费了很大功夫才变成了维佐人,但在我们的谈话中,他想要强调的是另一个重点,不是某个事件,而是某种原理——他的祖先,和其他人一样,可以**摆脱过去,通过当下的行为**变成维佐人。

居住地

在罗尔法看来,一个人学习什么技能是由他们的居住地所决定的——住在内陆时,他的祖先们学会了如何做一个马斯克罗人;住在海边时,他们则学会了如何成为维佐人。但是,这一切并不仅仅是我们平时所观察到的——人们住在陆地上就了解大米、玉米和树薯,人们住在海边就熟知鱼和独木舟。实际上,是居住的地点决定了人们学习的内容,人们的居住地**实际上**"让维佐人成为维佐人",因为"所有住在海边的人都是维佐人","成为维佐人是一个人在哪里、住在哪里的结果"。[23]

我的维佐朋友会开玩笑说,有时候,内陆的人可能会装成维佐人,而那些住在海边的人也可能会装成马斯克罗人。有一次,坊间传闻政府准备捐一批日本的渔网给维佐人,然后就有些马斯克罗人也去穆龙达瓦的行政处登记了名字,希望能分到渔网。贝塔尼亚的人听说后感到很好奇——这些马斯克罗人又不能在地里捕鱼,那他们是不是要用这些网去森林里捕鸟呀?还有人提议,如果政府决定给马斯克罗人捐一批犁,那维佐人不如也去弄一些,用来做独木船的锚。

正如这些玩笑所示,在人们心中,毫无疑问,居住地会决定一个人做的事情,也同样决定了一个人的"身份"。那些住在海边捕鱼的人,其"身份"是维佐人;那些住在内陆耕地的人,其"身份"是马斯克罗人。如果一个人从内陆搬到了海边(反过来也一样),他就必须改变自己的行为和身份。这可能看起来是一个既微观又不言自明的命题,但如果我们更细致地思考"行为方式"(风芭)[24]这个与特定的居住地有关的概念,就不会这么觉得了。接下来,我将会描述与沿海特定地区有关的"行为方式",研究人们如何阐释因空间移动而变化的身份。

以一对在很多年前从贝隆搬到贝塔尼亚的兄妹为例。由于两个村子环境不一样,日常活动很容易发生变化。他们在贝隆使用的捕鱼法在贝塔尼亚不再好使,理所当然地,当他们北迁到贝塔尼亚后,开始像这里的其他人一样使用鱼线来捕鱼。不仅如此,他们还改变了驾驶独木船时控制桅杆的方式。

贝隆与贝塔尼亚航海的方式是不一样的,我也是在搬到贝隆后,有一次坐独木船出海时才发现的。我记得在贝塔尼亚,两根桅杆都要放在独木船船体底部的桅杆架上,而在贝隆,只有一根稍短的桅杆放在那里,另一根必须使用一种活结[25]绑在第一根上。当我问他们原因时,两个村子的人都欣然解释了自己这种方法的好处及不便,然而,当我说出自己的猜测:这两种不同的用法是不是因为两地的航海环境不同呢?他们却立即否认了，并坚持说，就只是因为贝塔尼亚和贝隆两个村子的习惯不同而已。

这就是"习惯"的意义，实际上说的是，**成为**习惯。于是，那对从贝隆搬到贝塔尼亚的兄妹一再重申，住在某个地方的人会使用某种出海方法，是因为这里的人都习惯这样做。有趣的是，他们在解释自己为什么不再捕海参这件事上，也是这么说的。捕海参是一项在贝隆非常流行的活动，而在贝塔尼亚，几乎见不到多少海参，人们捕海参也赚不到钱，我觉得这显然才是真正的原因，但他们给我的解释是"我们不捕海参了，因为住在这里的人没有捕海参的习惯"。

毫无疑问，新来的居民都会经历这样一个过程：逐渐遵循（或者说被迫遵循）他们所搬去的居住地特有的"习惯"，但我们关注的是维佐人如何描述这个过程。他们认为，这一切都是因为居住地将其特点强加到自己身上。因此，不论地点和习惯间的联系如何**恒久**，人们和某地的特定习惯间的联系完全是**偶然**的："习惯"与个人无关，而与搬迁的地点有关。虽然"无关"和"有关"这两个词并不是维佐人自己说的，但我特意这样用，是希望强调居住地和人们居住时所形成的习惯之间的联系，在他们看来不是，也不会成为**本质**。

让我们回到前文讨论的情况。从海边搬到内陆居住，抑或反之，一个人的行为将会相应地变化。我们会发现，在人、居住地和习惯之间，同样存在这种联系。正如刚刚所描述的，虽然人们由于各自的居住地而形成各自的"身份"（"成为一个维佐人，是其选择的居住地所造成的"），每当人们搬迁后，他们就会舍弃旧的"习惯",接受(学习或者开始习惯于)新的。同样,不论人和习惯间的联系是多么偶然,因为空间移动才发生,但地点和习惯的关系是恒久的。因此,即使空间上的要素可以被想象成由过去和历史所决定(因为"习惯"永远与不同的地点"有关"),维佐人也不这样认为。随着搬迁,他们为了在当下获得一种新的身份,会"舍弃"过去的行为和过去的"身份"。[26]

到目前为止,我已经强调过人们和他们居住地的"身份"之间的联系是偶然的,这一点我在下文中还会再次讨论。然而,我们同时注意到,维佐人身份的"地理决定论"(一种宣称一个人的"身份"由他的居住地所决定的理论)事实上超越了上文所说的不同行为造就一个人的身份。这种间歇性的身份定义,将维佐人的身份定义扩展成了永久性的。

如果我们比较罗尔法祖先从内陆搬到海边的经历和那个在航海时犯错的贝塔尼亚村民的经历,我们会发现一些相同点和一些不同点。相同点是,罗尔法的祖先和那位无能的水手一样,都分享了因为他们的行为"成为"(或没有"成为")一个维佐人的经历。在一次"飞跃"之后,他们的身份突然起了变化。无疑,维佐人自己也会认为那位水手所做的和能做的,与罗尔法祖先们所经历的转变是有区别的,前者只能持续一会儿,而后者则可以持续一生或更久,甚至可以在好几代人中延续。一种行为"飞跃"的时间是短暂的,而另一种却是长期的,原因是后者中的行为人在空间上移动了,并且改变了他们的居住地。我说这些不是为了说明当人们朝着一个让独木舟快翻了的水手喊"怎么了？你是变成马斯克罗人了吗？"时，他们心里不那么认为。因为那个时候，在维佐人眼中，这个水手的"身份"确实是个马斯克罗人。然而，**只要**这个水手住在海边，他的"身份"也是维佐人。同样地，我们之前提到的那个在马洛非希造独木船的师傅，在造独木船时他的"身份"是维佐人，但他的"身份"也是马斯克罗人——**只要**他住在内陆。

虽然人们源于居住地的"身份"持续的时间更久，但这并不是说前文所说的维佐人身份的偶然性就不存在，因为不论维佐人在同一个地方住**多么**久，源于居住地的"身份"都永远不会是固定的。

我想用一个巴布新几内亚的凯南图人（Kainantu）（Watson，1990）的例子再详细说明一下这点。在华生的田野调查中，他在一个最不方便也最不可能种植芋头的地方——石头悬崖的顶部，发现了一块芋头地（Watson，1990：29-32）。当他问为什么这块地的主人（他的报道人也不认识）不怕麻烦地在岩石上开垦土地时，他被告知，这个人这么做，一定是他的祖先教他的。而当华生问和这块地的主人同族的另一个人同样的问题时，他才知道他们是一群移民到此的难民。同样对在悬崖峭壁上种植芋头的行为抱有疑问，新的报道人认为，参与这件事的成员"无疑带着他们的旧习惯"（Watson，1990：31）。

人们在搬迁时"带着旧习惯"的原因，在地点和人之间的联系中可以找到。华生指出，凯南图人是一种拉马克理论（Lamarckian theory）式的身份认同[27]。他们强调环境在创造身份中起到的作用。与维佐人一样，他们在不同的环境下，也有不同的生计方式。比如说,草原上的人们和森林里的人们所需的知识是不一样的。尽管凯南图人认为,人们做的事情不一样,身份也不一样,但他们也强调,人们以不一样的方式做事,是因为"他们的祖先教他们这样做"(Watson,1990:29)。

祖先们的遗产通过群体的发展传递,正因为成员中有那些特殊的(神奇)力量,整个群体中有自己的地方特色,独特的技能才被**灌输**给年轻人,**注入**他们,并造就他们。原住民的身份认同中有一部分是关于他们所属地区本身的问题,一方水土养一方人。(A.Stranthern,1973:34-35,强调部分由作者添加)

通过吸收祖先们的技能,人们"开始拥有这块土地"。同时,"这片土地上……也开始有了人",自然孕育了祖先的遗产——他们的植物、动物、食物和水源,他们的知识、技能、防御力、能力和权力(A. Stranthern,1973:35)。华生从这些方面描述了凯南图人如何获得了他们的身份——灌输、注入、吸收、摄取——这一切都表明了地方性与人们融为一体,或者说和祖先们有了一样的出身(A. Stranthern,1973)。[28] 因为住在某个地方,凯南图人渐渐掌握和吸收了一种永远与他们"相黏"的身份,这种身份也成为构成他们的物质。[29]

然而,华生描述的那些方面,对维佐人来说是完全陌生的。维佐人从未"拥有过自己的土地",虽然他们习得了自己居住地的"行为习惯",但一旦搬走,他们不会将那些"旧习惯"一同带走。因此,虽然地方性能够决定一个人的行为,但一个人的

"身份"不会成为他永久的特点——在任何时候，其身份都保持着一种取决于当下的偶然性，从来都不会由过去决定。

凯南图人的身份是逐渐吸收的，像一种可以被遗传的物质。与之相反，维佐人的身份最好被看作一种形态——人们住在某个地方，由他们当下所采取的行为所塑造：它是一种暂时的形态，永远都不会被固定。这并不是一种文字游戏，相反，事实正是如此，因为维佐人的身份确实塑造了他们的身体，在他们身上留下了深深的，即使是暂时的烙印。

维佐人的标志

作为一个维佐人，男人的手上会留下伤疤。当一条特别大、重、肥的鱼上钩时，尼龙鱼线会割伤男人的手指。由于他们手上的皮肤很厚，很少会引起感染，但是鱼线会在皮肤组织上划出一道白色的伤口，然后形成条纹状的手茧。鱼线还会在男人的腰间留下其他更加引人注目的伤疤。当一支捕鱼队决定去寻找更好的渔场时，所有的男人都会划着独木船，将他们的鱼线拖在船后。为了在划桨时也不错过有鱼上钩，鱼线会被紧紧地缠在男人腰间，把腰间勒出一道红线。等到皮肤恢复后，这条清晰的红线将会慢慢地变成白色的伤疤。维佐男人经常展示这些伤疤给我看，当他们说一个人在海上的行为让其成为维佐人时，他们会给我看自己的手，还会轻轻扭过腰，将腰上的伤痕指给我看，他们身上的伤疤，是"维佐人的标志"。

当我问女人们手上是否有"维佐人的标志"时，她们让我去看看马斯克罗女人的手。因为终日耕种玉米和大米，马斯克罗女人的拇指根部都有一处老茧，而维佐女人的手上**没有**老茧，因此，**没有**老茧表明了维佐女人的身份。

还有一种识别维佐人的方法，就是看人们走路的姿势。由于维佐人住在海边，经常在沙地上行走，为了走得更快，走路时不陷在沙子里，就要用到一种特别的技巧：走路时用脚尖抓地，同时将脚后跟微旋。当那些不习惯在沙滩上走路的人来到海边时，他们走起来就会很笨拙，很快就气喘吁吁，而当维佐人去内陆，在硬地面行走时，他们还是会像走在软软的沙地上一样，习惯性地用脚尖抓地，结果脚上就会起水泡。因此，我的维佐朋友们很欣赏我掌握了在沙地上行走的正确方式，尤其是当我第一次从内陆回来时，我的脚上也长满了水泡，他们发现后对我非常热情。

维佐人的日常行为深深地塑造了他们的身体，可以说维佐人的身份就是被这些刻进了肉体，这确实是被"吸收"、"灌输"、"注入"到体内的。但是，即使在身体上留下的"成为"维佐人的痕迹特别容易用来区分身份，但也并不是永久的。在这方面，我的朋友们提到，因为雨季，他们很长一段时间不出海后，一旦重新出海，手指会变得软弱无力，更容易受伤。有一次，在大米短缺的时候，我们村里的女人们不得不去购买玉米，每天捣玉米，她们给我看自己的手，说她们正在变成马斯克罗人——在拇指根部，一个水泡正在慢慢地形成茧子。如果一个维佐人在内陆待了一阵子，其脚尖的水泡会逐渐变硬，变成一个马斯克罗人拥有的标志。一个人要拥有"维佐人的标志"，就必须**现在**像维佐人一样活动，不然的话，那些在过去的日常行为中所积累的标志会很容易消失。回到凯南图人的例子，我们可以说，当维佐人离开使他们成为维佐人的地点和行为时，他们不仅仅是舍弃了"旧的习惯"，也不仅仅是自己的维佐人身份，还有他们身上的旧痕迹。像所有其他东西一样，一个人的身体是由现在创造的，而不是由过去决定的。

由类比构建的区别

尽管在本章中，我们讨论的是维佐人的身份认知，然而马斯克罗人会持续地作为一种背景存在，因为那些"是"马斯克罗人的行为，往往"不是"维佐人的行为。之所以存在这种微妙的对话，我认为还有一个原因，就是即使马斯克罗人与维佐人之间存在着明显的差异，他们之间同时也存在着一致性。

在上文中我提到过一些例子，比如在一些特定时候，根据一个人的行为，一个孩子、一名水手或是一位妇女会被说"是维佐人""真像个维佐人"抑或"是马斯克罗人"。当我第一次和维佐人相处时，让我吃惊的是，关于辨别一个人是维佐人还是马斯克罗人的行迹种类非常之多：一个男人往身上盖毛毯的方式，一个人说话的方式，一个孩子被使唤去打水时应答的方式，女人编辫子的方式，感知海陆距离的方式，举行葬礼的方式等等。在以上所有情形中，如果一个人表现出像维佐人的行为，那么他就是维佐人，如果他表现出像马斯克罗人的行为，那么他就是马斯克罗人。这种维佐人与马斯克罗人行为上的细微区别，经常源自人们的嘲弄和戏谑，"一个维佐人变成马斯克罗人了"，也基于两种完全不同的生计方式，两种不同环境的居住地——栖于海洋，生活在海边，而不是住在内陆，以耕地为生。有时候，这种对比又以维佐人和马斯克罗人各自**不具备**的方面呈现出来：马斯克罗人没有独木船，维佐人没有耕地。

之前我们听说过，如果马斯克罗人要挖独木船，他们就会挖出个牛槽；如果马斯克罗人尝试在海上驾驶独木船，他们就会翻船和溺水。而另一方面，如果维佐人有耕地，这些地只会浪费他们的时间。我被告知的原因是，当稻子和玉米快成熟的时候，人们要经常去地里巡视，防止鸟儿们过来（它们可以在几个小时内毁掉整年的收成），而维佐人只愿意在田里待几天。因为他们只要一听到有鱼上钩，当天就会跑去出海，而就在那天，他们所有的庄稼都会被毁掉，地都白种了。

这个故事从生计上的**不相容**[30]描述了马斯克罗人和维佐人之间生活方式的区别，一个人不可能同时耕地和出海，也不可能同时住在内陆和海边。以及，如我们将在下一章中看到的一般，他们不能同时"做计划"（像马斯克罗人计划他们的经济策略那样）和"没计划"（像维佐人处理他们的经济策略那样）[31]。尽管维佐人和马斯克罗人在生计上不相容，但并不代表进行这两种不同活动、有着不同策略或是居住在不同地方的人互不相容。而是说，维佐人和马斯克罗人的关键区别，源于**他们所做的事情**而不是他们自己的身份[32]。虽然我们经常强调维佐人和马斯克罗人的行为在人们身上很常见——包括显而易见的日常细节，比如女人的辫子或男人的毯子，但这并不意味着在从行为上判断一个人是维佐人或者马斯克罗人**之前**，他们就可以被这些表象所区分。

借用康莫罗夫的说法，我们可以假设维佐人使用了一种图腾模式，将人划分成"拥有相同特征的单元"，如此收集起来的身份认知可以被定义为"相似但不同"（Comaroff，1987：304）。虽然我并没有证据表明维佐人想象出了某种抽象的身份，在某种特别的地点及行为让它鲜活之前就已经存在，但维佐人确实将马斯克罗人视作"相似但不同"。我们已经知道了马斯克罗人与维佐人完全不同的原因，而他们与维佐人**相似**，甚至**一致**的原因则是，马斯克罗人的身份认同是在一个**类似**维佐人产生自己身份认同的过程中产生的。对维佐人来说，马斯克罗人同自己是有区别的，因为就像他们自己一样，马斯克罗人的"身份"也是由他们的行为来定义的——通过不同的生计方式、不同的居住地、他们定居后所掌握的不同技能，以及烙在他们身上不同的"标志"。

如果区别是由类比来构建的，我们可以讨论瓦格纳（Wagner）在1977年提出的观点：那些被区分的东西必须先要有相同点。在他关于达利比人（Daribi）亲属关系的理论背景下，瓦格纳认为，我们为了进行分析，**假设**氏族之间的关系和由这种关系所定义的氏族是基本相似的，它们之间的区别一定是主动去创造的，那么，唯一一种创造**区别**的方式就是**类比**，因为一切差异在根本上都被假设为相同。而在维佐人这个案例中，我想要提出的是，区别之所以**不能**被分析，不能建立这种假设，是因为**区别**，就像身份一样，只能通过人们现在的行为所**创造**，人们是因为某些条件而成为其他人，就像维佐人也只是因为某些条件而成为维佐人。

3

没计划的人

第三章　没计划的人

搬到贝塔尼亚后，最初我计划提前安排日程，并试图以此控制焦虑，但很快我发现这是没有意义的。要理解这里的村民如何安排他们的时间是一件很困难的事情，因为他们似乎终日都在不定时地移动，看似在海上或市场中忙个不停，又会花很多时间聚到一起，整天在村里打牌（玩宾果）。住了几周后，我在日记中写道，最明智的做法是新的一天来了再安排当天的事，放弃一切长远计划。

后来我发现，通过学习在贝塔尼亚应对他们这种没计划、短期主义的日常，我实际上也是在学习一种维佐人身份的基本特性——一种使人成为维佐人的"行为"，我完全是在一种不知不觉的过程中使自己逐渐变成一个维佐人的。在上一章中，我提到过人们所做的事情，就是他们的"身份"，这不是由过去决定的，而是在任何时候都只取决于人们当下的行为。我们已经知道，当一个人搬迁并学习新的"习惯"后，他的过去是会被抛弃的，以及一个此刻"是"维佐人的人，在航海中犯错就会暂时地变成马斯克罗人——他以一个当下行为所创造的新身份，取代了他的维佐身份。

这一章将进一步讨论过去对现在的影响。维佐人否认这点，所以它是不易被察觉的,但同时也是明确的。整个背景建立在维佐人的生计方式上,它被描绘成一种与现在紧密相联的行为,不会延伸至过去或未来。因此,"作为"一个维佐人,意味着每一天都要从头开始,如同昨日发生的事情和今天全无关联,所以,今天发生的事也与明天没有任何关系。这是一种短期主义,不需要任何形式的计划,而这也使人们成为维佐人:没计划的人,总是在意外中的人。

维佐人的生计

虽然维佐人也会使用一些术语来描述他们的各种捕鱼法——丝网捕捞、流网捕捞、障碍网捕捞、潜捞等等,但他们其实没有**通用**的术语。维佐人使用"米得储克"这个词来解释他们"谋生"的方式,它的意思是"讨海"[1]。这个说法不专指某种特别的技术,也不专指寻找某种特定的食物。米得储克的意思可以等同于人们乘着独木船捕鱼,可以是一个人在森林中猎马岛猬或找蜂蜜,也可以是野猪们在村子的沙地上无休止地觅食[2],还可以是贝隆居民找海参的行为,虽然他们觉得海参不能食用,但是他们会卖给将海参出口到中国的印巴商人。米得储克指的是采集任何一种可以作为生计来源的物品。举个例子,孩子们在森林找野生的李子不能被称为"米得储克",原因不是我本来想的那样——他们是小孩,而是因为李子对任何人的生计都没有影响,如果有的话,就是孩子们被反复告诫的那样,李子会让人生病。因此,通常"米得储克"采集的东西都是可食用的,要么可以被自己吃掉,要么可以被卖掉,但"米得储克"也可以指一些不可食用的东西,比如海参,采集它的唯一目的就是出售。

分析"米得储克"这个词有特别的意义,因为它描述了维佐人的生计方式,但没有提到他们的生产技术和生产活动——捕鱼。换句话说,米得储克描述了维佐人谋生的一般性特点(而不仅仅是技术上的特点)。为了解释这种一般性特点,我的报道人将米得储克和一些**不是**米得储克的行为,比如农业进行比较。当一个人今天去"讨海",看到了一些食物,每天都可以去采集它们,但从事农业必须等待作物生长,在生长周期结束时收获一大批庄稼。那些"讨海"的人没有土地,而农民却恰恰相反,他们从过去开始就拥有土地。

从上述对比中,我们可以发现维佐人生计方式的两个重要特点。第一,"讨海"有非常明确的时间维度,它是一项每天都发生的事,不需要等待,也不涉及随时间而转变的财产;第二,"讨海"所获得的食物和人之间没有中间物,独立存在于寻找和采集它们的人之间。我将依次讨论这两个特点。

与从事农业的生计方式不同,维佐人的生计方式不会延伸至**过去**,因为维佐人没有土地;也不会投射至**未来**,因为维佐人不用等大片的庄稼生长和成熟。米得储克是随着时间,一天又一天不断重复的,但是,每一轮新的食物采集工作都是自成一体的。有趣的是,我的报道人以同样的条件将维佐人的生计方式和雇佣工做了比较。维佐人通常都不喜欢做雇佣工,因为这份工作"没意思"。要知道,维佐人在海上捕鱼,碰到渔获好的时候,他们一次赚的钱就有穆龙达瓦的雇佣工一个月赚的那么多，甚至有首都安塔那那利佛公务员的工资那么多。而且，雇佣工必须遵循严格的工作时间，日复一日，还要听老板的话。不过，我在贝塔尼亚的一些维佐朋友，觉得领工资的工作也有些好处，比如说在海上天气不好或者雨季来临时，它依然可以提供稳定的收入保障。他们表示，雇佣工是介于种地和"讨海"之间的。在农业这个极端，种地的人必须等上一整年才能获得他们的收入；而在另一个极端，那些"讨海"的人每天都有收入；位于中间的便是雇佣工，每个月获得一次收入。有趣的地方是，在一个极端，"讨海"代表了一种短期的生计方式，与现在紧密相关。由于没有将人们与过去联系在一起的土地，也就不需要劳作，不需要等待未来才成熟的庄稼或者未来发的工资，维佐人每天都要出海，重新开始寻找食物的行为。

这种说法似乎与维佐人使用独木船这件事儿相矛盾，独木船作为一种技术性的手工艺品，一定会在某种程度上将人们与过去相联。虽然独木船的寿命不长，最多就两年，但和"讨海"这件事相比可要长久太多了。此外，与继承了土地的农民不一样，维佐人是不会从过去继承独木船的，他们继承的主要是在现在造一艘独木船时所需要的技术和知识。于是，在维佐人的表述中，独木船是与现在紧密相联的，这是因为独木船的起源，从理论上说，在他们的观念里，可以在任何时间点被重现，包括当下。

说到独木船的起源问题，谁是第一个建造它的人呢？其建造技术又是怎样被发明的呢？大多数人都会讲，自己的前辈很早就懂得制作独木船，但他们只会说到这儿。有一次，一位老人给我讲了下面这个故事：过去住在海边的人会制作独木船，他们第一次尝试造独木船时，使用的是一棵叫作玛斐的树，他们砍下这棵树，在树干上雕出独木船的形状，并将这艘船带到海上。然后，船沉了。于是，他们返回森林，在那里看到了一棵法拉法塞（也就是现在维佐人用来造独木船的树），由于这棵树很轻，他们觉得它可能会适合造独木船。大家将法拉法塞挖成独木船的形状，晒干，把它带到海边，船浮了起来——这就是制作独木船的故事了[3]——那位老人说道。我还想要知道更多关于独木船发明者的故事，但老人告诉我其他没什么好说的了，当时比他年长的人没有主动告诉他更多，他也从没想过还要问些什么，他非常明确地表示我也不需要知道更多了。

乍一看，这个故事似乎讲的是维佐人的独木船起源于过去，因为我们被告知独木船是由过去海边的居民发明的。实际上，这种叙述是非常模棱两可的。这项发明似乎产生于一个没有时间的空间，没有确定的历史情节或神话事件，其真实地点没有被记录下来，其发明者的名字也没有被记住，其出现的时间只是被通称为"第一次"。换句话说，将一根树干挖成独木船，很幸运的是船没有沉。维佐人讲的故事，没有将这个意外的、偶然的发明转化成一件有历史依据或祖先可循的大事件。因此，这种叙述产生了两种相互矛盾的结果，一方面，它承认了过去的维佐人知道如何建造独木船；另一方面，它将发明独木船这件事描述为一件已经发生、可能还会发生、**在任何时间点都能发生的事情**，消除了过去与现在之间的区别。因此，实际上这个故事表明的是，当维佐人需要一艘新的独木船时，因为他们从过去继承了相关知识，维佐人**不仅**不需要每一次都重新发明独木船，**而且**如果有必要的话，维佐人随时都**能够**重新发明独木船。万一因为某些原因，维佐人失去了建造独木船的知识，他们只需要从再一次偶然发明独木船的行为中找回它就可以了。[4]

接下来我们可以谈谈定义维佐人生计方式的第二个特点了。我的报道人将"讨海"和农业做对比是建立在这样一个基本的假设上，就是他们为谋生而寻找的食物是"现成"的，维佐人只需要找到它们并进行采集。在这方面，维佐人偏向于资源，而非生产（Bird-David，1992）。在维佐人看来，"先有资源，后有生产"，而不是"**按照定义**，产品只有在被生产出来后才存在"（Bird-David，1992：39）。对维佐人来说，人们谋生所需要的那些资源存在**在先**，在一个永恒的、充沛的库之中，那就是大海。

每当维佐人提到跟海洋相关的东西时，他们会使用副词"amboho"，意思是"在某人背后"，而马斯克罗人就不一样了，他们会用另一个词"añatiny"，意思是"里面"。一个维佐人会说，"把这个渔网放到后面去"（atery amboho eñy harata iñy），一个马斯克罗人则会说，"把这个渔网放到海里去"（atery añaty riaky eñy harata iñy）。有人在给我解释这两者间的区别时提到了维佐人观念中海的方位："当一个维佐人外出讨海，结束后，他就会回家。他是不会朝着西方（朝着海的方向）回家的，而是朝着东方，这样才能从海上回到村里。"[5] 根据捕鱼一整天后

往家走的这个行为,在维佐人的认知中,大海的位置在他们的背后。⁶

从维佐人的立场来说,大海是一个有他们"活着"所需的一切的库,海里有鱼似乎也是理所当然的事。当被问到鱼从哪儿来时,我的报道人表现得非常茫然,他试着回答说,一定是造物主(*Ndrañahary*,在西方文献中通常被译为上帝)想到要将它们放在海里的。只要海里**永远**有鱼,维佐人就活着。

维佐人认为海里**永远**有鱼,根本原因是没有看到捕捞活动对大海的繁殖力和海洋资源所造成的影响。我只见过几次维佐人担心海洋资源。最近,大量日本工业渔船涌入,这些渔船在穆龙达瓦沿岸的海域进行拖网捕捞。日本船的渔获量非常大,当维佐人驾着独木船去收集日本船从甲板上扔下的小鱼时,他们发现日本人的渔获量与他们自己的根本不成比例,不禁开始担心鱼会不会被捕光了。在维佐人眼中,拥有大型海船和高科技捕鱼设备的日本渔业公司,其作业方式,是一种与米得储克截然不同的存在,其结果便是,人们很容易开始思考这是否会对海洋造成别的后果。然而,除了见到日本渔船外,维佐人似乎从不担心大海的繁殖力。他们不祭海,也不觉得自己有能力正面或负面地干预到海洋中的鱼类资源。

其实,维佐人基本没有关于海上行为的习俗和禁忌,他们不觉得有什么行为会影响渔获量。我听说的唯一一个禁忌是,当人们看到巨大的海洋生物,比如鲸鱼、鲨鱼或大章鱼时,要尊重它们,一定不能感到惊讶,尖叫或用手指着它们。如果一个人表现出对这些大型海洋生物的不敬,狂风和巨浪就会突然出现,独木船便会遭遇危险。[7] 还有一个传说是,有时渔民在海上会遇到"带腮的女人",她会坐在独木船的舷外支架上,摆出诱人的姿势诱惑渔夫,如果渔夫接受了她的示爱,之后就会捕到很多很肥的鱼,能塞满独木船的船沿。不幸的是,两人的结合注定要破裂,因为男方不可避免地会去做些被禁止的事情:看自己妻子的腋下,发现她的鳃。然后,女人会非常愤怒地离开渔夫,重回海中。[8]

还有一种非常特别的海洋生物,那就是海龟。虽然维佐人会捕海龟,但他们觉得海龟与鱼类是非常不一样的:"海龟是不能经常捕的生物,因为海龟有神力,而鱼可以每天都捕。我们不常捕海龟,通常是一个月一次或者一年一次。"[9] 捕海龟非常"麻烦",一方面是因为它们非常难捉,另一方面是在用鱼叉捕海龟时需要注意很多麻烦的规矩。再一个原因是,海龟本来就很少见。捉到海龟后,如何处理海龟、吃海龟也有很多规矩。切断海龟的喉咙是绝对的禁忌(必须要在海龟还活着的时候,撕开龟壳,切下肉),另外,不能切开胸部的肉,不能让血滴到沙滩上,不能烤海龟肉,在烹饪海龟肉时不能加盐(所以会用海水来代替),以及海龟必须由男性来烹饪,煮好的海龟必须分给亲戚和朋友,但是禁止售卖,还有女人和孩子不能吃海龟的某些部位及内脏。这些规矩是为了表示对海龟的尊重,如果有人不守规矩,捉到那只海龟的独木船上的人们将再也不会见到另一只海龟,除非船主做出适当的补偿。

相对于捕海龟的"麻烦",捕鱼就很"容易",虽然有些鱼特别"聪明",比如西班牙马鲛鱼。但我们也知道,维佐人会用一种精心准备的鱼饵来诱骗它。捕鱼唯一的难点是要会找地点,如果拉玛撒(西班牙马鲛鱼)没有上钩,维佐人会觉得它们在其他海域,而不是捕不到。维佐人认为鱼永远在海里,即使没有人捕鱼。[10]

维佐人回家时身后的那片海中,永远有取之不竭的鱼给他们食用。因此,他们不像农民那般,不得不为庄稼成熟等很长一段时间。维佐人按需取食,当他们需要食物的时候,就去海里找一些。在马纳,贝隆南部的一个小村庄里,我亲眼看到了这种自给自足的生计方式有多么方便。有一天,我正和一个女人及她的丈夫聊天,不知不觉我们发现天色已晚,太阳都要下山了,但他们还没有准备晚饭的小菜,那个男人以"弄些小菜"为由离开了。他走到屋后,拿起一张小渔网,那张渔网看起来很旧,上面还有很多破洞,然后走到离我们坐的地方几米开外的海边,大步迈进海中,直到海水没过他的肩膀。他打开渔网,放好,接着又赤脚踩着水回到岸边,坐在海滩上用毯子将自己裹起来,双眼盯着渔网,他的猫也冲上来坐在他身边。网上的浮子移动了四五次。一刻钟后,他走回海中,收网,带回了四条中等大小的鲻鱼。回来后,他把身上弄干,坐下清理那些鱼,与此同时,他的妻子已经生好火了。整个过程用了不到半小时,他又回到了我们的谈话中,这让我十分确信马纳人从来不需要担心他们的小菜。

但是,生活并不总是如此容易。大海不只是一个给维佐人提供生活所需的大型容器,她也是有脾气的,是急性子,还会很暴躁，变化莫测，阴晴不定。人们不厌其烦地讲道，只要某一天大海"生气"了，维佐人就不得不待在家里。另一天，大海很平静，无风无浪，大家就会去捕鱼。然而过一天，大海又可能"发脾气"，维佐人只好继续无聊地待着。由于大海的这种双重性格——慷慨地赠予人们食物，却又喜怒无常，维佐人其实也不能永远都按需取食：他们不能总在需要食物的时候就去"讨海"[11]，相反，他们面临着一个据说是所有渔业社区都会遭遇的特点——面对不确定性，这也逐渐成为"渔业人类学"的主要议题（Acheson，1981）。

为了应对在海上捕鱼的不确定性，维佐人知道他们不得不做些安排。安排，在这种语境下，指的是从过去的经验中学习，知道如何通过现在的资源计划未来的能力。换句话说，安排指的是放眼于现在之外，将视野放到过去和未来。马斯克罗人的农民和牧民都会做安排，因为他们需要根据一个长期的时间尺度营生，他们为了未来的收益，按照过去的经验来行动。相反，维佐人是**不**做安排的，这也是一个多次提到的维佐人的特点，因为在他们米得储克的行为中，每一天他们都要重新开始找食，他们也**不**从过去的经验中学习应对不确定性的方法。尽管维佐人赖以生存的大海的脾气是反复无常的，但让他们成为维佐人的生计方式，永远只与现在保持着紧密联系，因此，我们发现维佐人经常性地处于意外之中。本章剩余部分将会讨论在两种不同的环境下，贝塔尼亚的村庄和贝隆的村庄中，维佐人不做安排这个特点。

贝塔尼亚

人们在晚饭后围坐在一起,聊天的过程中可能会被问第二天是否有出海的计划。除非已经有一个**不去**的理由——比如一场必须出席的葬礼、生病了或者和占卜师约好了为仪式择日——换句话说,除上述情况外,一个人计划**要去**出海,答案大多会是:"我不知道呢,这要看海。"在这种谈话中,海有时候会被称为瓦扎哈,也就是白人。这不仅仅是因为海像白人一样是维佐人的老板[12],还因为在维佐人看来,海和白人一样急性子、暴躁、变化莫测且阴晴不定。第二天一大早,那些计划要去出海的人,都会去海边看天气,他们检查独木船的湿度、观察椰子树随风而动的幅度,判断是否适合出海。如果当天有大浪或大风,他们就会推迟行程,回家后告诉家人,今天天气**意外**地不好。

傍晚独木船返航的场景是非常壮观的。一望无际的海平线上,独木船犹如点缀在海面的白色斑点,慢慢地增多、变大。女人和孩子们会在岸边等着独木船靠岸,很快就可以通过帆的大小或其他特点,比如帆上有彩色的补丁或破了一个角来辨认出自己家的船。紧接着,就可以开始猜测渔获了,独木船在船队中的位置是判断渔获大利的首要因素。通常情况下,如果一个船队的渔获很好,在其他人都扬帆返航后,他们还会留下来再捕一次,所以通常是最后离开的。不过,如果一艘独木船的速度特别快或者船上的水手技术特别好,即使他们是最后返航的,还带着非常重的渔获,也可能比其他独木船更早回到岸上。随着独木船越来越近,人们可以根据船身的吃水线更准确地估计出渔获量，晚上讲故事的时候，人们会说船上的鱼要溢出来了，船上的载重超级多，几乎是在运水啦。虽然实际上从吃水线来判断独木船的载重量不一定准确，因为有时候船体会被逆流的海水压沉。

独木船靠岸后，人们不能立马看到渔获，岸上等待的人也不会去问捕的鱼多不多。人们甚至不能**看见**那些渔获，因为它们都在独木船里面，被一大片木头盖住，以防被太阳晒到。这时候，人们话很少。在女人们的帮助下，渔民跳出独木船，收起帆，卸下桅杆，举起独木船抬到岸上。那之后，船主才会将鱼一条又一条地从尾部抓起，挂出，顺便让大家都看看渔获有多少，但这种引人注目的动作看上去仿佛只是整理工作的一部分。

虽然没有人会明目张胆地去看当天的渔获量如何，但女人们承认，她们会在船靠岸或在沙滩边时"从船后偷看"。如果今天的收获很好，她们会非常开心，但如果不如人意，她们会觉得没力气帮忙将独木船抬到沙滩上了。有时候渔船空荡荡的或者几乎一无所获，她们会说，今天没法在市场上卖鱼赚钱了，真**意外**。

穆龙达瓦的市场对贝塔尼亚的人来说是必不可少的，人们会带着欣慕的语气告诉我，刚从海上捕回来的渔获，可以在市场上被交换为人们日常所需的商品，这些东西海里可找不到。人们一定会把鱼在市场上卖掉，因为维佐人需要"换钱"来买食物，这让他们感到满足和快乐，毕竟"没人愿意每天都吃鱼"。

因此，在独木船靠岸后，妇女们会将几条大鲭鱼的头尾绑在一起。这些鲭鱼带着水，鱼鳞发亮。女人们会用头顶着它们去市场，鲭鱼的鱼脊微微弯曲，越过她们的肩膀。晚些时候她们回来，会挎着一个又大又重的篮子，一半装着大米，大米上面会有几个番茄、洋葱，晚上吃的肉和鱼，五到十根香烟，一个装着糖的小纸袋，另一个装着一捧咖啡豆的小纸袋或是一个装着茶叶的信封。买完这些后，如果还有余钱，她们会在最后买点儿甘蔗，直直地插在篮子边上，或者买条法棍、一些香蕉，又或是一小片椰奶糕（一种用蜜粉和椰奶做的米糕）、几块米糕和一些椰子糖。

每次和我的女性朋友们一同从市场上回来时，她们都会要求我看看她们的篮子里装了些什么回家。我在想，为什么维佐女人（包括那些与我交谈的）卖鱼赚钱后，马上就会去逛市场，买东西，还会买些贵重的食材，比如猪肉、牛肉和树薯叶呢？为什么她们会买一整篮的面包、糖果和零食？因此，我确信维佐人不会做安排，他们有钱时就会大吃一顿，不会去想明天会不会不适合出海，可能没有鱼卖，也没钱买东西，没什么食物吃，只能快要饿死！

虽然维佐人的生活质量很高，但这种消费观念非常短视。维佐人很清楚囤些食物是另一种合理的生活方式，在不能捕鱼的时候也不会挨饿。但就像看待不稳定的出海和稳定的雇佣工一样，他们觉得囤粮食"没意思"。对此，他们有经济上和文化上两方面的理由：如果存钱或囤粮的话，他们就不得不将大米和豆子分给那些挨饿（或蹭饭）的亲戚；此外，"维佐女人喜欢每天都去市场"买吃的,因为她们不习惯、也不喜欢在家囤食物。

女人们在储存食物这方面的行为和习俗也说明了,在贝塔尼亚居民的观念中,维佐人在经济行为上有一项非常普遍的基础特征就是,"维佐人赚很多钱,但他们不知道如何'管理'这些钱(简单说,如何理财)"[13]。维佐人非常自豪地告诉我,他们在海里捞钱[14],但他们不会管理自己的钱,因为他们不存钱:他们一赚到钱就会马上花掉。

我们已经知道了维佐人的这个特点对伙食费的影响,它让维佐人的饮食习惯和一种森林里叫作卡拉诺罗的生物非常类似,这种生物很难见到。"吃得像卡拉诺罗一样"指的是,午饭时就把准备的食物全部吃光,完全不去想晚饭:"晚上没有食物了,就只能干坐着。"同样的态度也存在于维佐人对酒,尤其是朗姆酒的消费中。女人们会觉得把钱花在酒上是男人们的特权[15],但在她们看来,挥霍在朗姆酒上的钱还不如拿来买好吃的或者是买衣服。不过,如果男人们只是偶尔喝酒,并不因酗酒影响整个家庭的经济状况(这种情况有时会发生),女人们对男人喝醉酒是相当宽容的,而且还会表现得喜闻乐见。因为这表明,维佐男人和她们女人们一样,也不会提前存钱或做计划。[16]

维佐人另一个突出的消费品是服装。然而,把钱花在买衣服上和食物上是很不一样的,与买酒就更不一样了。"维佐人只会胡吃海喝",经常被人这么说后,维佐人就会想要把下一份收入花在毯子或围裙上。有钱的时候,人们总是不可避免地在食物上花钱[17]。为了避免这样,就要赶紧把钱花在别的东西上。衣服是一个非常值得的选择,因为它比食物持续的时间要久[18]。但买衣服也有弊端，贝塔尼亚的人说，新年过后，可以在穆龙达瓦的市场上看到穿着漂亮牛仔裤和绚丽化纤裙子的维佐人，但他们没钱买食物了。

不会管理钱财，这也让贝塔尼亚的居民经常处于一种意外或者完全没想到的状态之中。他们没想到自己在沉溺于某些奢侈的商品后，会"快饿死了"，只能吃一些寡淡的小菜或者根本没有配菜吃。他们也没想到自己会没钱买柴烧饭，没钱买蜡烛，只能干坐在黑暗中，他们还没想到当自己需要买一个新的篮子、药品、肥皂或者一些编辫子用的椰子油时，会发现"钱不见了"。

弗斯（Rosemary Firth）在描述马来西亚的渔民时写道："生活需要在渔获丰富和匮乏时做选择，一个不会做计划的马来人在不能出海的几个月里，就只能挨饿。""一种关于出海收获不佳的典型抱怨是：'这刚好够吃，没法存起来。'"（Firth，1966：141-142）[19]这点和维佐人就非常不一样——马来人抱怨捕的鱼少，只够他们买食物而无法存起来，维佐人却炫耀自己将渔获大利的收入全部用来购买珍馐；马来渔民能够生存，是因为他们会计划和存钱，而维佐人则宣称自己经常不得不"快饿死了"，因为他们既不存钱，也不做计划。

虽然贝塔尼亚的维佐人一有钱就会买时髦的衣服或者吃猪肉，完全不在乎这可能会在未来影响他们生活的基本需求，但显而易见的是，即使因为风浪而无法捕鱼，他们也不会真的"饿死"。他们通过各种各样的活动来创造收入[20]。他们拥有一些小型资产，比如鸡和猪，在遭遇生存危机的时候可以卖掉；他们可以受到亲戚们的短期救助；最重要的是，实际上他们并不是完全不存钱或不计划。我们之所以讨论这一点，是为了关注贝塔尼亚居民的选择，他们不仅选择**忽视**通过做计划来降低风险的策略，相反还强调这是维佐人独有的特点，也就是说，生活中充满意外，只做短期的决策，缺少远见与安排，所有这些导致"意外"的行为，都是维佐人的突出特点。虽然贝塔尼亚的居民也欣然承认，他们南部的邻居，那个造船村贝隆的人们，比他们会计划得多。

贝隆

一到贝隆，这个村子最突出、最引人注目的特点就是大量的双桅帆船了。有些船已经竖起了桅杆，上好了帆，漂在环礁湖的水面上；还有一些年久失修，倾斜着陷在滩涂中，慢慢地随时间流逝不成船形。然而，最引人注意的是那些正在建造中的船，他们看起来就像拔沙而起的大型骨架，光秃秃的，内部结构清晰可见，由一种叫作纳托[21]的最坚硬、最耐腐蚀的木材做成。这些帆船是表明贝隆的人们非常会做计划的最让人信服的证据，就像贝塔尼亚人告诉我的一样。

贝隆的村民经常跟我说，建造双桅帆船很早就是"本村的特色"，这也暗示了建造和驾驶双桅帆船"古已有之"，村民们到现在都非常"习惯"。如今，据说这个村里的所有人要么有一艘帆船在海上，要么正在建或者准备建一艘。最初，是一位被贝隆人称为瓦扎哈、名叫贝贝（Bebe）的白人教会了他们造帆船，这个人来自留尼汪岛[22]。一开始，只有一部分村民学会了造船的技术。接着，其他想要自己造帆船的人纷纷模仿，并学会了这种技术。一代接一代，造船就慢慢地在整个村子里传播开了。

贝隆人生活在许多未完成的帆船骨架之中。人们知道，建完一艘双桅帆船所花的时间经常比人的一生还要久。但他们也非常肯定地告诉我，"这没关系"，因为其使用的木材非常坚硬，只要不和海水接触，几十年都不会腐蚀。一艘双桅帆船要建很久（二三十年都不稀奇），我被告知的原因是，这些船是用海里的钱建的，购买造船材料（一艘载重30吨的帆船需要300公斤钉子和400块木板）的资金是从平日的开销中"一点点攒"出来的。因此，造船的工期也是零碎的，一次钉一磅钉子或者几块木板。

一旦船造好，双桅帆船就准备用于沿海地区的运输作业了。大多数时候，双桅帆船的船主，也就是船长，负责安排整个路线，主要是从穆龙达瓦或者沿海其他贸易乡镇的印巴商人（Karany）那儿拿货。一个能定期接到货的船长可以赚很多钱，当他返航回到贝隆时，会给家人们带回一大船食物（大米、玉米、树薯、糖、油）。他们明确地告诉我，由于能有如此大量的"储备粮"，贝隆人都想拥有一艘帆船。

而贝隆人**想要**一艘帆船的原因经常被和他们**需要**一艘帆船的需求放在一起讨论。首先，贝隆附近没有市场，所以他们需要帆船。贝塔尼亚和贝隆的区别，就是贝塔尼亚人是自己去市场，而贝隆人是"市场来找我们"——"市场"，在这里指的是那些定期到贝隆来卖玉米、树薯和大米的马斯克罗人的卡车。

可见，不像穆龙达瓦市场上那样总能买到食物，贝隆人知道卡车一两个月只来一次，所以他们必须有"储备粮"，不然他们就会"饿死"。另一种获得"储备粮"的方式就是种田，但是因为贝隆"没有能产粮食的地"，那些双桅帆船就成了"这里人的一种农业"。换句话说，那些双桅帆船带回的大量物资，就好比马斯克罗农民在农时结束后收获的"巨型庄稼"。

贝塔尼亚的朋友曾提醒我，到了贝隆我会遇到非常会计划的人，他们会管理钱财，还会让钱增长。在贝塔尼亚的人看来，贝隆人不是非常维佐。但是，也有一位贝塔尼亚的村民说，"这些造帆船的贝隆人仍然是维佐人，即便独木船才是维佐人的根"。还有人跟我说，"造帆船不会让人成为维佐人，但有些维佐人会造帆船"。与这些说法相呼应的是，我发现贝隆人也会强调，"造帆船是白人的工作，不是维佐人的工作"；他们非常热衷于告诉我，虽然大家经常使用帆船，但村里每个人都还有一艘独木船，会驾驶它们出海捕鱼，所以，在沿海的运输工作结束后，船长会登上独木船出海捕鱼。贝隆人描述，米得储克让人欲罢不能，"不论发生什么，维佐人都会去讨海"。

贝塔尼亚和贝隆的每一个人都认同，造帆船**不是**维佐人的行为，但他们也认为贝隆的村民仍然是维佐人，因为他们会乘着自己的独木船出海捕鱼。那么，如果说"作为"一个维佐人指的是完全像维佐人那样行动，偶尔乘坐独木船似乎更像是一种情感层面的忠诚，而非一种对身份的强烈表达。贝隆人在某种程度上同意这种观点，虽然他们依然觉得自己"非常维佐"，因为他们可以成功地捕到海龟。贝隆人似乎从来不觉得自己的行为与贝塔尼亚的维佐人不一致,他们会赞美自己"相当维佐"或者"是个真正的维佐人",因为他们很强壮,男人日复一日地在海上捕鱼,女人每天都去市场。

就生计方式而言,毫无疑问,贝塔尼亚人比贝隆人"更像维佐人"。然而也存在一种奇妙的反转,贝隆人宣称,他们的行为,**运营**帆船——这个最不像维佐人的东西——的方式,其实是非常具有维佐人的行为特点的,他们也因此"成为"维佐人。事情是这样的,虽然贝隆人造帆船是为了通过"巨型庄稼"获得经济保障,但实际上,帆船在海上的管理过程充满了不确定性。他们经常告诉我,许多村中环礁湖里的船正在解体,因为船主们无法承担维修费用。

船长运营帆船,找到货物,然后帆船就能获得"收成"。船长的报酬固定按吨数收取,每位船员也会分到每吨货物的报酬。在帆船不运输的时候,船长仍会负责船员们的伙食,但船员得不到更多的工钱。要是没有运输工作,很难留住船员,因为他们会立即去别的地方找更好的工作。然而,我听说近几年来在贝隆找到货运的活儿越来越困难,因为有一些穆龙达瓦的船主利用自己政治及贸易上的关系控制了货运业务,垄断了糖、水泥等大宗商品的运输作业。

尽管如此,最近的这些情况只是加剧了帆船运营工作早已存在的不确定状况。那些印巴商人才是不确定性的主要原因,他们是运输业主要的供货商。维佐人认为印巴商人就像大海一样阴晴不定——暴躁、变幻莫测、极不稳定。因此,贝隆的船主经常会一边沿着海岸航行，一边寻找那些不确定的赚钱机会。有时候，要是没有更好的选择，他们会沦落到在马达加斯加倒卖椰子，获得一些微薄收入。

有人对我说，贝隆人这样使用帆船和贝塔尼亚的妇女在沙滩上买鱼去卖十分类似：他们无法获得"巨型庄稼"，每个人只能赚到一点"蝇头小利"[23]。外部的限制将帆船进行的一种长期的、大产量的计划变成了一种短期的、在很大程度上不可预测收益的事件。不用说，贝隆人会觉得这种转变非常地出人意料，他们很意外自己的帆船找不到货物，他们很意外那些不能工作的帆船会躺在环礁湖里渐渐解体，他们也很意外印巴商人的作为。

其实贝隆人知道，与印巴商人签订长期协议是确保自己有持续可靠货源的唯一方法。但问题是，他们是没计划的人，因此他们不愿意达成这种长期的承诺。**作为维佐人**，他们强调，他们不想放弃他们的自由："维佐人不想给人打工。"（见第四章）不论贝隆人是真的抗拒与印巴商人签订长期协议，还是他们只是因为缺乏市场支配力而无法保障自己，在这里都不是重点。重点是他们选择强调——在一系列同样重要的行为和限制条件下——维佐人典型的"无计划"和"意外"。虽然因为有所安排的长期计划和储蓄，贝隆人能够完成一艘巨大的、贵重的、耐久的帆船——从这点上看，贝隆人不具备维佐人的身份特点，但是，当他们自己的帆船不得不停在码头或村中的环礁湖里，处在一种长期停工的闲散状态中，他们又非常具有维佐人的特点。虽然印巴商人可以使他们避免用帆船"讨海"（米得储克）

的不稳定性及不可预测性，但他们普遍都因为"不计划"，而没法在运营帆船的过程中达成长期的、有约束力的协议。

不做计划与意料之外

在贝塔尼亚和贝隆，我不断碰到人们表达"意外"，而且随处可见。这在日常生活中是个太普遍的现象了，以至于我自己也很快学会了表达"意外"，以此来让人们为我解释一些我不懂的事情。可惜，我竟然从没想过要对我的维佐朋友们常感意外这件事情表示"意外"，所以我也无法分辨他们所表达的意外有几分真假。

维佐人晚上会花几个小时聊大海的捉摸不定，他们"真心"会因为有海浪导致无法出海而感到意外吗？如果他们知道鱼并不总在他们判断的海域内，他们"当真"会因为当天的渔获很少而感到意外吗？贝隆人总是在抱怨那些印巴商人垄断了运输业，当他们找不到货运的活儿时，"确实"会感到意外吗？

我发现，当一些不同寻常的**好事**发生时，我的朋友们从来不会觉得意外。他们会因为雨季不能捕鱼而意外，但是他们能欣然接受长期的干旱；当发现渔获不多时他们会感到意外，但如果渔获量特别大，就会成为炫耀他们能力的理由；没钱是一个永远存在的意外状况，但如果捡到了一个塞满钞票的钱包，就会成为一种祝福的标志："希望你能捡到钱"。我的结论是，我的朋友们并不是因为碰到不理解或者不可预测的情况而感到意外，他们感到的意外与其说是一种情绪，不如说是一种表达——**他们不做计划**，他们选择忽略那些从过去的经验中"应该预料到"的状况。

维佐人感到意外和他们缺少计划性都有一个重要的时间维度，感到意外及不做计划的人都是在现在行动的（或者正在遭受他者行动的影响，比如受到大海和那些印巴商人的影响）。他们不了解过去，对未来也没有任何期待及计划。当贝塔尼亚的维佐人发现海上起浪了，他们会表现出意外，是因为他们忽略了过去那些告诉他们大海是阴晴不定的经验；他们把所有的钱都花在了时髦的衣服上，然后因为没有食物而表现出意外，是因为他们自己不做计划，并且忽略了过去的行为是会影响到现在的。贝隆的帆船主人在缺少货运业务时感到意外也是类似的情况，因为他们"不愿做计划"，于是忽略了和印巴商人建立长期合作关系的需求。为了确保未来的稳定性，这种关系应该从过去延续至当下，又超越当下。

这种不做计划的表达和充满意外的生活定义了一个没有过去和未来的世界，在这个世界中只有当下的行为，并且围绕着米得储克而展开，就像我们在本章的第一部分中看到的，"讨海"是一项每天都要重新开始的活动，即使每天都是重复的，但它在当下始终是自成一体的。米得储克既不需要做计划，也不产生任何计划，因为它所包含的行为既不会追溯到过去，也不会延伸至未来。相反，那些不用"讨海"的人非常会做计划，像马斯克罗人那样的农民擅长计划，因为他们会等待、安排、存钱，也会让钱增长。同样地，贝隆人建造双桅帆船的活动和农业明显类似，这展现了他们的智慧。

缺乏计划性和不断地流露出意外，是维佐人的两个基本特点。比较贝塔尼亚人和贝隆人，我们可以发现，人们越没计划，越常感到意外，就越维佐。同时，任何维佐人从事的活动——不论是捕鱼，在市场交易，还是运营帆船——如果能够被理解为一种短期、当下的活动，是人们不做计划的表现，会让人们感到意外，就都会被视作维佐人的活动，视为"讨海"的行为。如同维佐人否认一个人的过去可以决定他当下的身份，维佐人缺乏计划性和不断地感到意外，也构成了他们自身的特点。它与过去和未来都没有关联，永远只与现在紧密相联。

4 拒绝牵绊的人

在上一章中我们知道，维佐人说自己是"没计划的人"，意在表达一种短期、当下的经济理念。那么，当他们说"维佐人不喜欢牵绊"时，则是通过否认和消解过去作用于现在的力量来表达他们的权力观念。本章我们将会讨论不同状况下，维佐人生活中三种不同形式的力量在时间中对他们行为与身份的规训。这三种力量包括：习俗与禁忌的限制、婚姻中的姻亲关系，还有萨卡拉瓦国王的权威。在以上所有情形中，维佐人都承认他们不得不被一种"牵绊"以及过去的力量所影响。在下文中，我们将会看到，这些"牵绊"是控制性的、脉络化的，并且是流动的。

习俗与禁忌

人类学家在田野调查的过程中，如果询问报道人为何以特定的礼仪举行仪式，为何选择某种行为，得到的回答通常都是——"习俗"。当然，人类学家不会满足于这个答案，他们会觉得所谓"传统"要求，不过是在隐藏仪式及行为背后"真正"的意义，也会因此感到沮丧，因为他们会觉得，以自己的知识储备不足以拨开那些表面上看起来很随意的"习俗"，做更深入的探究。

我的维佐朋友们也经常使用"习俗"这个说法来解释他们的行为，他们现在做特定事情的原因是他们从前就做：*fa fomban' olo taloha*（这是以前人的习惯），*fa fomba bakañy bakañy*（这是过去流传下来的习俗）。[1] 维佐人说的风芭（*fomba*），指的是那些"麻烦"和"严苛"的规矩，不论他们是否愿意，都必须遵守，如果他们不遵守的话，就会有"当场死亡"的风险。维佐人经常说我作为一个瓦扎哈，也就是白人，非常幸运，因为在我的维佐朋友们看来，白人的"禁忌"要少多了（*fombanao tsy maro*，"你们没那么多习俗"），因此我的生活也要简单得多。对于维佐人必须遵守的那么多规矩和戒律，我不感到奇怪吗？吃了蜂蜜，人就不能笑；夜里不能把煮熟的食物带出门，除非旁边有一支火把；吃了螃蟹，要到第二天上午才可以扔掉壳，也不能去户外洗手；女人不能拔掉面部的毛发等等，就因为这些规矩都是"习俗"，所以人们必须遵守——如果随意改变，不受这种"牵绊"的约束，会被视为大逆不道。我有时候会对这些规矩表现出讶异，其实，我的维佐朋友们也会流露出同样的感受。

即便如此，我十分确信自己选择在沿海地区做研究是明智的。这不仅仅是因为相比内陆地区，沿海地区更宜人，也更凉爽，更关键的是维佐人的习俗比大多数马达加斯加的人们要"简易"得多（*fombam-Bezo mora, tsy sarotsy loatsy*，"维佐人的习俗比较简易，它们不繁琐"）。之所以这样，是因为维佐人天性"柔和"，性格"简单"，他们有"一颗柔软的心"。有不少事实可以证明这点。维佐人行动的时候从不携带武器（*tsy manday kobay*，"他们不带棍子"），这说明他们不喜欢武力，他们只有开心的时候才会酩酊大醉，而且会表现得非常滑稽，从来不会变得暴力。维佐人的"柔和"，可见于他们说话的方式。他们的语调和语速都是缓慢的、放松的，而且语气温柔[2]。在他们对待孩子的行为中，也时刻流露出"柔和"。维佐人会觉得自己太溺爱孩子了，"我们沿海地区的人非常亲切，又温和，不会责备和惩罚孩子们"[3]。如果一个孩子发脾气或哭闹，他的父母会马上安抚他，告诉他哭闹会使人生病，让他停下来。大人们会用特别的歌声哄孩子，念着"好了好了，没事的"，孩子们就慢慢平静下来。因此，维佐人的"温和"也会传递给他们的孩子。[4]

正因为维佐人柔软的性格，他们的习俗都比较"简易"，因为他们无法去应对太严苛的规矩。在这方面，维佐人对女性分娩时的要求就是很好的例子。有一次我和我的干亲去看望亲戚，她们是安坦德罗人，一位女主人向我们描述她分娩时的情形。在生孩子的过程中，她的头和四肢不能移动，疼痛的时候也要保持安静，就因为这是习俗，在场的一个维佐女人感到非常惊讶，她认为这种习俗实在是太"苛刻"和奇怪了，因为维佐女人在生产的时候，如果感到疼痛是可以喊出来的，也可以攥紧拳头，蜷缩身体，这些行为也是"好"的，没什么可羞愧的。另一个在场的维佐女人，她的父母都是安坦德罗人，她的父母从南部搬到贝塔尼亚后变成了维佐人，因此，她几乎不了解安坦德罗人的习俗，一直"遵循沿海居民的习俗"。现在，她变得非常柔和随性，似乎无法像她的血亲安坦德罗人那样强硬，无法坚强安静地生孩子了。

维佐人的习俗很"简易",还有一个例子是他们的葬礼都非常简短,因为维佐人十分"柔和",他们不忍看到腐坏的尸体,也无法忍受那种气味:这会让他们觉得难受和恶心,也会让他们感到害怕。与马达加斯加的其他居民尤其是马斯克罗人相比,维佐人的葬礼是非常不同的。马斯克罗人的葬礼要持续几周甚至几个月,没有人觉得腐烂的尸体会令人恐惧,没有人会因为离尸体太近而感到难受或恶心。不过,不管别人多么有勇气去忍受马斯克罗人这种"严苛"的习俗,维佐人"不敢",因为"他们太害怕了"。

除了"规矩很简易",维佐人也没有很多禁忌(法栗,*faly*)[5]。有一次我坐在了门槛上,感到有些担心,因为我知道这在马达加斯加南部是一种禁忌。但维佐人让我宽心,说在这儿没有这种法栗,我可以继续坐在那儿吹吹风。我的朋友解释说,维佐人不喜欢"太多"法栗,是因为他们天性温柔随和,要遵守特别多的戒律对他们来说很困难。法栗,像其他习俗一样,是非常"严苛"的东西,人们违反了它就会死掉,如果维佐人的禁忌太繁琐,他们可能会"无时无刻不在死掉"。

维佐人的习俗和禁忌不像其他人那么"严苛",也没有那么多,不论我的这种判断是否清晰准确,在这里我的兴趣点是,维佐人认为自己可以去**选择**习俗和禁忌——他们只保留那些自己柔和天性及随和的性格可以应付的,而且为了适应当下的欲望和倾向,他们还可以去**控制**这些习俗和禁忌。在风芭和法栗方面,有一个令人印象非常深刻的例子,就是捕海龟。前文提到海龟被认为是非常"麻烦"的生物，因为它们很难捉，而且捕捉时要遵守很多规矩，但我去调查这些规矩时，我确信过去的人在遵守时要严格得多。他们告诉我，关于捕海龟的规则和限制，都源自然加祭坛。人们在这里杀海龟，烹饪，以及食用。海龟的壳和头也会被放在这里展示。但为了让事情变简单一点，有些人决定弃用这些祭坛，看看是否仍然能抓到海龟。最后人们发现这样也可以，因此（我的报道人告诉我）这种祭坛逐渐消失了，捕海龟的规矩也被放宽了。

一方面，不论有没有祭坛，维佐人还是会遵守大部分的规矩：他们要在海龟活着的时候撕开龟壳，切下海龟肉；他们要确保没有血滴到地上；不使用盐；将女人不能吃的部分放到一边；他们不在市场上出售海龟肉；还有，他们仍然在房屋附近的围栏上或者屋顶的后面展示海龟的头。他们告诉我，所有这些行为都是他们作为维佐人的标志。另一方面，让这些习俗变得"容易点儿"，也让他们不用担心自己没遵守法栗的时候会"当场死掉"，这也解释了为什么一位老妇人的儿子给了她一片海龟肉，她在第二天将其装在小盘子里，藏在自己的篮子里去市场上售卖后依然安然无恙。

其实，我的维佐朋友们清楚，他们对自己的习俗和禁忌本来是什么样子也不太确定。因为如果一个法栗比较麻烦，他们会找出一种方法绕过去；如果太难遵守，他们会简化它。我见过太多无休止的争吵，并不总是因为我问了有争议的问题，甚至大多数时候都不是因为我的发问，而是他们自己会就仪式的正确礼仪、固定时辰以及该邀请的人争吵不休。有一次，在漫长又毫无结果的讨论结束后,有人提议说我可能知道正确的做法,因为我已经对维佐人的习俗做了很久的研究。

参与太多这样的争论后,有一次我突然明白了为什么维佐人会那么经常地"死掉",因为他们不知道什么样的行为是正确的。而当地的哈宗满加,就是离危险最近、最容易死掉的人。哈宗满加是联系活着的人和已故祖先的媒介,通常是一位长者。他们处于非常难做及危险的位置。如果祖先不高兴了或者大家有什么不当之处,祖先发怒了,就会把脾气发到哈宗满加身上。因此,如果一场仪式的时间错了或者流程错了,哈宗满加很容易就"当场死亡"。有一次,给祖先祭祀供品的仪式被推迟了一周多,因为人们一直在争论这场仪式应该在黎明还是黄昏进行。这个故事中有意思的地方是,每个人都知道任何一个小错误对哈宗满加来说都将是致命的,但是没有人觉得哈宗满加自己知道正确答案。哈宗满加似乎处于一种很尴尬的身份与地位:他本来应该是知晓最多传统习俗的人,他的权威,本应该基于这方面知识的复杂性,但因为维佐人讨厌复杂,避免牵绊,他会经常碰到直接威胁到他生命的错误行为,这些知识实际上是无法被保留和传承的,他的权力也因此而不断地消失。

婚姻中的捆绑与制衡

维佐人对习俗的"简化",减少了他们"无时无刻不在死掉"的危险,同时也意味着个体拥有更大的自由度。这一点在维佐人的婚俗上尤其明显,对维佐人来说,婚礼也是一项非常简易的习俗(*fanambalia aminny Vezo mora mare*,"和维佐人结婚很容易"),这种简易体现在婚礼上,婚礼只需要几升朗姆酒(*filako raiky avao, de vita amin' zay*,"整瓶酒就结束了"),当"仪式完成"时,新人的关系也就建立了。

在维佐人的婚礼上,新娘的亲戚们齐聚一堂,而新郎和他的家中长辈要用饮料招待到场宾客。新郎那方会带上一罐当地的自制朗姆酒、几瓶合法购入的蒸馏朗姆酒,再加上四五瓶软饮[6]。由于办一场婚礼实在是太便宜了[7](比如说我的一位干亲,他的婚礼只花了 25000 马达加斯加法郎[简称 FMG],也就是捕鱼一天的收入,当天还被亲戚们称赞,他提供的饮品真丰盛),婚礼似乎只是为了"高兴一下",就像"出门散个步"的性质一样。[8]

结婚特别"容易"也意味着,维佐男人和女人可以经常结婚,他们可以有多达"20 个配偶"。我在贝塔尼亚的朋友们,都很喜欢告诉我他们有多少个妻子、丈夫、情人,还有孩子。有一次我请一位叫莫蒂的 30 岁男人跟我讲讲他的爱情和婚姻,他只好承认自己很难记住全部的爱人,如果要包括在"所有地方"的话。最后我们只好决定,让他回忆与他办过婚礼的女人,以及为他生过孩子的女人。莫蒂回忆起来的第一个女人,是他 15 岁时在一次守夜中遇到的。这个人最后并没有成为他的情人或妻子,但她是第一个与他发生性关系的女人。然后,他提到了一个与他生了孩子的女人,这个女人在她父亲的房子里生下了孩子,一个月后,莫蒂与她举办了婚礼,这个女人也搬到贝塔尼亚和莫蒂住在一起。一段时间后,莫蒂想去政府部门给这个孩子办理登记,给孩子办身份证,但女人不让他去,她说,"这个孩子不是你的"[9]。莫蒂觉得"这话很难听",他们大吵一架,然后莫蒂让女人带着她的孩子离开。很快,莫蒂就在贝塔尼亚的南部村子罗沃贝中找到了一位新的爱人,这个女人怀了他的孩子,但是莫蒂没有和她举办婚礼,她也从来没有过来与莫蒂一起住过。不过,有一次孩子病得很严重,这位妈妈到贝塔尼亚来找莫蒂,莫蒂陪着她去了医院。然而,孩子在医院里去世了。两年后,一个和莫蒂有过短暂关系的情人生了一个孩子,这一次莫蒂也没有为她举办婚礼。三年后,一个来贝塔尼亚走亲戚的女人成了莫蒂的爱人,又生了一个他的孩子,莫蒂想要孩子和他住在一起,但这个女人拒绝了。在那之后几个月,特莎,一个和莫蒂已经在一起一年多的女人,搬来了莫蒂这边,和他住在一起。三年后莫蒂才举行了婚礼。不久后,这位莫蒂最后的妻子终于怀孕了。当我离开贝塔尼亚的时候,特莎依然和莫蒂住在一起。

虽然我描述的是一个维佐男人的经历,但对于女人也一样。维佐女人同五个不同的男人结婚,离婚,离开他们,回到自己的父母身边,再与第六个男人结婚,这样的事情很常见。比如说特莎,和莫蒂在一起前,她在 24 岁时就已经结过一次婚,另外还有两个情人,并且怀过两个孩子。因此,虽然看起来是维佐男人花很少的钱就可以举办婚礼,结婚很"容易",但维佐女人也从中受益。我同维佐人讲述了我在斯威士兰做田野调查时观察到的婚俗。在斯威士人(Swazi)那儿,男人需要给女方家庭至少 10 头牛才能结婚,我的维佐女性朋友都觉得"这是对女性很恶劣的习俗"。她们认为要是如此的话,女方的家属一定会让他们的女儿或姐妹保持婚姻关系，因为他们不愿意放弃那些牛，而维佐女人就不一样了，在她们看来，自己从来不用迁就男人，只要她们想离开，没有任何人任何事可以阻拦。

不论是从男人还是女人的视角看，维佐人婚姻的重要特点是，人们不会被永远地捆绑在一起，婚姻关系非常容易，因为既容易达成，也容易解除。[10] 但是，如果一段关系在政府部门注册了（"如果写在纸上了"，*vita soratsy*），离婚就没那么容易了。基于这个原因，人们告诉我"维佐人不喜欢去政府登记结婚"。一位在贝隆的朋友，她懂一点儿法语，经常反复地对我说，维佐人更喜欢他们自己"简易"的婚俗，因为他们热爱自由，其他人也持有同样的观点，大家会说维佐人之所以避免去政府"登记"结婚，是因为他们"不喜欢固定的关系"。在这一方面，维佐人轻而易举的婚姻关系，也被看作让他们不受任何牵绊的普遍方式之一。

只要婚姻关系还在持续，婚姻就为之前毫不相关的两家人带来了新的关系（不同的人）。通过结婚，这些人获得了新的**姻亲**角色，同时他们也尊重彼此。维佐人经常强调，结婚给他们带来的是平等的关系，因为婚姻是"用女人换男人"。在这种交换中，失去女儿的那方将会获得一个儿子，反之亦然，因此，"没有人地位低，也没有人地位高"。这种平等的原则在双方父母对彼此的称谓中体现得很清楚，他们很少使用亲属关系的称呼，而是使用"孩子爸"、"孩子妈"这种以孩子为中心的叫法。在他们的观念中，一对新人的父母也如同兄妹，因为他们被双方孩子的婚姻联系到了一起。像兄妹一样，这两家人是平等的。

因为之前的交换也是平等的，所以两边都会表示："这是我的孩子，现在不仅仅是我的了，也是你的孩子。"双方都会尊重彼此，因为他们各自的孩子都与对方有婚姻关系（"因为我的孩子与对方家庭中的人结婚了，所以我尊重他们，他们也尊重我，因为他们的孩子与我们家庭中的人结婚了"）。

尽管维佐人会强调婚姻中的平等关系，有时候也会存在让某一方"地位高"、另一方"地位低"的情况。有一次，一位老人向我描述婚姻中的平等关系，用的很多也是我上述的例子。旁边有一个年轻人，正在修理他的渔网，突然打断我们说，"他们要娶你女儿也会让你的地位变高呀"。年轻人解释说，这位老人未来的亲家一定得来拜访他，问他愿不愿意嫁女儿，还需要再次请他参加婚礼，才能得到他的孩子。在这种情况下，老人就会处于一个更高的地位。老人对这种说法不置可否（"是的，的确"），但他仍坚持强调在婚姻关系中"没人地位更高或更低"。

乍一看，这种交谈没有达成一致。年轻人说的话似乎在质疑姻亲双方之间的平等关系，老人则固执地认为姻亲关系是平等的。而事实上，这两种说法正好相互补充。年轻人说的话与在婚姻关系中"没有人地位低，也没有人地位高"的说法不仅没有矛盾，而且恰恰因为娶媳妇的那一方必须通过行动来请求嫁女儿的那一方，两者之间才具有平等的关系（参见 Bloch, 1978）。

对维佐人来说，一段正常的婚姻关系，婚后要么自己住，要么从夫居，也就是男方要带着女方住在自己家中（下文我还会讨论从妻居）。所以，从女方家庭来看，结婚就意味着女儿或者姐妹要离开家。虽然维佐人将婚姻描述成一种以女换男的平等交换，但女儿搬出了家门，却没有一个儿子搬进来，抵消所产生的情形，实际上女方家庭是遭受了损失的。所以，在女儿搬出去前，新郎及他的家人们向女方家人示好，以求得女方的迁出。

就像年轻人表达的那样，这种示好给予了嫁女儿的家庭一种（暂时的）高地位。女婿需要去女方家中拜访很多次，和妻子一起或者是独自一人，每一次都要像他第一次上门提亲时那样。女婿这样的交往行为，是为了对自己的岳父岳母表示尊重，作为女婿，一再"放低自己"，男方在这时的地位是较低的。虽然女方家长不会明确地表现出自己地位更高，但通过肢体语言和交谈语调中的微妙变化，还有造访的目的及时间，这种差别不难被察觉。

女方家长在这种情况下的高地位，表现在他们留在自己家中，而女婿必须上门拜访。但造访结束后，女婿又一次离开女方家，就像他第一次"上门提亲"时一样。这时候，他就成了地位高的人，因为就像最初那次一样，他带着女方的女儿离开了家。正是女婿在女方家中长时间进行这种规律的、钟摆般的交往行为，双方的家庭才处于平等的关系中（"没有人地位低，也没有人地位高"）。

如果说是女婿在向内和向外的交往中来回移动，使得姻亲双方保持着平等的关系，那么就很好理解为什么相反的情况，也就是岳父岳母去造访女婿这种情况很少发生。毋需多言，当岳父岳母因为某些原因去男方家中造访时，比如下文第八章中会提到的"入殓仪式"，人们通常会寻找一种途径来中和这种向外移动所隐喻的低地位，并再次重建（短期的）高地位。这时，被邀请去"参加仪式"的姻亲们大多会向组织那方的家庭送些礼金，而女方的家长则会送出一头活牛或者一大箱啤酒，宾客赠予的这些实物消解了在活动中当女方家长以不同于平常的身份拜访男方家时人们对这种地位转换的关注，也让人们将注意力集中到女方家长在活动中提供的重要贡献上。此外，有时候来访的一方会送出浮夸的礼物，这其实是带着某种对自己身份的夸耀，目的是强调自己在完成该次"仪式工作"的过程中所做的贡献是必不可少的，也借此向接受者示威，从而弱化自己作为来访者的低地位。在这种时候，女婿必须降低自己的地位，以主人的身份特别注意关照女方的家人，并且用大量的饮料招待来宾，以示尊敬，从而在岳父岳母带来大量礼品后，再次使双方地位保持着微妙的平衡。

在通过抵消不同的等级关系来获得平等地位这件事情上存在一个反例，它发生在女婿被要求参加他岳父岳母的"入殓仪式"时。在通常情况下，人们邀请女婿参与活动，以示对女方家庭的尊重。但是女婿要注意，自己所做的贡献不能太突出，因为这样会喧宾夺主。下面要讲的这个反例，恰好就是女婿僭越了。女婿在造访中说自己要送一头牛，而在座的其他人都送不起这么贵重的礼品，他的岳父马上喊道，没人需要这位女婿来帮忙，完成这次仪式也不需要女婿来参加，然后粗暴地勒令女婿离开。[11]之后，双方的家人来打圆场说，这位女婿和岳父一定是喝醉了，不然不会对彼此讲如此难听的话，这件事也就这样过去了。而实际上，所有人都清楚这件事是女婿做得不合时宜，是女婿的错。女婿在他的岳父面前本该将自己的地位"放低"，然而，他却没有表现出恭敬和顺从。维佐人反复提及的一点是：如果一个人从别人那里娶了妻子，他在去对方家中拜访时，永远都要记得说话客气。

从这些例子中我们可以看出，即使维佐人说婚姻是一种平等的关系，在婚姻中，"没有人地位低，也没有人地位高"，但他们并没有因此否认因婚姻所造成的等级关系。在人与人之间，有人处于高的**地位**，有人处于低的**地位**。然而，他们也会强调，这种等级上的关系是由**当时的事件**决定的。不同的背景决定了当下谁的地位高，谁的地位低，在特定的地点和特定的时间点是不一样的。之所以有时候会说嫁女儿的一方地位高，并不是在反对因结婚所产生的关系是平等的这种说法。这两种说法源自不同的角度，也是相互补充的。一方面，婚姻被看作一种等级关系，它构建于一个非常具体的时间点及空间中；另一方面，婚姻又被看作一种平等关系，它构建于一个过程，在这个过程中与等级有关的事件一直在彼此消解，从而中和为一个平衡的状态。正如以上所述，由于婚姻关系不是平衡的（在没有行为产生的影响来协调时），对维佐人来说，从妻居才会是个很大的问题。

从妻居，即婚后和妻子住在一起，从空间上看，从妻居的表现形式主要是按照"男人跟着女人"的婚姻形式。这在维佐人那儿被视作"不好的婚姻",它不仅有违传统,而且还非常丢人。维佐人不喜欢这种婚姻是基于以下原因:人们假设**所有**婚姻都会在一段时间后破裂,当一对夫妇吵架、分开,不论是暂时的,还是永久的,跟着对方的那个人必须离开共同的家。从习俗上看,女人"头顶自己的家当"回娘家,这很普遍,会被视为合理,因此,"一个男人扛着自己的家当离开",会被视为丢人。而如果是从妻居,婚后"男人跟着女人住",这种情况是一定会发生的。因为开始他要跟着女人,过一阵子后就会被迫离开家,遭到"这个男人像女人一样"的议论。

这种婚姻所引发的行为,会不断强调从妻居的定义,以及它丢人的原因。因为当男人**跟着**女人时,在男人去女方家中提亲后,他还会继续待在女方那里,因此他就**永远**地(除非他离开自己的妻子或者被妻子赶走)处于那个位置上。而那些自己搬出去住或者采取从夫居的女婿们,只是在拜访岳父岳母时才会**暂时**处在那个位置,他们可以在不同的地位间摆动,从妻居的男人却无法这样,他们的地位是固定的。因此,那些只是仅仅因身份或者所处的境况而暂时感受到的低地位,在从妻居婚姻关系中的男性那里是永久存在的。

虽然从妻居被视为是"丢人"的,但我们进一步看,又会发现各方在态度上存在一些微妙的问题。对于**得到**女婿的女方家庭来说,应该很喜欢入赘这种方式,因为他们获得了一个新的人手,可以给家里帮忙。反而是作为**入赘**那方的男性,应该有很多理由讨厌这种婚姻:他要一直担心自己会不会被赶走;他没有话语权,因为在家中他的岳父是"一家之主",而不是他;

他不得不干很多活儿，因为他的岳父岳母可以指挥他。

如果一个男人选择"跟着"女人就意味着可能会碰到以上情况，人们一定会好奇，为什么他最初要选择一段从妻居的婚姻呢？答案就是，他是个懒汉，另一种描述是"找安逸的人：哪儿凉快哪儿待着"。男人跟着女人走，唯一的原因就是他懒得盖房子，有房子才能带着妻子和自己的财产搬进去住。不论是在亲戚的地盘，还是在村里任何一片空地上，由于盖新房子非常便宜（我听说马洛法斯不到一周就收集够了盖房子的木材），所以说一个有计划的年轻人，在结婚前就会盖好房子，这样当他"开始找老婆"时，他就已经有带老婆住的地方了。

我发现这种说法很容易带来一种偏见。其实，当我问人们真实生活中有没有一些从妻居的例子时，人们承认，大部分"跟着女人"的男人都是从很远的地方来的，这就很好理解了。新来的居民在这里没有本地的亲戚可以依靠，他们更倾向于搬去和他配偶的家人住在一起，而不是独自住在自己的房子里。（尤其是当一个男人不是维佐人，而他又要学习成为维佐人时，这种情况就更合理了。)[12] 虽然存在这些特殊的境况和理由，但维佐人还是坚持认为，"男人跟着女人"，是因为他们"懒惰"。

再进一步看，维佐人宣称一个男人选择一段从妻居的婚姻是因为懒惰，其实存在着非常明显的矛盾。对女方家庭来说，婚姻给他们带来的好处是家中多了一个可以使唤的劳力，这个人也愿意随时帮助他们，而从妻居只会减损他们的利益（如果婚姻关系彻底结束的话）。因为事实上住进来的女婿，从定义上说，是一个懒汉，他们本应该得到一个**好儿子**[13]，却只得到了一个**大懒汉**。实际上，人们也承认，这种什么好处都没得到的情况常有发生。

然后，在这种关系中，被人们认定为懒惰的女婿，其实很容易觉得心里不平衡，他会感觉到依赖、畏惧、不公，而如果他想要打破这种不平衡的关系，就必须去打破女方家长的权威地位。因此，虽然这种婚姻从整体上看并不是平等的，但女婿的懒惰也造成了另一种暗藏的地位等级。再次强调那个事实，一个男人让自己在和女方家长的关系中处于低地位，**唯一**的原因就是他的懒惰，那么也表示，为了脱离这种不平衡的依赖关系，脱离这种丢人的处境，有一种很简单的方式：不要懒下去了，自己搬出去住！只要这么做，女婿就可以从这种将他固定在一个卑微地位上的关系中解放出来，他可以重建自己的等级关系，以那种钟摆式的来往行为，来让不同时间点和空间下存在的不平等，转化为一种长期的整体上的平等。

国王的故事

然而，"牵绊"并非总有约束力，也并非总能将人们的行为融入与牵绊相关的脉络中。这一节，通过分析维佐人关于萨卡拉瓦国王统治时期的记忆，我们将知道维佐人怎样回应那些来自权力的、在他们看来**没有弹性**的约束。萨卡拉瓦的国王曾统治着马达加斯加整个西海岸，迄今为止，维佐人有过的国王，都非常暴力、不可理喻、阴晴不定[14]。在强权的统治和规则下，维佐人逃离了，这也是他们至今仍选择铭记的重要斗争。

当我问，维佐人从前是萨卡拉瓦国王的臣民吗？得到的典型回答是，自从白人来了马达加斯加后就没有国王了。他们隐含的意思是，那些过去的东西不存在，他们没兴趣讨论。虽然通过大量不懈的追问，我也有几次让我的维佐朋友们将思绪拉回过去，但他们也没有说起任何维佐人和萨卡拉瓦帝国相关的记忆。大家说，"维佐人没有国王"。但我们也不得不承认这样的事实，当国王要求维佐人进贡一些海龟或长吻鼻鱼（学名：*Naso unicornis*）作贡品时，维佐人不能拒绝，因为国王非常野蛮、暴躁，他可以处死任何一个不顺从他的人。同时，他们让我觉得，萨卡拉瓦国王对维佐人不甚在意，因为"维佐人没有财产，他们没有田地，也没有牛"。另外，有人给我讲过一个故事来描述国王有多愚蠢。有一天，一位国王来到维佐人的村庄收取贡品，村民们将一筐筐肉质极好的鱼干送给他，但国王担心自己的子民会给他投毒，于是要求将这些鱼干都放到水里煮，然后让一位维佐人去喝。这一系列令人反感的事情结束后，那位村民还活着，国王就把鱼带走了。但显然，那些好鱼干已经被糟蹋了：多么愚蠢的浪费行为！

其实，我的大多数报道人在回答关于过去国王和王国的问题时，都会讲述一个固定模式的故事，那是一个关于反抗的故事："如果国王来到海边，维佐人就会出海，因为他们不想在村里等着见国王。"即使在关于维佐人的文献描述中，他们确实经常乘着独木船逃跑，躲开国王和敌人[15]，但在这里，我在意的不是这种记录在历史上真实与否，我感兴趣的是，在维佐人看来，他们是因为什么原因而逃离的呢？为了寻找这个答案，我经常将话题转移（通常是失败的）到那些关于国王和他的维佐子民之间关系的场景上,提出这个问题:那些国王来海边是做什么的呀?

我的报道人回忆,国王来访通常有两个目的。一是征收贡品,比如一些维佐人的典型产物,海龟,还有一些特别贵重的鱼[16];但他们也会来"调查大家的祖先",这个意思是,询问人们其祖先是谁以及他们从哪里来。这就解释了为什么有一次我想记录一位老人的家谱,他非常恼怒地质问我:"你以为你是国王吗?"

将贡品献给国王是一种表达忠诚的方式,也表明自己愿意做他的子民,因此,当维佐人忽略国王的要求,自己逃到海上去,他们非常成功地拒绝了被当作子民。但是,为什么那些国王要来"调查大家的祖先"呢?为什么维佐人那么不想被询问呢?虽然第一个问题没有被回答,但是我得到了第二个问题的答案,再一次是这样的内容,"维佐人不喜欢牵绊"。

为了深入研究这个问题,弄清楚人们的陈述背后隐藏的含义,我们必须看看萨卡拉瓦王国的历史文献了,尤其是关于这个王国和他的子民之间关系的内容。在各位学者的研究中,可参照的文献有很多(Lombard, 1986, 1988; Feeley-Harnik, 1978, 1982, 1991; Baré, 1977; Schlemmer, 1983; Fauroux, 1980; Lombard, 1986, 1988; Feeley-Harnik, 1978, 1982, 1991; Baré, 1977; Schlemmer, 1983; Fauroux, 1980)。各位学者对于这个问题的处理有很大差别,南部和北部王国的政治组织及宗教组织各不相同[17],但这些研究都提到了一个概念,我们姑且将其称为"政治身份"。概括来讲,这种身份是一种重新创造的身份，对于那些之前是独立的，而如今成为子民的人们，统治者通过统领、创造新的社会秩序和仪式规范，给他们一个新的标准，定义一个以帝国为中心的身份，以此来达到征服的目的，让人们在新的领域重新定义身份，这个领域就是历史[18]。

像马达加斯加的其他人一样，萨卡拉瓦人关于自己的过去有两种不同的叙述方式。安噶诺[19]指的是那些关于植物、动物和人类的故事，讲述者和聆听者都非常清楚它是不真实的（也就是说都是假的），它们主要的特点是故事是有套路的（Feeley-Harnik，1978：410）。坦塔拉则相反，它是真实的过去的事情，通常是关于祖先的故事，一直流传到现在：它讲述的是"一系列真实发生过的事"，再将它们排列至从过去到现在的时间线中（Feeley-Harnik，1978：411）。如费里-哈尼克（Feeley-Harnik）提到的，"历史"（也就是坦塔拉）不能是分散的，因为拥有历史代表着拥有一种政治及宗教上的权力和威信"（Feeley-Harnik，1978：402）。所以，"从整体上来说，萨卡拉瓦帝国的历史只有一种坦塔拉，对萨卡拉瓦帝国的意义就是描述从它的起源到它现在的地位"（Feeley-Harnik，1978：411）。而对萨卡拉瓦的子民来说，只有一种坦塔拉，意义是描述他们及自己的祖先怎样与这个帝国相联系，不论身份是王族还是平民（Feeley-Harnik，1978：410，404）。也只有通过这种联系，人们才会被放置在"历史"（这里指的是**国王**的历史）中，也才能被定义为王国的子民。

现在我们可以回到维佐人的故事中。当国王来到海边想要"调查大家的祖先"时，维佐人乘着独木船逃跑了。我们知道，

"历史"讲述的关于王族和平民的故事,其分布是不平等的,在不同的平民之间也是如此。此刻,我们可以更好地理解国王所调查的问题中深刻的**政治**意义了。询问维佐人他们的祖先是谁以及他们来自哪里,相当于在询问他们的坦塔拉。国王通过维佐人的家族史来知晓人们如何描述自己的"历史",这便是一块又一块统治者重建自己"历史"的砖瓦,也就是国王的历史的构建方式。因为维佐人的家族史中包含着他们的"历史",就可以将"活着的人们的祖先"归入王国的普遍历史中,这是一种将之前独立的人民转化成帝国的子民的方式。而维佐人乘着独木船逃到海上去,拒绝呈上贡品,也拒绝向国王透露他们的祖先是谁,拒绝讲述他们从哪里来的历史,从而避免了维佐人被归为大帝国的一部分。因为,在萨卡拉瓦的统治之下,人们只能看到一种"历史",那就是成为王族的历史组成(将人们放入一系列的从过去到现在逐渐清晰的王族事件中),维佐人拒绝成为"萨卡拉瓦历史"中的一部分,也就是在拒绝这种被重构的"历史"。

维佐人记忆中从国王统治中逃离的事件,也进一步明确了他们在过去和现在都不喜欢"牵绊"。反过来,这也是一种他们对自己现在身份的有力表达,我们刚刚已经分析了维佐人真实发生过或者想象中的逃离所带来的结果——让他们独立于"历史"之外。费里-哈尼克提到,没有历史或者"失去了历史"(Feeley-Harnik, 1978: 411),都会产生严重的后果,因为"历史是空白的,人就无法拥有现在的身份"(Feeley-Harnik, 1978: 411)。如果一个人的身份是由**过去**所构建的,当然会这样,他所指的人们的身份，是由"历史"所给予的，也仅仅在维佐人觉得记住自己的祖先是谁，国王问询后，他们会被认为是谁，这样的事件是有好处的，这种情况下才成立。一旦我们承认，身份并不需要由过去来定义，那维佐人从国王的调查中逃跑，其实没有让他们失去身份，反而对**另一种**身份认同模式做了明确的抵抗，以此强调了维佐人自己的身份认同模式。在这种模式中，维佐人认为，自己的身份是由当下做的事情所决定的，而不被任何自己或别人的"历史"所定义。

对抗稳定

这一章主要是为了阐明维佐人不喜欢"牵绊"的特点，介绍维佐人在不同领域和条件下所遭遇的与牵绊相关的体验，以及他们所发展出的用于抵抗、协调以及回避那些限制的独特策略。

维佐人认为，约束他们的传统、规则和戒律都来自过去，他们称这种力量为"麻烦"，落到谁的头上谁就甚至有可能会死。然而，维佐人也说，由于自己的柔和与随性，他们无法处理太多的"麻烦"事。如果按规则遵守每一条风芭和法栗，他们会"无时无刻不在死掉"，因此他们有意识地在那些"严苛"的传统中选择，有多少自己真的可以遵守，这种意识逐渐地反转了整个假设：规则和限制，就是"社会"用来强制其成员的。那些定义明确的、一成不变的限制，那些风芭和法栗，都可以不被继承，反而可以由自己控制——为了适应维佐人自己的性格和倾向，被简化和放宽。一旦人可以和习俗"打商量"，它似乎就不再是那么重的负担了。虽然维佐人认为习俗非常"麻烦",但是,自己的"柔和与随性"以及相关限制会给他们带来的约束,在很大程度上让维佐人产生了一种自主性。维佐人可以自己灵活地决定,哪些过去的习俗是他们现在也需要遵守的。在这种"柔和与随性"的部署之下,维佐人成功地放宽了过去习俗的"牵绊"对他们的影响。

在婚姻的背景下,其战略也是相似的。虽然维佐人结婚是一种非常"简易"的习俗,它并不会永远地将一个人和另一个人绑定在一起,但婚姻关系依然在嫁出女儿和获得妻子的人之间造成了一种不平等,有的人地位"在上",有的人地位"在下"。婚姻关系会将人们绑定在一种长期持续的位置上,它决定了角色,也限制了行为,而维佐人面对这种境遇时的解决方法就是,当一个地位高的角色或/和一个卑微的角色出现时,给他们创造新的环境,并长期在其中弹跳,结构上地位的不平等可以在当下不断地被重新定义。这就好像一支复杂的古典舞,娶媳妇的一方和嫁女儿的一方彼此靠近又疏远,"抬举"那些"低"地位的人,"放低"那些"高"地位的人,通过将婚姻中那些"严苛"的、固定的部分条件化、背景化,重新融入当下生活的脉络中,维佐人再一次避免了长期的"牵绊"。

同样,维佐人今日关于从国王那儿逃走的记忆也是如此。当他们面对强权不再具有强大的自主性时,他们选择逃离明摆着要建立并控制自己身份的权力源头。萨卡拉瓦国王强迫人们进贡,自己却因为心虚和愚蠢糟蹋了贡品。他们还要运用自己的权力,告诉人们他们的身份是谁,更准确地说,是告诉人们,他们只是国王们的控制和表达中，那个"历史"里的碎片。但就像维佐人如今所回忆起来的，维佐人懒得去觐见国王，他们选择逃离。利用他们可以随处迁移的能力，以及不存在与陆地的物质牵绊，他们再一次阻断了过去来定义现在的身份。

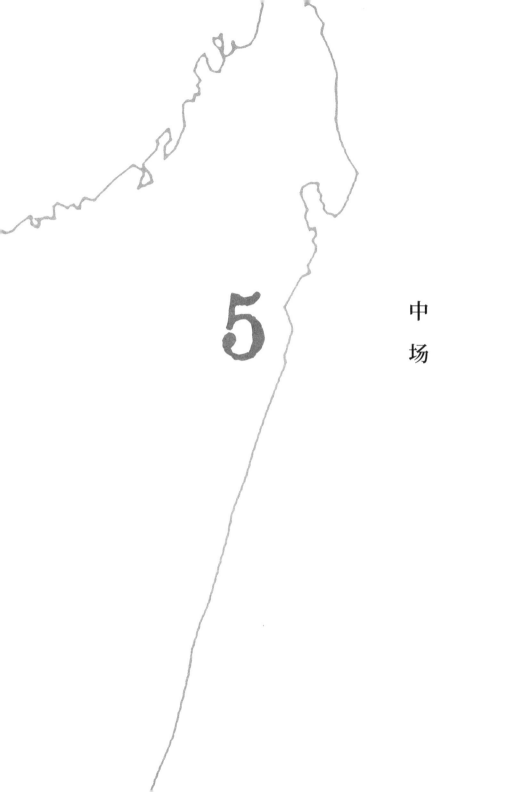

5

中场

维佐人是柔和的人。他们的习俗简而易行,他们的禁忌很少,他们不喜欢牵绊,会巧妙地操控各种关系来避免束缚。如果束缚的力量过于强大,来自王权,难以操纵或制衡,维佐人会选择逃离,以此不让自己的身份被他人所定义。维佐人的谋生之道是取食于海,但他们并不理性,因此对过往无所总结,对未来毫无计划,经常将自己置身于意料之外的状况中。维佐人是住在海边的人,会游泳和造独木船,会出海并捕鱼,会吃鱼与卖鱼,还会在沙滩上行走时保持着稳定的呼吸,在他们的身体上,有着"维佐人的印记"。

　　维佐人是由所作所为来决定身份的人。维佐人的身份是一种行为活动,而不是存在状态。若是想要"成为"维佐人,就必须付诸行动,学习维佐人的生活方式,才能"获得"维佐人的身份:行为熟稔时,其"身份"是地道的维佐人;行为断断续续时,则这一刻"身份"是维佐人,下一刻"身份"是马斯克罗人;若是停止像维佐人那样生活,便也不再具有维佐人的"身份"。不论是否有维佐人的"身份",都只取决于当下的行为,因为,只有在当下,人们才可以实践维佐人的行为活动。

　　维佐人不被历史定义,他们的"身份"只与当下的行为活动有关。在维佐人眼里，过去的身份可以被即刻抛弃：在出海时犯错误，在捕鱼时晕船，又或者是从内陆搬家到海边后，变换了生计方式，改务农为捕鱼。随着人们抛弃自己过去的身份，在当下以一种新的行为开始活动，其身体也会抛弃过往身份的印记。随之而来的是旧的印记逐渐褪去，新的印记再次被铭刻。

可以说，维佐人是纯净的人，因为他们身上没有任何来自过去的残留。维佐人有自己的棱角，但形态从不固定。他们虽汲取经验与知识，但也可以全部瞬间抛弃。维佐人也曾向历史学习，并有所规划，但他们声称自己从不计划。当来自历史的限制过于"麻烦"时，他们要么将其调整为自己的偏好，要么干脆彻底逃离。维佐人是纯净的，因为他们现在的"身份"从来不是任何历史事件的结果。过去从未成为维佐人的历史，因为，每一天，维佐人的"身份"都会更新，重头来过。

回想起维佐人的那句话，那句让我第一次思考维佐人身份理论的话："维佐人的身份不是固定的呀。"我在开篇解释过，这句话的意思是，维佐身份不是与生俱来的。因此，如果要在一个维佐人"体内"寻找维佐人的身份特征，是无法**看到**的，犹如在看一件透明的物品，视线只能**穿透**而过。因为维佐人"体内"没有任何持久的维佐内核，维佐人的身份只有在人们当下的**行为**中才能被看到。

当然，维佐人并非全然纯净。在他们内心深处，也有一处不透明的领域，那里有些微历史的残留：是一道过去之人留下的疤痕，无法舍弃，也不会褪色；是一种与生俱来的特点，一种存在状态，来自祖先，恒久不变。它不需要通过行为展现，因为它超越当下,就是"身份"本身。对于这些身份模糊不清的人来说,这是他们体内一小块展示"清晰"身份的碎片。

接下来,我们要将视野转向维佐人身上这块不透明的领域。在之后的三章中,我们将会看到维佐人身份"清晰明确"的一面,以及维佐人在何时何地感受到它,又如何与其共处。新的内容即将开始,但是,在那之前,请先允许一位维佐老人用他的故事帮我们揭开有关"清晰身份"的帷幕。

6

生的亲属关系　死的亲属关系

生的亲属关系

爷爷是一位年纪很大的老人,他不知道自己是什么时候出生的,依稀记得是 1905 年。爷爷很容易感到疲劳,他整天在自己的房中坐着,那是他的孙子很多年前为他盖的房子。爷爷的工作是用些破铜烂铁制作刀具,他用孙子们为他找来的材料,在一块平坦的石头上将其捶打成铁片。他要时不时地停下休息、恢复体力,偶尔也会在干活儿的时候睡着。孙子开玩笑说,爷爷睡觉的时间比打铁的还多。所以,爷爷从做好一块刀片到进入雕手柄的步骤要花上许多天。爷爷的房间离厨房有 10 米,他已经很难自己走完这段距离,但他常说如果能找到伙伴一块儿,要去出海捕鱼。这时,他的女儿就会提醒道,看看自己的老胳膊腿儿吧,背都驼成什么样了。夜幕降临后没多久,总会有一小群人聚到爷爷身边,听他讲年轻时航海的故事。他讲的故事细节很多,关于风、洋流、海浪,还有航行的位置,丰富极了。听众们都努着劲儿想听清他微弱的声音,因为爷爷的故事总是那么吸引人。孙子们说,他是位故事大王。

除了出海,爷爷也会讲些别的故事。他了解人与人之间的关联,"人们是怎样成为一家人的",也知道很多与菲隆共尔

（亲属关系）有关的事儿。爷爷活了很久很久，也就是说，他见过很多代人如何建立及绵延自己的菲隆共尔。在贝隆，爷爷和我聊了许久，他不能一边捶制刀片一边说话，所以我经常打扰到他的工作。大多数时候我们都在聊亲属关系，爷爷对我非常有耐心，如果我问了些无意义的问题，他会花时间向我解释为什么这些问题是无意义的，如果他察觉到我以为自己知道某些内容，而实际上我并不了解，也会温柔地引导我对相关内容发问。在与爷爷交谈的过程中，他仿佛永远能充分理解我问题背后的含义，也总是能给出相关的解答。

然而，我们的交谈并非一开始就如此有眉目。还记得最初我坐在爷爷面前，手上拿着一本厚厚的笔记本，我认真地问他，能不能给我列一下所有和他有关的亲戚，请他告诉我那些亲戚的名字，以及大家和他分别是什么关系。爷爷用难以置信的眼神看着我，有些不悦。即便是生硬地记录，但就我手上这小笔记本，还想着能写下他所有的亲戚？！

确实，我应该提前多做些功课的。关于维佐人亲属关系的特点，过去我听得最多的是"维佐人有很多亲戚"。如爷爷指出的，那是因为维佐人在父亲和母亲两方都有亲戚。或者说，维佐人对双方的亲属没有区别对待，因此，所有沾亲带故的人，比如"有共同的母亲和/或共同的父亲"的人，以及，即便三代以上的祖辈关系中"有共同的母亲和/或共同的父亲"的人，都会被他们追溯为有亲戚关系的人。

等我将那刨根问底的笔记本放到一边后，爷爷用他自己的方法教我菲隆共尔。他先向我解释，那些晚上在他家里围着他听故事的人为什么都是他的子孙。那些为他制作的刀具找边料的人为什么也都是他的子孙。原因是，他们有共同的亲人，这个人就是爷爷或者与爷爷有亲戚关系的人。在这个例子中，爷爷让我向**下**看了看他的后代。而这里还有一个问题，这些子孙之间，作为亲戚又是如何相联的呢？他举了第二个例子，让我从他后代们的视角，先向**上**看大家和他之间的关系，再向**两旁**看彼此间的关系。爷爷给我展示的，是一个与性别无关的亲属体系[1]，在这一体系之中，强调的是人与人之间的相同，而非性别之间的相异。

用另一种方式来说吧，在这一亲属体系中，性别的意义很不一样，因为它没什么意义。我发现，在爷爷和他的孙子们眼中，菲隆共尔这个领域内，人们是无视性别的。维佐人的确也会区分，甚至会强调，男人和女人在生育后代方面的角色是不同的（男人通过精液将孩子置入女人身体，但女人负责繁重的家庭事务，并且在体内孕育了孩子），女人应该被视为"真正的起点"，也就是"源头"，"因此她们是孩子真正的所有者"（ampela ro tena tompony）[2]。尽管如此，维佐人依然主动将男女角色上的差异转换为无异，其方法是通过一种复杂的仪式详细说明并定义性别化和无性别化两者间的关系，也就是这两种属性的作用共同存在而非相互排斥（Astuti, 1993），结果便是我们这里所看到的，维佐人的亲属关系也就是菲隆共尔中的无性别化，以及人们对性别差异的视而不见。

顺着爷爷的谱系图往下看，他可以看到自己的后代正在绵延开枝,这让他非常欣慰。³ 爷爷看着自己的孩子、自己孩子的孩子,还有孩子的孩子的孩子。随着视线下移,还有更多更多,所有子孙在他眼中都毫无分别:他兄弟的孩子与他姐妹的孩子无异,他的儿子和他的女儿也无异,他儿子的孩子和他女儿的孩子,以及再下一代,还有未来的世世代代,全都一样,所有的子孙都是爷爷的后代(结果就是他宣称自己后代很多很多)。在这种情况下,爷爷会觉得自己和子孙间的联系与性别无关。凝视着谱系图,父母与孩子间的关系呈现出无性别化的特征。

而爷爷子孙们的视角则与其相反,他们要沿谱系图向上看,将爷爷视为自己的祖辈。对那位带来铁器边角料的小男孩而言,爷爷是生了生自己妈妈的女人的人;对那位从贝塔尼亚来贝隆出席葬礼、顺道拜访爷爷的女人来说,爷爷是生了自己爸爸的人;从一位小婴儿的角度来看,爷爷是这个孩子亲生父亲的妈妈的爸爸的爸爸。当爷爷的后代们往上追溯,会顺着爷爷将所有人都看作自己子孙的路径,同样无性别化地追溯回他,如果爷爷顺着丹尼的姐姐和他姐姐的孩子的谱系图,在后辈中找到他,丹尼也可以沿着自己的爸爸和爸爸的妈妈的谱系图,在祖辈中找到爷爷——在这件事情上,从后代们的视角来看,在亲属关系的追溯上,自己的双亲不具备性别上的区分,可以只沿着父系的关系移动,也可以只沿着母系的关系移动:将自己看作女人生的或是男人生的,都一样。

当孩子们晚上围坐在爷爷身旁,仰头看着他,将他视为自己的祖父时,他们自己也会同时看向两旁的其他人,视彼此为亲戚,因为他们都将同一位老人视作自己祖上的一代或者他们

表 1　卢佛和丹尼谱系图

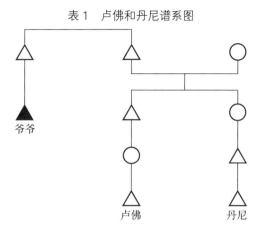

与爷爷有着共同的祖辈，大家是彼此的兄弟姐妹。举个例子，卢佛和丹尼，他们是兄弟，因为他们是一对兄弟所生的一对兄妹的孙子，这对兄弟中的一位也是爷爷父亲的兄弟（见表 2），因此爷爷是他们的祖父，而且卢佛和丹尼也是彼此的兄弟。另一方面，萨丽和卢佛，他们也知道彼此是兄妹，因为爷爷不仅是萨丽的爸爸，也是卢佛的爷爷。爷爷的妈妈是萨丽爸爸的姐姐，爷爷的爸爸也是卢佛祖父的兄弟（见表 3）。可见，卢佛和丹尼、萨丽和卢佛都是兄弟姐妹，这是根据那对兄妹来判断的，而不是根据共有某个在根儿上的祖先。这种认知具有重要的意义。可见在维佐人眼中，兄妹关系是无性别之分的，是一种非性别的关联。因此，一位向下追溯的老人，以及他向上追溯的孩子们，还有向两旁看到彼此的人们，只要通过无性别化的代际关系，就可以追溯到相互的亲属关系。

爷爷和他的孩子们常说，一个人现在有多少亲戚，是由知

表 2　萨丽和卢佛谱系图

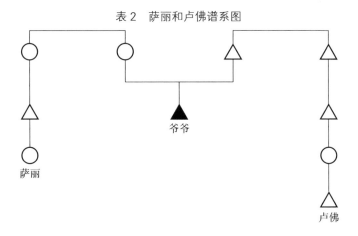

道大家过去彼此间联系的老人家决定的,这就是为什么爷爷的孙儿们经常会来找他,问他某个人是不是自己的亲戚或者某个人为什么是自己的亲戚。也正因如此,每当一位老人去世,一些有关菲隆共尔的信息就会消失,一部分还活着的后人,永远无法知道他们之间其实是有亲戚关系的。然而,从某种角度来说,大家觉得这种亲属信息的定期消亡是件好事,因为维佐人只能和没有亲戚关系的人结婚,也就是和"异族人",但如萨丽所说,维佐人有太多亲戚了,这让找个"异族人"结婚变得几乎不可能。人们难免有时候要和亲戚结婚(比如萨丽和卢佛)[4]。而族谱信息的遗失,可以让大家更容易规避这种可能。

虽然萨丽经常因为卢佛在朗姆酒上的花销和他吵架,但看起来萨丽非常喜欢卢佛。可她也坦言说,自己的婚姻并不好,因为她没有公公和婆婆:"我没有公公,我的公公就是我的爸爸,而我的嫂嫂本来也就是我的姐姐。"然而,当我同萨丽的爸爸说他女儿觉得自己和卢佛结婚后没有公公婆婆时,他却回复我道,"不是这样"。在萨丽的爸爸看来,卢佛的爸爸现在是萨丽公公的**身份**,而卢佛的姐姐现在是她嫂嫂的**身份**,是多亏了他俩的婚姻,卢佛的爸爸,也就是之前萨丽的爸爸现在变成了萨丽的公公,也正是因为萨丽和卢佛两人结婚的行为,让他俩各自的亲戚——本来是**一家**的,变成了**不是一家**的人,彼此成了"异族"。

有一次,爷爷也从一个更宏大的维度表达过相同的观念。那次谈话,大家在聊维佐人有太多的亲戚,讲到中间,爷爷停下来,简短地同我说了一句:"大家其实都是一家人,是婚姻让大家分开,成为不同的人。"虽然爷爷觉得自己很难进一步解释这句话的深意[5],但我倾向于将其理解为,这位老人关于菲隆共尔的视野相当之广阔。他可以看到(或者说他可以通过视野的延伸而想象出),实际上,每个人,所有人,都彼此相联:大家都属于同一个巨大的家族,之后,是婚姻,将人们彼此分开,因为需要**创造**"异族人",婚姻才有可能出现。就像萨丽爸爸的观点,正因为萨丽和卢佛的联姻,自己**成为**了萨丽的公公。因此,所有有亲戚关系的人,通过结婚行为,才可以**成为**异族人。[6] 不过,这种亲属关系的消解,在下一代中,又会重建,再次被转化为菲隆共尔。

维佐人强调,一个人自己和配偶间,以及和配偶的亲戚之间所存在的"异族"关系是婚姻所无法抹去的。因此,配偶的父母不会成为自己的亲戚。从另一角度来说,如果互为异族的人生了孩子,他们就会建立新的菲隆共尔。由于双亲都是这个孩子的亲人,那些互为异族的父母,就都会成为这个孩子的同族:配偶的父母成了孩子的祖父母,配偶的兄弟姐妹成了孩子的父亲和母亲。"如果一个人有孩子,这个人配偶的父母就会成为孩子的亲戚"[7]。这种从"异族"向菲隆共尔的转变,也解释了为什么"人们的亲属关系会永远延续"。

所以,可以说,维佐人的婚姻,创建了一种在"异族"和"同族"之间来回的钟摆运动。于异族关系,婚姻似乎是一种在同族的宇宙中创建异族的诡计,而于同族关系中,婚姻通过接下来的摆动,将在上一刻情况中所产生的异族,转变成了由下一代建立的新的同族关系。这种周期性摆动,让人们一次只会强调两种元素中的一个而忽略另一个,因为这两端(同族和异族)中的每一项,从逻辑上说都会包含另一项。正因如此,爷爷才会那样强调婚姻行为**创造**新关系的一面,也正是婚姻,让维佐人拥有了那么多亲戚。

当爷爷看着菲隆共尔的谱系图,他也会倾向于忽略那些通过婚姻生了所谓"他的后代"的"异族人"。其实,他在无视这样一个事实,那就是他孩子辈的配偶们,孙辈的配偶们,还有曾孙辈的配偶们,统统都**不是**他的后代。然而,在爷爷眼中,这些人依然都被囊括为自己的亲人。因此,每次爷爷和孩子的配偶们说话或是聊到这些人,在他自己的观念中:这些人根本**不是**自己孩子们的配偶,而就是自己的孩子。他强调,婚姻是用女人换男人。通过联姻,互为亲家的双方都会对对方表达:"这是我的孩子,现在不是我的了,而是你的孩子。"因此,女婿会变成儿子,儿媳妇会变成女儿。

所以,对爷爷来说,婚姻是一种获得别人孩子的方式。他基本上不会因为要给出自己的孩子而担心：尽管婚姻是所谓的平等交换，但在他看来，其实根本不用给出什么，就可以得到。当然，并非只有爷爷一人在进行这种"掠夺"行为，那些被他"夺走"孩子们的人，同时也在获得他的孩子们：他们都像爷爷一样坚信，婚姻把自己孩子的配偶变成了自己的孩子。

这种对同一个人的亲属身份有多种解读的可能，正是菲隆共尔的特点。让我们将视线重新移回那群晚上围坐在爷爷身边的孩子们，以及那些为爷爷找来刀具材料的孙儿们身上。我在上文中提到过，他们将爷爷视为自己的祖辈之一，而这群孩子们向上追溯的路径，与爷爷将他们视为孙儿的谱系路径相同。然而，与爷爷不同的是，对于这些孩子来说，这条让他们找到或经过爷爷的路径，只是许许多多他们可以追溯祖辈的路径之一。[8] 他们的视野可以从各个角度延展、扩张：他们可以顺着自己父亲的谱系向上移动，也可以顺着自己母亲的；他们可以顺着自己的四位祖父母找回自己，也可以顺着自己的八位曾祖等各条路径回到原点。对这些孩子来说，爷爷只是繁衍了自己的、众多祖父母中的**一**位，但这些孩子聚在爷爷身边，让爷爷非常开心，当爷爷看着孩子们时会觉得这都是"属于"自己的孩子——"看，这都是**我的**儿孙，还有曾孙。"——实际上，这些孩子还有其他祖父祖母，并不是更"属于"爷爷的。

孩子们向上（或者向两边）看自己的菲隆共尔时，并不会进行抉择，也不会认为某**一条**路径比其他更具支配地位。在爷爷的听众中，包括那些实际上只是他孩子的配偶的人，每个人都表现出一种可以在不同背景及不同时间下呈现的多边关系。

维佐人喜欢说：这样的关系是无尽的。因为人人都像爷爷和他的孩子们一般，大家享有的亲属关系永远是开放的、忽视性别的，既不会被某种决定性的要素所引导，也没有特定的亲属序列；所有人的出身都相同，人人都处于"多边"的亲属关系中；每个人都可以想象，自己拥有一张能向任何角度延展、无限扩大的亲属网络。

死者的亲属关系

还有一种描述爷爷和他的孙儿这种无性别化视角的菲隆共尔的方式，看起来就没有上述那么复杂了，那就是将维佐人的亲属关系定义为**血亲继嗣**（cognatic）①。我没有这样做，是为了避免讨论与血亲继嗣这个理论相关的问题。例如，维佐人在追溯亲属关系时有什么样的**限制**（Radcliffe-Brown，1950：13）？有什么非亲属的传统能从结构上衍生出亲属关系自身无法提供的**边界**（Fortes，1969：122）？抑或是，直接基于马达加斯加西海岸的研究文献，有什么可以让我简短地回顾，存在怎样的规则能让每个维佐人身上的多重"氏族关系"**减少**为一种（Lavondès，1967：41）？

讨论这些问题可能会引起误解。因为维佐人从没想过要通过创造某种定义人们是否为某群体的边界（Strathern，1992：

---

① 人类学早期的继嗣理论关注父系与母系两种传承方式，后期随着世界各地民族志资料的逐步丰富，有六种继嗣方式常被用于分析，分别是父系（patrilineal）、母系（matrilineal）、双系（double）、血亲（cognatic）、平行（parallel）、交互（crossing or alternating）。——译者注

78ff），或是通过将追溯祖辈的多种路径减少为一种来限制菲隆共尔（即使他们可能会因为有部分菲隆共尔被遗忘而开心）。更准确地说，维佐人**其实思考过**这个问题，但他们只考虑一个领域，那就涉及另一种亲属关系，它和爷爷及他的孩子们追溯亲属关系的方式完全不同。在讨论这个部分前，我要先介绍一个新的词汇——壤葬，并解释它应用于复数形式（八个壤葬）和作为单数意义（一个壤葬）时的不同含义。

维佐人，和马达加斯加的其他人一样，会说"活着的人有八个壤葬"。当我问起"壤葬"是什么意思时，得到的定义特别简单："过去死掉的人。"因此，为什么活着的人会有八个壤葬呢？因为他们有八位（过世的）曾祖，四位是母亲那边的，四位是父亲那边的。"活着的人有八个壤葬"也是一种关于菲隆共尔的解释，涉及人们多边的、无性别化的家族源头。

然而，还有另一种情况，当维佐人提到那些埋在同一个墓穴中的死者时，"壤葬"这个词则被用作定义这些**个体**的存在。在这种情境下，一群活着时拥有很多壤葬的人（"过去死掉的人"）合为一体，变成了**一个壤葬**，作为"一个家族的人"。这种由死者定义的壤葬关系是具有排他性的：一个人在一个时间维度上只能属于一个壤葬，因为一个人的遗体只能被埋进一个坟墓里。因此，就像我的维佐朋友们经常强调的那样，"遗体是引发矛盾的存在"，原因如一位维佐朋友所说："遗体不能分割，不能让一伙人带走脑袋，另一伙人带走脚。"总之，即使"活着的人有八个壤葬"，死者也只能归其中**一个**。

在过去，有多个壤葬的存在，在其中选择一个的必要性，被理解为一种血亲继嗣和父系继嗣的互动（请参照 Southall, 1971）[9]。关于这种互动最为清晰的案例描述，要数拉文德斯（Lavondès）关于马斯克罗人亲属关系的研究，这项研究证明了"印度尼西亚（血亲继嗣）的亲属关系，在很大程度上带有非洲（单边继嗣）色彩"这个假设（Lavondès, 1967: 167）。拉文德斯认为，人们有八个壤葬意味着他们有八种（如果不是多得数不清）氏族关系（"从属氏系"）（Lavondès, 1967: 40-41），他以此来描述，在单边继嗣和血亲继嗣的互动中，如何从理论上引导人们从能被看作自己祖辈的无限多的对象中，选择其中**一种**继嗣群，成为其从属。在此，有必要全文引用这段讨论：

> 一定存在某种法则，用于去除多余的七位祖父母的氏族关系，至少在理论上，父系继嗣可以解决这个问题。因为一个人处于八种氏族关系中，有**一种**是比其他关系更重要的，那就是与他父方家族的关系。而且，从理论上看，从来也只有父系继嗣，是**一种**由祖辈向孙辈传递的亲属关系。
>
> （Lavondès, 1967: 40，强调由作者添加）

即便如此，倾向于选择父系继嗣，也只是从"理论"上来说，因为实际上，如果母亲那边的氏族更受尊重，人们完全可以选择归属于母系。[10] 拉文德斯提出有必要寻找一种法则，是因为他认为，一个人不可能同时归属于一个以上的氏族，一个人也只能是**一个壤葬**的成员，所以需要根据某种法则来做出选择。

然而，他忽略了人们选择壤葬关系是一个弹性过程。

与拉文德斯一样，最初我也假设人们是属于一个壤葬的，因此我经常问（就像拉文德斯询问他的马斯克罗报道人一样）："你是哪个壤葬的？"每一次我都会察觉到人们的不安与些微尴尬，而几乎每一次都会得到相同的答案："活着的人有**八个壤葬**。"这让我感到疑惑，不同寻常：当人们被问到要选择哪个壤葬时，却要以提到自己的多个壤葬来回应。他们的答案所表达的，是**拒绝**做选择，而需要做出选择正是我和拉文德斯为分析所预设的基础。最终，我发现是我提问的方式不对，而并非他们答非所问。

从上文我们知道，维佐人说的"单族"壤葬（the 'single' raza），指的是埋在同一个坟墓中的"一个家族的人"，所以死人不可能属于**一个以上的壤葬**，因为他们不可能被埋进一个以上的墓穴。然而，只要人们还活着，就不用在那些与他们相关的壤葬中做选择，这就是说，活着的人还没有被归为任何**一个壤葬**。对活着的人来说，他们的概念只有菲隆共尔，在这个范畴内，他们的壤葬——生他们的曾祖——有很多个。只有在未来，人们死后，才需要被归于某**一个壤葬**，因为他们的尸骨将被埋进某**一个坟墓**。

从"多族"的八个壤葬到"单族"的一个壤葬，如同人们离开了菲隆共尔，进入了另一种不同的亲属关系：单边继嗣，而这种继嗣方式只有死去的人才能体会到。在这个领域，也就是死者的范畴内，菲隆共尔必然是"有限"的、有"边界"的，也需要被"减少"。这就是为何，**活着的人**可以同时与许多不同的壤葬相关，可以和父亲那边的氏族相关，也可以和母亲的氏族相关，但死去的人不能同时归属于八个壤葬。所以，维佐人会认同拉文德斯这个观点："一定存在某种法则，用于去除多余的七位祖父母的氏族关系。"但对他们来说，只有当"氏族关系"指的是死后，与**"单族"壤葬**的关系时，也就是人到了坟墓里时，这种说法才成立。[11]

只有死亡，才能迫使人们在活着时拥有的众多壤葬中做出选择，这就解释了为什么我问"你是哪个壤葬"非常不合时宜，以及为什么这会给人带去不适：请一个人选择他的"单族"壤葬，相当于在让他预期自己的死亡。[12]我的朋友们坚持表示他们有八个壤葬，不是一个，其实是在强调他们还活着，还未死去，他们在告诉我，**作为活着的人**，还不需要考虑**选择**哪一个壤葬，他们也在告诉我，只有当人死后，被埋进一个坟墓中、只属于一个壤葬时，才能回答我这个纠缠不休的问题。

死后的继嗣关系

在关于梅里纳人（Merina）亲属关系的研究中（Bloch，1971），布洛奇使用了**重聚**（regrouping）的概念来解释梅里纳人是如何让关于过去的印象与当前的现实融为一体的。他们将过去的人、土地和祖先想象为一个整体，具有同等的意义。虽然当下人们的住所、工作与死亡都已远离"祖先的土地"，然而，活着的人会将死去的人集合于同一个墓穴之中，通过再次集结这些四散他处的同胞，一个在生活中本来不存在的"群体"，以及他们本已四散的历史、生活及产物，就这样在墓穴中"重聚"。通过墓地这种物质世界中的大型存在,梅里纳人创造了一种独特的继嗣关系:"活着的人并没有继嗣群,但墓地中的死者却享有继嗣群的概念。"(Bloch,1971:165)

维佐人的墓地,并非梅里纳人墓地那样的大型建筑,但是,同梅里纳人的墓地一样,他们也创造了一个集合体——"单族"壤葬——这也是仅存在于此,在任何其他时空中都不存在的群体。不过,维佐人的墓地和梅里纳人的有一处重要的区别:梅里纳人的墓地,是将四散生活的人们重聚到一起,而维佐人的墓地,是将曾经在同一个菲隆共尔的人们分开。这种区别的源头(我们在下文第八章中会读到,通过一位活着的维佐人对坟墓中死者视角的想象来转述)在于,梅里纳人偏好同族内婚,而维佐人的通婚规则正相反,异族才能通婚。这种区别也体现为梅里纳人与维佐人各自的追求不同,梅里纳人的追求(过去分散前的追求和当下在坟墓中的追求)可被描述为:与一块土地、一处墓地、自己通婚的家族**成为一个整体**,也就是说,将自己与自己所有的联系**内化**为一体。而维佐人追求的正相反:**通过不断地改变,塑造差异,成为许多个彼此不同的异族**,或者说是,将自己同自己的关系**外化**。梅里纳人的追求,实则是基于**活着**时的需求与实际问题,是对生活的妥协:人们迁居,外出寻找工作或新的耕地,却发现自己身处异乡,远离"祖先的土地",与那些生活中看似与自己"同为一体"、实则并非真的"同为一体"的亲戚们交往。而维佐人的追求正好相反,实则是基于人人都无法逃避的**死亡**,是对死亡的妥协:死亡终止了菲隆共尔的延续,迫使人们选择和"一个家族的人"埋葬在一起。此外，梅里纳人的追求只有在面对死亡时存在，而维佐人的追求仅仅在活着时存在。

让我重新用爷爷的例子来简要说明这一点。爷爷是位生命即将步入尾声的老人，在他的一生中，不断地拥有越来越多的子孙，他们从各个氏系紧密地聚集到一起，包括他孩子们的配偶。当他看着这些孩子时，觉得这全部都是"他的"孙儿，觉得自己是这总括一切的、双边氏系继嗣群的源头。他会这样想，是因为忽略了其他同他一样的老人们看着自己的后代时也享有同样的视角，子孙满堂，枝繁叶茂，而其他老人所拥有的子孙中，也包括了被爷爷认为是自己后代的孩子。当然，这种重复是无法避免的，因为在菲隆共尔的体系中，人们并非被分成毫无关系的氏族，而是与多边的氏系同时保持联系。不仅如此，这种重复的亲属关系没有任何问题：因为只要人们还活着（就像爷爷和他的孙儿们一样），他们就可以同时"属于"总括一起的、双边的、全部氏系的所有继嗣群，因为他们与所有氏族都有关联。在菲隆共尔里，亲属间的关系不具备、也不需要具备排他性。

可是，死亡（爷爷的死亡和他孙儿们的死亡）会带来剧变。一旦爷爷被安葬进坟墓，他的视野就会瞬间变小，他会进入一个具有排他性的群体，那就是只由"一个家族的人"组成的群体。进入"单族"壤葬后，爷爷就无法再看见那许许多多将**不会**和他埋在一起的子孙们，因此，不论他活着时如何假装他看到的所有孩子们都是"他的"，死后他也不得不妥协，这些人中的不少人其实都是其他坟墓中的，是属于不同"家族的人"。换句话说,死亡为维佐人追求的菲隆共尔——一种人们具有多边交集、不分彼此的亲属关系——画上了句号。

死亡分割了维佐人曾互为一体的存在,下葬之事使**一个壤葬**要从人们活着时曾有过关联的多个壤葬中独立出来,这种分割与独立的过程**创造**了一种当下并未存在过的氏系群,就像马西姆地区(Massim)的母系氏族一样(参照例如:Macintyre,1989;Thune,1989 和 Fortune,1963)。在马西姆地区,创造"纯粹的继嗣"(pure descent)被理解为一种让死者获得自由与胜利的过程。在这个过程中,死者能够从那些无法回避、但已然将自己排除在外的各种母系关系(主要包括通过姻亲、朋友、库拉圈伙伴等产生的关系)中脱离出来,换句话说,死亡带来了一种积极正面的"萃取"过程,可以让人们只由纯粹的母系物质构成。在这种情境下,死亡让这个世界"看起来如同不曾相互交易过"(Bloch and Parry,1982:31)。在这个世界中,母系氏族的完整性得以重建。通过仪式性的处理,掺杂进人们生活中令人烦恼的姻亲关系被阻断并排除(Macintyre,1989:135ff)。

对维佐人来说,创造"单族"壤葬没有让这个世界看起来似某种假象,它不是创造理想世界的条件,并非让人们在这个世界中,借此最终获得某种完整性。与之相反,如我们上文在爷爷的帮助下所看见的,以及在后续几章中将会通过分析丧葬仪式来进一步展现的,对于这种由死亡创造的继嗣,维佐人将它的实现理解为**一种失去**,失去了**所有**生前组成了生者的亲属关系,而只获得了**一种**与某个家族的关系。如果说死亡和丧葬仪式可以被称为一种"萃取"过程，就如它们在马西姆地区那般，以此创造一个理想的世界，那么维佐人所创造的世界，不是存在于死后保留下的部分（纯粹的继嗣），而是存在于那些因死亡而抛弃掉的一切（在菲隆共尔中体验到的那种非个人化的多元关系）之中。

在马西姆地区的人对于纯粹继嗣的想象与维佐人对于菲隆共尔的想象之外，还存在着两种不同的观念——关于人在活着时是如何构成，而在死后又是如何存在的。在马西姆，活着的人由两种元素构成：永恒的母系物质和短瞬的父系物质（参见例如：Thune，1989 和 Macintyre，1989）。虽然这两种元素要被组合到一起，生育才可能发生，但人们要强调的是两者的差异，这种差异在于一个人的血液和精神来自两种截然不同的源头（Thune，1989：155），一个人的骨骼和肉体也来自两种不同的源头（Macintyre，1989：138）。而在维佐人看来，恰好相反。维佐人要强调的是相同点，活着的人是由一代又一代人组成的，每一代人都是其源头之一，维佐人强调的是这许多源头之间的相同点。虽然女人和男人在生育上的角色不同，但母方和父方在菲隆共尔中是对等的（见上文以及 Astuti，1993）。因此，维佐人不认为人的构成要被性别化，也不认为应将其分割为"母系 VS 父系"的物质，即便人是由多种来源的物质所构成的（自己那许多世世代代的源头，以及它在当下情境中所表现出的各种关系），但人始终是一个不能被分割的整体：重点是各个源头的相同点构成了整体性，而非将它们之间的区别相结合，形成差异性（M.Strathern，1988）。

第六章 生的亲属关系 死的亲属关系 | 143

我在这部分所做的对比，是为了强调在维佐人看来关于继嗣的实现并**不是**铭刻在活着的人身上的，由死亡"萃取"及创造出的东西（"单族"壤葬），也不是从维佐人生活中分离出的**独立**成分，相反，"单族"壤葬仍然与八个壤葬密切相联。而继嗣，在这方面，不仅在当下还未实现，不可能实现，对维佐人来说，继嗣甚至不会存在于人的本质之中（就好像上文中提到的马西姆地区血或骨的例子）。

不过，维佐人一生都知晓，将通过死亡来实现继嗣，并在为之准备，那就是人在活着时需要**选择**"单族"壤葬，但并非生者自己做出选择，而是通过一种仪式——索颅仪式完成。这种仪式表明了人们会被埋葬在哪里，因此也决定了他们将要归属于哪个祖先。一旦完成了这种仪式，从那一刻起，就好像"单族"壤葬向活着的人投下了一道阴影，将他转变为一具没有生命的遗体，只能够进入一个墓穴，只能够归属于一个壤葬。同样的阴影会更永久地投射到哈宗满加身上，哈宗满加是"单族"壤葬和生者的中介。现在，我将要描述的就是这道阴影。

索颅仪式

索颅纳安克仪式，简称为索颅仪式，是一种祭祖仪式。在索颅纳安克（小孩子的索颅）上，孩子的父亲要向孩子母亲的壤葬[13]供上一头牛或大米（只有在第一个孩子出生时才需要举办索颅仪式，但仪式的作用对这对夫妇之后生的所有孩子都起效）。我从未亲眼看过这种仪式，因此本文不准备描述现场的情境，而是尝试分析举行这个仪式（或不举行这个仪式）将会带来些什么。关于这个话题,我听人们谈论得太频繁了,在我自己还没弄清它的意义之前,我就经常在问这个人或那个人"有举行过索颅仪式[14]吗?"这样的问题。

当伊阿诺(Iano)[15]死后,人们会问:"伊阿诺的父亲有给他办过索颅仪式吗?"知道这个问题的答案,人们就知道伊阿诺的遗体在下葬前应该被放在哪儿,谁是"遗体的主人",更重要的是,伊阿诺要埋在哪里。如果伊阿诺的父亲曾给他办过索颅仪式,他就会被埋进父亲家的坟墓[16],伊阿诺父亲那边的祖辈[17]将是"遗体的主人",所以遗体在被埋进坟墓前,要停放在伊阿诺的父亲家,通知这一支壤葬有新人要来了。相反,如果伊阿诺的父亲没有给他办过索颅仪式,他就无权处理这具遗体,母亲那边的祖辈则是"遗体的主人",伊阿诺也要被埋在母亲家的坟墓[18],当然,他加入的也是母亲那边家族的壤葬了。

还有一种情况,虽然没按时举办索颅仪式,但准备在未来某个时间办,人们会说"索颅还没来得及办"[19]。即使伊阿诺还没办过索颅仪式就死了,他的父亲也可以去"讨尸"。如果母亲那边的亲属将遗体给了他,那就**相当于**伊阿诺的父亲办过索颅仪式了,父亲可以成为伊阿诺遗体的新"主人"。与此同时,一旦进行了讨尸、接受这样的行为,也相当于伊阿诺的父亲承认,自己的岳父岳母才是真正的"遗体的主人"。

伊阿诺死后,伊阿诺的父亲从自己岳父岳母那里讨来的东西,与伊阿诺还活着时伊阿诺的父亲为伊阿诺举办索颅仪式时所索求的东西是一致的。在这两种情形下,伊阿诺的父亲想要的都是"买壤葬"。伊阿诺死后,从字面上讲,这种需求指的

第六章　生的亲属关系　死的亲属关系

是买伊阿诺的遗体（遗体，尤其是老人的遗体，经常被称为壤葬）。但是，当这个孩子还活着的时候，这位父亲办仪式后得到的是什么呢？有人这么解释：

>从这一刻（办索颅仪式的那一刻）起，这个男人就**拥有**了这些孩子。如果他没有举行过索颅仪式，他就不算拥有这些孩子。因为是女人，也就是母亲，生下了孩子，所以母亲才是孩子的"女主人"，然而，男人要是举办了索颅仪式，他就能成为孩子的"主人"。（停顿）比如说：一个孩子死了，如果孩子的父亲还没办过索颅仪式，那孩子就要被埋进母亲家的坟墓，但如果孩子办过索颅仪式，死了，就会被埋进父亲家的坟墓。[20]

这里最值得注意的地方是停顿后的那个例子，每次我参与或听到关于索颅仪式的话题时，它都会被反复提及。

父亲举行索颅仪式"买"下的是什么？也由此被陈述得更加清楚。有一次我听到人们讨论，是不是有些人觉得办不办索颅仪式其实没什么区别，因为即使不办，也不会拦着父亲不让他和自己的孩子生活在一起，但有一位男人非常坚决地说，这样看问题就错了！人们办索颅仪式，"并不是要买一张嘴或买一块肉，买的又不是孩子的身体，买的是孩子的尸骨"[21]，这个观点终结了讨论，大家都表示非常认同。

如果说索颅仪式"买"的是孩子的遗体，那么这个仪式也可被想象成参加孩子的葬礼。从这个角度去分析索颅仪式和死亡的密切关系，应该会非常有趣，但我在这方面没有足够的资料。不过，我们仍可以从仪式组织的两个方面讨论以下观点：索颅仪式关系到人死后墓地的位置，以及只有在人死后才会出现壤葬。

第一个方面，我们要讨论的是索颅仪式的地点。维佐人是在孩子母亲那边的家族办索颅仪式，告知母亲的壤葬这个孩子要"送给"孩子的父亲了，从现在起，父亲就是孩子的"主人"。在拉文德斯的研究中，马斯克罗人还会在父亲那边的家族中举行第二次索颅仪式："上供告诉祖先们，**有个新成员要加入这个氏族了。**"（Lavondès，1967：65；强调由作者添加）在这两种仪式中，供品都由孩子的父亲准备。

我的大多数报道人都表示，维佐人从来没办过第二次索颅仪式。[22] 有些人认为，这是因为维佐人太穷了，要办两次仪式就需要两头牛，维佐人可负担不起，而马斯克罗人不一样，他们自己养牛，所以办两次没什么难度。也有人持另一种看法，办第二次索颅仪式应该是马斯克罗人独有的习俗，这个习俗的意义让人难以理解（"这是为什么？""这有什么意义？"）。

还有人坚持认为，不可能存在两场索颅仪式（*soro tsy roe*，字面意思是"索颅仪式没有两场"）：要是举办了第二场索颅仪式，那应该谁是孩子的"主人"呢？在我维佐朋友的概念中，第二次索颅仪式不就是重复第一次吗？那结果不又倒转回去了吗？——办第一场索颅仪式，是母亲那边给出了孩子，父亲那边"买"到了孩子；办第二场索颅仪式，便是父亲家又给出了孩子，那么，只有母亲家可以成为"买"孩子的人了，这样一来，不就没人知道这个孩子最终是属于谁的吗？虽然提出这个观点的人或许误解了马斯克罗人两场索颇仪式的意义，因为第二场仪式的重点其实在于重申（而不是重建）孩子的所属权属于父亲，但他的误解也提供给我们一条有趣的线索去思考，为什么维佐人只举行一场索颇仪式，而不举行两场呢？

拉文德斯认为，马斯克罗人的第二场索颇仪式是关于获得的仪式，是为了向父亲那方的祖先报告，孩子已经"买到"了。而第一场索颇是交接的仪式，是告知母亲那方的祖先，孩子被"卖出"了。而我的维佐报道人都认为第一场索颇有必要，但却不觉得第二场有必要。其实这也表达了他们对索颇仪式的认知，那就是，维佐人认为索颇仪式主要是关于权力出让的仪式，而并非获得，因为这个仪式实际上影响到的是一个人死后遗体的墓地位置，而非活着时属于哪家人。第一场索颇仪式，标志着母亲家族的壤葬出让关于孩子死后尸骨的所有权，是必不可少的；反之，第二场索颇仪式，若标志着"有一位新成员加入了家族"，就毫无必要，因为只有在孩子死后，人们才会获得孩子的尸骨，那才是孩子加入父系壤葬的那一刻。所以，对维佐人来说，第二场索颇仪式是多余的。当死者下葬到父亲家族的坟墓时，就一定会告知父方的壤葬，他们获得了一个新的成员。

第二个方面，值得讨论的是索颇仪式的存在形式。索颇仪式有两种形式，区别在父亲为孩子母亲的壤葬所提供的供品上。一种情况是，如果母亲是第一次怀孕，当她还在怀孕的过程中，孩子的父亲就想举办索颇仪式，这位未来爸爸可以办一场索颇特索克（*soron-tsoky*，字面意思是"孕期索颇"），这时父亲要献上的供品是 20 或 30 卡波奇（一罐雀巢奶粉的大小）的大米。[23]

而另一种情况是，孩子出生后，父亲举办的仪式就必须是索颅奥比（soron'aomby，字面意思："牛索颅"），这时就必须要给岳父献上一头牛了。

大家普遍都会觉得，办索颅特索克比办索颅奥比要便宜得多。实际上，越来越多的人会选择在妻子怀孕时举办索颅特索克，这样之后就不用去买牛了。从中也可以看出，我的报道人都认为，索颅特索克可以作为索颅奥比的有效替代。当我表示，马斯克罗人的观念似乎不太一样[24]时，我的报道人马上再次说起维佐人太穷了，买不起牛，以表示这是合理的。不过，他们还提出了一种更有趣的解释，在母亲仍怀孕时办索颅仪式可以用比牛便宜的供品，是因为还没出生的孩子"还不是人类，只是 biby"[25]。一个活生生的孩子比一个还没出生的 biby 更值钱，这点自不用说，我们在此也不做更深入的论述。从这点上看，在孕期仪式中供品相对便宜，其实是一种对父亲所承担风险的补偿，因为他举办索颅特索克所得到的是 biby，有可能不会被顺利分娩，成为真的活人。

如果我们认同索颅仪式需要获得的东西是孩子未来死后的尸骨，而不是一个活生生的人，乍一看，两种不同的仪式，获得 biby 或获得人类似乎没什么区别。之所以有"还不是人类，只是 biby"这种说法，是因为不满一岁的小婴儿死了是不办葬礼的[26]，通常会将其埋在森林中的一棵大树下，而不会埋进墓穴中。婴儿被唤作"水宝宝"，非常"柔软"，无法直立，只有当婴儿能自己坐起来，才会变成"人类"。有人告诉过我，"水宝宝"不能被埋进坟墓，因为"水宝宝"没有骨头[27]：下葬之事，其实是在"收集并保存骨头"。这就解释了为什么当一个男人要办索颅特索克时会承受风险，这个风险，其实不是说他得到的是 biby 而不是活的小婴儿，而是说他可能会获得一具没有骨头的遗体，这是不能被埋进他家坟墓的。我在文中多次提到，要注意"遗体是引发矛盾的存在"，也就是说，引起大家矛盾的是一个人死后被埋在何处。[28]对于这一点还存在矛盾，似乎显得有些奇怪。人们**死前**办了（或者没办）索颅仪式应该就能决定要埋在哪边的坟墓，加入哪个壤葬。人死后大家只需要知道他有没有办过索颅仪式（这也的确是永远都会被问到的问题），如果答案是办过了，这个人就会被埋进父亲家的坟墓，如果答案是没办过，就会被埋进母亲家的坟墓。

然而，实际上，即使一个人办过索颅仪式，其埋葬的地点仍然是可讨论的。首先，就像我们上面看到的，**还没来得及**办索颅的父亲可以去向他的岳父岳母"讨尸"，而他"可能会得到，也可能不会"。同样地，一位为自己孩子办过索颅仪式的父亲，也可以向岳父岳母去"讨"自己妻子的遗体，而岳父"可能会给，也可能不会"。原则上说，"女人活着的时候，跟着丈夫；女人死了，要埋进为她办过索颅仪式的父亲家的坟墓"，所以，岳父可能会拒绝让自己女儿的遗体埋进她丈夫家的墓地中。不过，要是已经成为父亲的丈夫，让亡妻的孩子去讨**母亲**的遗体，孩子们表示，这样**自己**以后就能和母亲埋在一起，其实也便是埋在丈夫家的墓地中。在这种情况下，孩子的外公（母亲的父亲）就很有可能会同意，但他成全的是母亲和自己的孩子，而不是妻子和自己的丈夫。[29]在这两种情况下，关于讨要、给予、拒绝和接受遗体的结果都可能会引起矛盾及分歧，甚至引发怨恨。

还有一种造成冲突的潜在因素，要是孩子在世时父亲并未履行好照顾他"肉身"的责任，即便父亲举办过索颅仪式，大家也会质疑父亲获得孩子"遗体"的权力。我们可以看看这个例子，有一个男人，他的父亲在多年以前就给他办过索颅仪式了。父母离婚以后，他一直跟着母亲居住，和母方的亲属生活在一起。后来，这个男人生病了，直到病情愈发严重时，父方的亲属才被通知到。然而，他们并未按照习俗在这个男人临死前来探望他。于是，男人的母亲以这点为理由拒绝将他的遗体交给孩子父亲的壤葬。人们经过漫长的协商才达成一致。在葬礼的过程中，这位母亲可以在自家保留孩子的遗体，但最后，这个男人的遗体还是要被埋进父亲家族的墓地，"和为他办过索颅仪式的父亲在一起"。

从这个例子我们可以看出，索颅仪式并未彻底限定埋葬的地点，在实际决策过程中仍然有讨论的空间。但有一点非常明确，那就是死人的骨骸只能被埋进**一家**坟墓，进入**一个壤葬**。如果不考虑意外，索颅仪式建立的是一个必须要做出的选择，一个具有排他性和分裂性的选择——人在死后，要么被埋在这里，要么被埋在那里。"这里"或"那里"是人们必须基于索颅仪式所做出的选择，选择在父亲家还是母亲家的坟墓，也就是选择男方或女方家族中的一方。[30] 由于绝无可能将遗体同时埋进两边的坟墓中，这就要求人们在父方和母方之间做出清晰、绝对的选择，换句话说，这也导致了一种存在于性别上的明确差异，所以说，索颅仪式所起到的作用，还有构建和定义这种差异。

之前提到过，因为母亲在生育时的角色，女性被视为"真正的起点"、"源头"，"因此是孩子真正的所有者"（例如：Astuti，1993），这也是母亲不需要为孩子举办索颅仪式的原因：为了酬谢女人作为母亲辛苦的分娩，那些父亲没有为其办过索颅仪式的孩子就会直接被埋进母亲家的坟墓，进入母亲家族的壤葬。反之，父亲必须要操办索颅仪式才能将孩子买到自己家的坟墓里去，成为"孩子的主人"。因此，男性成为父亲的身份，不足以让其获得这个孩子，让孩子成为自家"单族"壤葬的成员之一，而女性获得母亲的身份，就自然而然地拥有了以上权力。在这种情境下，谁要通过办索颅仪式获得孩子的尸骨，谁通过生育获得孩子的尸骨，两者间的区别凸显了性别上的差异。

这种差异在维佐人描述孩子与父母间关系的方式上体现得更为清晰。维佐人大量使用类别式的亲属称谓，一个维佐人会唤很多人为"爸爸"和"妈妈"，如果想要确切地描述某人自己的父母，就会称对方为"亲生父亲"或"亲生母亲"[31]。此外，男人还会被称作"为他/她办索颅的父亲"，这种称呼也是葬礼过程中的惯用称谓，人们会在壤葬的坟前说，某某要和"为他/她办索颅的父亲埋在一起"了[32]。但是，如果父亲没有为孩子办索颅仪式，孩子要埋在母亲家的坟墓里，大家就不会这么说。在描述孩子和母亲家坟墓的关系以及和母亲家壤葬的关系时，从来都不会提到索颅仪式。主持仪式的长者会告诉壤葬有新成员要来了，但不会说某某要和"为他/她办索颅的母亲埋在一起"，因为母亲是不用为孩子办索颅仪式的——她们只用生下这个孩子。[33]

可见，索颅仪式建立的是一种男性作为父亲、女性作为母亲之间的绝对差异，以及孩子和父母双方关系上的差异，和父亲间的关系与索颅仪式有关，和母亲间的关系同生育有关。这种差异是明确的，也必须是明确的，因为它关系到的选择是明确的，也是必须要明确的——选择**一方**坟墓，选择**一个**壤葬。但是，这样建立的性别差异，也只有在这种选择的情境下才具有意义，仅关于维佐人的"尸骨"而非"肉身"。要注意的是，维佐人的"肉身"仍存在于菲隆共尔的体系中，在这个范畴内，性别差异仍然不具有任何意义。因此，虽然孩子的尸骨要么被埋进父亲家的坟墓，要么被埋进母亲家的坟墓，但孩子的"肉身"可以同时既与父系的亲属有关，也与母系的亲属有关，这是平等的。

索颅仪式，以及它所建立的性别差异，并不影响维佐人的菲隆共尔。索颅仪式不会造成对父系亲属与母系亲属之间的区别对待，也不会要求人活着时在八个壤葬中选一个。不论是否办过索颅仪式，爷爷关于菲隆共尔的视角始终可以无视性别上的差异，所以他可以坐在从各方来的孩子们中，慈爱地看着那么多自己的子孙；不过，在索颅仪式的过程中，活着的人会被当作已化为尸骨般对待，在这一刻，一旦"单族"壤葬的阴影降临，爷爷就无法对性别上的差异继续视而不见。透过这道阴影，他会看到性别上的差异，而后，他会失去那看到所有氏系的视野，而只能看到**"一个家族"**的子孙，那些将要和他埋进同一个坟墓和壤葬中的人。

哈宗满加

在成为同一个壤葬的成员中，有一个人的阴影对其他所有人都具备影响力，这个人就是哈宗满加。[34] 哈宗满加的定义，从字面上说，经常被称为"氏族老大"或"氏系首领"（参见例如 Lavondès，1967 和 Schlemmer，1983），也被称作"长辈中最年长之人"（Ottino，1963：43），换句话说，哈宗满加是一个继嗣群活着的人中年纪最大的人。然而，将哈宗满加称作"首领"的继嗣群（也就是我说的"单族"壤葬），只有死后才存在，那么哈宗满加在这个群体里，应该是活着的人中最有可能（因为他的年纪）进入坟墓、加入壤葬的人才对。[35] 从这个角度来说，哈宗满加既是该家族壤葬活着的成员中最年长的，但因为他还没有加入壤葬，同时也是该家族祖先中最年轻的。[36]

作为生者中的长者，死者中的晚辈，哈宗满加处于"单族"壤葬和活着的人之间。他要和壤葬交谈，若是死者饿了，给他们提供供品，他要主持索颅仪式。此外，还有一个非常重要的身份，哈宗满加是埋葬了整个壤葬的"坟墓的主人"，同时也是所有将要埋进他这个坟墓的人的"遗体的主人"。他的责任是告知壤葬，有新成员将要加入坟墓了，以及活着的人要准备建造一个新的坟墓。

作为生者和"单族"壤葬的中介，哈宗满加的位置非常危险，也很麻烦。首先，就像我们常说的，他经常有死亡的危险。

如果祖先因为活着的人有什么不当之处，觉得不高兴或愤怒，祖先的反应有极大可能会降临在哈宗满加身上，而祖先"生气"的后果很明确，人们将其描述为"当场死亡"；除此之外，哈宗满加的角色本已十分危险，因为他所处的位置，是活着的人中离"单族"壤葬最近的，因此他是离坟墓和死亡最近的人。在以上这两点中，后者也是作为哈宗满加最为矛盾的一处。一个人之所以被推选为哈宗满加，是因为他是离死亡最近的人。然而，他每次主持葬礼时，都会挑战这个事实，因为死者一定比他年轻，作为"遗体的主人"，哈宗满加要带领本应比他晚死的人进入坟墓、加入壤葬。当哈宗满加埋葬年轻的孩子时，他会说，对自己来讲，埋葬一位孙儿这件事是"不合时宜"的。虽然这种说法可能只是一位见过太多早逝年轻人的老者在表达自己的悲伤，但也说明了哈宗满加是知道自己处在一个矛盾位置的，他一方面是活着的人，另一方面又是壤葬中的人：那么，如果事情是"对"的，他应该是第一个加入壤葬的人，所以他应该只会主持自己的葬礼。[37]

此外，生者还需要哈宗满加帮忙与"单族"壤葬中的特定死者联系。在这里，我们有必要区分维佐人求助的哈宗满加和维佐人拥有的哈宗满加。维佐人拥有的哈宗满加指的是，当被问到"谁是你的哈宗满加"时，会提到的那位哈宗满加。

当维佐人想同祖先联络，可以求助于多位哈宗满加，因为祖先们分别在各自的坟墓，属于不同的壤葬，也需要不同的"坟墓的主人"来帮忙处理事务。因此，如果是母亲那边家族中的外祖母给外孙女托梦，要求上供些食物，那就需要找作为埋着外祖母的"坟墓的主人"的这位哈宗满加来处理；但如果这个要求是父亲那边的曾祖父提的，同一个外孙女便要去找另一位哈宗满加求助。理论上说，因为活着的维佐人有八个壤葬（八位曾祖），大家会求助于八位哈宗满加来与祖辈联络。而实际上，这八位祖先可能会有埋在同一个坟墓中的夫妻，也可能有一些与后代不再相关，但不论是从理论上还是实际操作上说，一个维佐人至少会求助于两位哈宗满加，母亲的和父亲的。与之相对的，当人们被问起"谁是你的哈宗满加"时，只会提到一位哈宗满加，那就是能够与自己死后要加入的壤葬相联系的那位哈宗满加，他是自己遗体的"主人"，并且会主持自己的葬礼。因此，一方面，活着的维佐人会**求助**于多位哈宗满加同各自的祖先联系；另一方面，大家都只**拥有**一位哈宗满加，因为所有人死后只会加入一处坟墓、一个壤葬。

迄今为止，我见过的哈宗满加都是人类。但实际上，哈宗满加指的应该是一种将顶部削尖的木杆状物品，通常被笔直地插于沙土中，而我们所说的哈宗满加应该被称为"哈宗满加的持有者"。文献中记载有代表哈宗满加的木杆和哈宗满加的持有者之间的区别：这根木杆作为纪念祖先的祭品，将立于空中，而持有哈宗满加的人，则是继嗣群的头领。[38]

我在贝塔尼亚（在贝隆也是一样）时，一直在村中四处寻找那种形状的木杆，却完全没有收获。开始我想，或许是这个村里没有哈宗满加吧，可能这也表示维佐人在萨卡拉瓦王国中处于一个相对边缘的位置。[39]但随着我逐渐掌握当地语言，我发现哈宗满加这个词经常在谈话中突然出现：谁和谁去找哈宗满加了，在哈宗满加那儿开会，事情已经告诉哈宗满加了。我瞬间明白，在大家看来，哈宗满加和哈宗满加的持有者没有区别，是物品还是人没有差别，而那些贝塔尼亚的朋友们所提到的哈宗满加，指的是人，不是物。我第一次询问一位哈宗满加木杆在哪里时，他没有说话，站起身，用力地挺起自己的胸膛：他的**身体**就是哈宗满加。

贝塔尼亚没有哈宗满加的实物，或许是因为这里的居民经历了太多次迁徙：

在维佐人中，只有很少一部分人保留有哈宗满加的实物，但是，这个物品被看作麻烦与危险。因为人们都知道，其实，现在这里的主人并不是自己真正的"主人"，这里的主人只是远方（大家迁徙的起点处）真正"主人"的替身，这也是人们没有竖起哈宗满加的原因。如果像马斯克罗人那边，有这样一个实物作为"主人"……那么，这种哈宗满加"主人"的存在，也代表着他们的壤葬存在于此，且只存在于此，他们不再是从远方而来。如果一个人（持有哈宗满加的人）去世了，另一个人会替代他，再一个人去世了，又一个人会替代他。但是，维佐人是来自远方的人群，他们壤葬的"主人"，他们的哈宗满加，并不在此地，而是在遥远的、遥远的、遥远的……（指向南方）如今来到此地的，只有后代，只是随着一代又一代人迁徙至此，所以人们无法在此竖起哈宗满加的木杆，因为真正的"主人"仍在彼方，在那遥远的地方。[40]

贝塔尼亚的每一个维佐人都将南方看作故乡，认为自己的祖先从南方而来，所以，祭祖时的第一片肉、第一把米，都会洒向南方。如上文摘录的内容所述，南方也是哈宗满加的实物竖立的地点。关于这点，大家观念的真实性或准确性并不重要：说到在遥远南方的维佐人，他们是否会在哈宗满加的木杆前祭祖呢？他们是否觉得哈宗满加的实物与作为哈宗满加的人有区别呢？[41]但要注意的是，那位宣称自己的**身体**就是哈宗满加的老人（同时也包括我见过的维佐人所有其他的哈宗满加）说这话时的手势。

布洛奇关于扎菲马尼里人（Zafimaniry）的研究，分析了关于扎菲马尼里人逐渐融入某个地域，并且让自己成为当地景观特点的这一过程，这对我们分析维佐人的案例非常有启发意义，在此可以与其相互参照对比。扎菲马尼里人是一群居无定所的农民，生活在马达加斯加的西部。对他们来说，森林是野蛮、无情、难以驾驭的环境，居住于其中的人类是脆弱的，只能短暂地栖息一刻。但是，通过在居住地留下某些景观，人们可以获得永恒，其中一种方式就是盖房子，用那些最坚固耐用的木头在当地留下人类的造物。造房子的这对夫妻去世后，还会有后人住在里面，美化它，继续建造它。随着越来越多的后人在此长久地绵延子嗣，房子取代了最初的那对夫妻，逐渐被奉为"圣物"，或者更准确地说，最初的那对夫妻**化为**了眼前的房子；还有一种与之类似但永恒意味更为强烈的行为就是，祖先们不辞辛苦，在森林中竖起一座座巨型石碑，以此将人类群体于森林中短暂的栖息转变为永恒。在这两种情境下，祖先们都化为永存之物，与栖息地融为一体，造就了独特的当地景观。

同时，布洛奇的研究（未发表）中还描述了扎菲马尼里长老所携带的拐杖。这个拐杖坚硬、笔直，它的硬度和直挺感都与祖先的形象有关：显而易见，带着拐杖的长老身躯已然干瘪、驼背，而拐杖的硬挺恰恰是这具身躯如今所缺少的。因此，当扎菲马尼里人说起长老的硬朗与正直，其实指的不是长老本人，而是他们手中的拐杖：长老**化为**了拐杖。

我们可以将扎菲马尼里长老与拐杖之间的象征转换与维佐人的哈宗满加稍做对比。一方面，扎菲马尼里人将对长老的认知投射到可以体现长老性格及祖先形象的物品上，通过携带并定义拐杖，长老可预期自己行将失去其生者的身份，转而强调他即将成为祖先的身份。而维佐人则不一样，维佐人的哈宗满加被留在了遥远的南方，他们将对哈宗满加这件物品的认知投射到长老身上。虽然维佐长老的身躯像扎菲马尼里长老一样，是孱弱佝偻的，但他们是**依然活着**的身体，而不是一具濒临死亡、即将变成祖先的身体。与扎菲马尼里长老将自身物化为拐杖并以此体现祖先形象的硬朗与笔挺的过程不同，我们发现对维佐人来说，那硬朗与笔挺的祖先形象是由生命短暂、四处移动的人类来构建的。如此看来，似乎扎菲马尼里人试图将祖先的永恒性暗藏于生活之中，而维佐人的目的，则是在变幻不断的生活中引入固定不变的祖先形象。

这两种行为，都在处理人对生死的焦虑，但也都存在问题。布洛奇指出，扎菲马尼里人试图将人固化在地点上的做法是本末倒置的，尤其是那个将人物化的过程——变成房子、石碑或拐杖——其实让人们丧失了"人性"的特点。而维佐人采用的方式，虽然相对合理但同样是危险的：生命以哈宗满加身体的形式，不知不觉变为祖先的固定形象，那么接下来，哈宗满加的身体上所蕴含的有关祖先的固定性和永恒性就会和生活本身产生接触，结果就是，维佐长老的体内永远都带有"单族"壤葬的阴影，一旦这道阴影彻底接管他的身体，祖先们就会逐渐意识到哈宗满加还活着，他就会"当场死亡"。

通过前文分析的索颅仪式，通过物与人于特定领域之间转换的概念（哈宗满加的实物与持有者的融合），我们可大致窥探维佐人如何理解生与死、转瞬与永恒的关系，活着的人与只有他们死后才会相关的壤葬的关系。在这两种脉络下，我们都会发现，虽然"单族"壤葬的存在一直在维佐人的生活之外，但它的影子却一直在潜移默化地影响人们的生活。索颅仪式在帮人们选定墓葬地点的过程中，将人们视为**好像**已经死去的人，以此安排人们成为某个"单族"壤葬的成员。然而实际上，活着的人不会成为任何家族的一员，直到他们被埋进某个家族的坟墓。至于哈宗满加，作为生者和"单族"壤葬之间的中介，随着死亡所创造的继嗣日益实现——"单族"壤葬的阴影在他体内会越来越重，但即便如此，这道阴影并不会完全笼罩他的生命，只要他还活着，不论身躯如何佝偻羸弱，他的身体依然存在于自己家族的坟墓之外。

生死之中的亲属关系与身份认同

本章描述了维佐人两种不同视角的亲属关系，一种存在于现在活着的人中并运行于当下,另一种会在未来人们死后躺进坟墓里再生效。但通过决定人们墓葬位置的索颅仪式,后者是可被预知的,也一直在准备之中。一旦做出了关于某个坟墓及某个壤葬的选择,在那一刻,人们就成为好像已是白骨的存在,未来也即刻发生于现在了。

从菲隆共尔到"单族"壤葬的转变,从生到死的转变,以及从现在到未来的转变,标志着维佐人于本质(nature)中所发生的根本变化。在菲隆共尔里,维佐人拥有着一种宽广无垠的亲属关系。这种关系可以展现于许多不同的环境下,许多不同的时间中。在菲隆共尔的关系之中,维佐人不需要做任何选择以区分彼此,因为大家都是同样多元地相联,都是由多个源头组成的人。而单族壤葬的关系则恰好相反,它将维佐人所有的关系剥去,只留下一种,那就是当人们进入坟墓后,那个坟墓中所包含的"一个家族的人"。死去的人必须成为与这个家族中的所有其他人相同的、仅属于单族的人。在让人逐步来到这种不愉快境地的过程中——从多源到单族——维佐人失去了他们对性别的无视:性别成了一种明确的区别。

在上文中我提到过,菲隆共尔可以被描述为一种血亲的亲属关系,但我也认为用这种理论类型来定义它可能会有误导作用,因为维佐人其实并不在意那些血亲亲属关系研究传统会关注的问题,尤其是,维佐人不在意菲隆共尔其实并未建立起人们所归属的继嗣群。关于人们属于"哪个继嗣群"这个问题,当维佐人想要描述自己与他人的关系时,它留下的是一种开放的、数不清的可能性(一种双边的、包含所有继嗣群的视角，就像爷爷沿自己的谱系往下看时所感受到的那样）。同样地，维佐人也不在意，菲隆共尔没为大家提供一段独有的、个人化的历史，而是提供了许多可供选择的历史（例如：追溯祖先的多种路径）。人们可以自己来制定历史，因此所有的历史都是值得被记住的，不是因为它们产生了家族的谱系，而是因为它们创造了所有人与现在的关联。最后，维佐人也不关心，菲隆共尔没有定义人们的身份，而只是决定了大家在不同时代、不同背景下与谁相关（或者更准确地说，是大家有可能与谁相关）。以上这些"问题"，维佐人都不关心。因为，与福蒂斯（Fortes，1987：281）所说的单边继嗣理论的阐述不同，对维佐人来说，**不是**通过了解自己在继嗣群中的位置，"使自己知道作为人类自己是谁，是什么身份"。因此，套用福蒂斯的血亲继嗣（cognatic kinship）理论是存在问题的，因为它不能定义有界限的群体，从而也无法定义在这种群体中作为成员的人们（例如：Strathern，1992：79-80）。不过，菲隆共尔对于维佐人来说并不存在任何问题，因为这种视角的亲属关系，不需要通过将人置于**一种**群体、**一类**人群、**一段**特定的历史中才能定义或决定一个人的身份。对活着的维佐人来说，菲隆共尔的身份视角是没有问题的，因为它保护并维持了维佐人的纯净性（它不包含任何历史的遗留物），维佐人只需要通过自己在当下情境中的所作所为便能知道，也能意识到自己是谁、是什么身份。

不过，对于死者来说，菲隆共尔是存在问题的。一旦一个人化为尸骨，一种明确的、决定性的、不可改变的选择就变得必要——关于自己要成为哪群人、哪个坟墓、哪族人、哪种特定历史的一部分。作为尸骨,维佐人不能既在这边又在那边,不能既和母方有关,又和父方有关,再也不能同时作为八个壤葬的一部分。死亡强迫维佐人做出选择,为维佐人身份的纯净性蒙上了灰尘,使其变得模糊。通过与"单族"壤葬建立关系,死者被固定在一种不可改变的身份上。因为他们加入了一群人的身份,他们共享一位相同的祖先、一段相同的历史、一处相同的坟墓。总之,在菲隆共尔的亲属关系中,作为生者的维佐人的身份是灵活的,可以根据情境而定,他们在不同的时空背景下,可以追溯与他人不同的关系,然而,在单族壤葬的亲属关系中,作为死者的维佐人的身份失去了灵活性和脉络性,成了固定的、确凿无疑的、与生者关系不一样的认知:如今,只有他们所在的地方,那**一**个墓穴,那**一**个壤葬,才能够让他们知道自己是谁、是什么身份。

7

分隔生与死

对活着的维佐人来说，他们将归属的"单族"壤葬仅仅如同一道长期笼罩自己的阴影，而对死去的维佐人来说，所属的"单族"壤葬便成了他们永久且唯一的身份。从生到死，也就是从菲隆共尔到壤葬之间的转换，生者的身份会完全改变。因此，维佐人认为，"死者与生者不在一个地方，他们不相同"。维佐人说，"死去的人不是人，他们①是 $biby^1$，和活着的人没关系"，从此表述可明显看出，死者被视作"异类"。维佐人认为死去的人脾气很差，蛮横暴躁，因此，一定要阻止他们干扰后代的生活，为了让自己与死者区分开来，生者必须构建一道屏障。

死者那全新的、陌生的、危险的身份，其实是由生者通过分隔生与死的仪式行为创造而来的。在丧葬仪式的过程中，死者被活着的人放逐，生者构建或再现了分隔自己与死者的屏障。由于死者被从生者及所有活着的后代中分离出去，根据他们自己所埋葬的坟墓，死者之间也会有所区别，所以，当生者埋葬

---

① 虽然维佐人说自己将死者视作 $biby$ 这种非人生物，但实际上仍承认两者间的连续性与共同性。并且，在中文习惯中泛指死者时，使用"他"而非"它"。结合以上两个原因，在本文中，泛指死者时，使用"他"这一用法。——编者注

死者，并且为死者建造坟墓（活着的人将这视作自己的责任）时，死者在完成一种从菲隆共尔到"单族"壤葬的转换——他们将在生活中仅仅作为阴影存在，转变成一种已故之人全新的、固定的身份状态。

本章和接下来的章节都将描述关于维佐人丧葬仪式的研究，这些仪式中的诸多细节及所传达出的主题，便是生者与死者之间的区隔，我将从其中最显而易见的一点——在维佐人观念中两个截然不同的地点：墓地与村庄——开始讲述。

热墓地与冷村庄

墓地通常在森林中，远离村庄，隐于植被之中。维佐人说，墓地之所以如此隐蔽，是因为维佐人不喜欢见到坟墓，这会让他们感伤，而且，如果坟墓离村庄很近或者在村庄里面，就像梅里纳人的习俗一样，大家也会害怕。不论如何，维佐人经常强调，墓地不是人们会日常造访的地方，大家在散步时可不会经过那儿，只有在搬运遗体或者修建坟墓时才会去那儿。

贝隆的墓地，在穿过潟湖的灌木丛后很远的地方。当我第一次去那儿参加葬礼时，有人提醒我，墓地特别远，要在烈日下走很久才到得了，非常累人。诚如所言，很快我就体验到了那次行程是多么让人精疲力竭。然而，要不是我之前在贝塔尼亚时有些了解，在贝隆我可能会忽略这一点。贝隆的墓地位置并非随意选择的地点，而是要依据某种原则来定位的。与此同时，在贝塔尼亚的经验让我意识到，人们希望墓地所具有的概念，有时会决定墓地给人的感官上的距离，可实际上或许并不一样。

在贝塔尼亚附近有两处墓地,一个在村庄的南边,一个在村庄的东边。南边的墓地距离村庄非常近,因为在17世纪时,汹涌的海水将贝塔尼亚"一分为二",所以当时北半部的居民只好搬去了村庄的南边,从那以后,贝塔尼亚村落的区域不得不向着南边墓地的方向延伸,结果,村庄最南边的房子如今已经快要与墓地的北边相接。

在贝塔尼亚,海蚀是一个大家普遍担心的问题,它会影响穆龙达瓦附近的整个沿海区域。海蚀的威力很大,村民们会担心贝塔尼亚这块西面邻海、东有滩涂的条形地域将被整个消蚀。不过,因为海岸线的南移与东移,似乎人们主要在意的问题是村庄会离墓地越来越近。有一次,我看着潮水向居民区涌来,近在咫尺的海水令我有些担心。一位老婆婆注意到了我的惊慌,讲述了这里近年来的剧烈变化。她说,贝沦泽亚(Berenzea),那个现在离大家最近的渔场,离海岸只有五公里,在不久之前,那是一个维佐人的村庄。而贝塔尼亚,曾经有一个区域,居住着种庄稼的马斯克罗人。对曾经住在贝沦泽亚的人来说,墓地(和现在是同一个地方)真的"特别遥远",因此,当他们要去埋葬别人时,必须要在外面睡上一晚,因为当天是无法赶回家的。这位婆婆问我,如果大海继续侵蚀陆地,会发生什么呢?人们最终会和坟墓住在一起吗?

虽然无法回答这位朋友的问题,但我很快发现,我在贝塔尼亚参加的每一次葬礼上,大家都在试图否认村庄和墓地正日趋靠近的事实。人们通过宣称路途又远又累,重建了两者间的距离感。虽然实际上两者距离很近，所需的行程也毫不费力，但每一次送葬后，我回到家中，总有一群人聚在一块儿，一齐说我走这些路一定累坏了，就像同行的所有人一样。大多数时候，距离感和疲劳感是个人的主观感受，但对维佐人来说，这里更关键的一点是，大家都觉得：村庄和墓地之间的距离**一定**得是又远又累人的。

墓地和村庄距离很远，是因为两者是不容置喙的不同存在。墓地是"热的"，村庄是"冷的"。不过，在这里热和冷指的是死人和活人各自所处土壤的属性，阐释的是村庄和墓地各自在特点上相对的区别，而不是指两种地点的固有属性。

我是在一次关于葬礼意义的讨论中偶然知道"村庄是冷的"这个概念的。sañatsia tany manintsy，似乎也经常会听到人们这般自言自语。sañatsia 可以译作"原谅我"，tany 的意思是"土壤"或"土地"，而 manintsy 的意思是"冷的"。因此，这句话的意思是，向冷的土地（所在地的土壤是冷的）请求原谅。我第一次注意到这种说法，是一个男人要在沙子上画他家人的坟墓，在画之前他这样说了一句，当时他要告诉我自己准备扩建坟墓的计划，然后他向我解释道，因为他把村庄冷的土地当作墓地热的土地来使用，所以要先向村庄冷的土地请求谅解。[2]

我试图与维佐朋友们讨论，用热和墓地来搭配难道不是违反直觉的吗？我提到布洛奇的民族志（Bloch，1986），他描述了梅里纳人冰冷的墓地，以此来体现祖先以及与祖先有关的一切都是冷酷无情的。然而维佐人却完全是另一种想法，这让我感到非常惊讶。[3]大多数参与谈话的人都对我的说法无动于衷，有些人对我所坚持的论据表示出明显的厌恶，只有几个人解释道，墓地是热的，因为"在墓地中没有呼吸"。

呼吸，也就意味着活着的生命。[4] 当一个婴儿在母亲的子宫中动了起来，吸收营养，他就是活着的，他就一定是"有呼吸了"，而一个人死掉的瞬间，会被描述为"他没有呼吸了"。墓地里没有呼吸，因此，那里没有活着的生命。但是，为什么没有生命会让墓地是"热"的呢？在纠缠了我的朋友们几天后，终于有人主动将其解释为一种"理所当然的说法"。活着的人喜欢凉爽，总想纳凉，因为凉爽意味着宁静，无忧无虑，过着一种没烦恼的生活。用"热"来形容墓地，并不是一种对墓地的描述，而只是为了强调墓地相对于村庄是不一样的。在我的维佐朋友看来，墓地的"热"仅仅是一种修辞，与人们对（所渴望的）活着的凉爽感构成区别与对比。[5]

有一天晚上，大概就是在我正四处询问有关热与冷的区别的时候，爷爷主动为我形容道，当我们坐在自己家门口时，当大家一边聊天一边等着开饭时，当所有人一起吃饭时，当人们在睡觉前又在一起多聊一会儿天时，这一切都是冷的，凉爽宜人。然而，当村中有人死亡时，一切就变热了，令人躁动不安。

村中若是突然有人死亡，就会打破生（在村庄）与死（在墓地）之间的分隔。而在举行葬礼的过程中，又会重新构建起生与死的屏障。首先，人们要接受自己的生活被死亡打断，生产性的活动会停止，做饭、吃饭、睡觉这一系列活动全都要在遗体旁边进行；然后，人们要把死亡从村庄中驱除，将其送往墓地。当遗体被放到墓地中、用沙土掩埋后，一位长者会发表简短的致辞,感谢参加葬礼的宾客,然后宣布:"葬礼结束了。"大家散场,回到自己的家中,而就在人们离开墓地准备再次进入村庄的瞬间,会感受到由葬礼重新构建起的生死屏障。接下来的内容,就是为了再现这种感受。

为了便于说明,我会先描述葬礼的过程,在此我们暂且认为所有葬礼都遵循一种固定的流程。虽然实际上,根据死者的状态以及生者所投入的情感,它们千差万别,但我们暂且忽略掉这些变量。[6] 我会先说说我的维佐朋友们告诉我的,那种人们"普遍"认识中的葬礼:出乎意料的死讯传来,某人过早地离世了,大家都陷入悲伤。然后我会讲讲那些垂暮之人的葬礼:人们会觉得这种死亡没有那么意外,某人也不算死得太早,因为逝者"年事已高",在这种葬礼上,人们要为死者庆贺,要表现得高兴,而与此同时,他们也让死者进入了那令人难过的转变,离开菲隆共尔的关系网,进入"单族"壤葬之中。

责任与中断:守夜与丧宴

村中的死亡为人所知,始于某间屋子中突如其来的嚎哭。只要是附近能听到的人,都会朝那个方向跑去。屋内有死者的房子大门紧闭,几位和死者性别相同的人清洗好遗体,绑住遗体的双脚、手臂和下颌,梳理遗体的头发或为遗体编上辫子,待遗体穿戴整齐后门才会打开。坐在离入口最近的地方的人们开始走进房间,痛哭。他们在遗体旁坐上一会儿,然后就走到门外,静静地坐在附近。接着,人群慢慢散去,只有三三两两的几个人待在屋内或房子附近。这些人中一定会有哈宗满加,

"遗体的主人",他将主持葬礼,特别是将遗体送去坟墓和壤葬那儿的流程。

不久之后,村中的每一户人家都会收到正式的讣告。两个小男孩会一户又一户地拜访,小声地告知某某人死了。在通告死讯时,要使用死者的姓,即使这个人一辈子用的都是自己的"亲从子名"(tekno-name),例如某某的爸爸、某某的妈妈。维佐人告诉我,这样做是因为死者的姓将会被写在十字架上(见下文第八章)。报丧者还要把死讯告诉其他住得近的村中能来参加葬礼的亲戚,而那些住得远的则会收到一封短信,上面写着基本信息:谁死了、什么时候死的以及葬礼的日期。

只要死者的遗体仍在村中,人们晚上就会聚在一起,守在停尸的房子附近,彻夜歌唱,直到黎明;此外,大家每天会聚餐两次,丧宴由死者的家属提供。在维佐人看来,进行这两种活动,都意味着村里人在缅怀死者。

miaritory 的意思是"彻夜不眠"。夜幕降临后,男人、女人和小孩都聚在死者家附近。村中的两盏煤油灯照着房子四周,黑暗中,一撮又一撮人慢慢移动,陆续坐在大家选好的位置上。小孩通常都围坐在女人们身边,孩子们一坐到沙地上,裹好毯子,很快就会睡着。虽然大人们也会在夜里试图睡会儿,但第二天每个人都会抱怨说蚊子多、又闷又热,根本没法休息。有些人只会守到凌晨,然后回家睡会儿觉,还有些人傍晚早早地去睡觉,凌晨再过来守夜至天亮。整个晚上年轻人都会非常积极,虽然他们这样并不是为了守夜本身。年轻人会成群结队地在角落里玩多米诺骨牌,又或者分成小群体晃荡,寻找艳遇。

总之，在守夜的区域里，夜幕下不断有人来来往往。

　　守夜的主要目的是，大家一起唱"热歌"，也就是大家都熟悉并擅长的歌。[7]夜唱会从凌晨持续至黎明。最初的几个小时，没什么特殊的规矩，大家会用最大的音量一起齐声歌唱，主要是为了转移屋内那些和遗体待在一起的人的悲伤。歌声通常很嘹亮，这样死者的亲属和朋友就不会那么难过。随着慢慢开始感到疲劳或厌倦，人们就会分成两组，每组通常不超过四五个人，开始轮流演唱。在每一次葬礼上，人们一整晚唱了多少首歌，大家觉得哪几个人是特别棒的歌者，都会被记录下来。这是非常重要的数字，因为有个不成文的规定，要给那些唱歌的人，尤其是"唱得卖力"的人朗姆酒作为酬谢。如果死者的家属没有提供朗姆酒，那就意味着歌唱得还不够好。不过，主人若是如此，会被认为小气，也会遭人非议。所以，那些唱歌的人也会"留一手"，先保留"最卖力的演唱"，这样就可以多得到些朗姆酒。在酒精的作用下，到黎明时分那些夜唱者经常会醉得不省人事，他们会借着酒劲儿歇斯底里地嚎哭，直到嗓子完全无法发声。

　　守夜当晚，不同出席者参与的不同事项也有着不同意味。理想情况下，每个人都应该在合唱时卖力地大声歌唱，可实际情况是，许多人不这么做也没什么大不了的。其实，人们期待的仅仅是守夜时有人到场，只要别待在各自家中睡觉，就已经非常令人感激了。天亮时，当人群四散而去，每个人都会觉得筋疲力尽。守夜时的种种疲惫——正如我们所见，也就是参与因死亡而来的活动时所感受到的"热"。

在丧宴过程中，女人们要忙活各种各样的工作。女人们要负责下厨，而男人们要负责建造棺材和刻有死者名字的十字架。男人的工作通常一个下午就能完成，只需要一小部分男人参与，[8]而准备丧宴则需要多得多的人手。女人们要相互合作，拾柴、打水、下厨、分食、清理……葬礼持续多少天，女人们就要工作多久。有些村民即使不用在葬礼的任何一项工作中帮忙，他们至少也要出席白天的追悼会，所以村中其他活动都会陷入停顿。

白天葬礼的重点就是大家一起吃的那顿饭，被称为"丧宴"或是"丧食"。不论是准备食物的丧家，还是出席的宾客，都一定会强调食物很难吃。一位女性朋友说，这是因为炖肉的水中没有放洋葱和番茄。人们坚持强调这点，似乎还有一个原因，那就是这些食物都是在死人身边吃的，或者说吃的时候离死人很近。因为做饭和吃饭都在死亡附近，所以，这些食物很难吃。至于不放洋葱和番茄，也是让丧宴上的食物和日常食物吃起来不同的标志。[9]

据我所知，虽然死者的家属会为大家提供食物，因为来客不得不中断日常生活，无法准备各自的餐食，但来参加葬礼的人也会强调，在葬礼上吃的东西完全比不上平时的伙食。因为葬礼上的食物不是为了让人们吃饱的，若要达到这个目的，死者的家属要花费的可太多了。所以，来参加葬礼的人要注意不能吃得太多，还要注意不能一吃完饭就马上离开。这都是不合时宜的，会显得这个人来"祭奠死者"，其实只是为了吃饭。因此，人们吃完"丧宴"、散场回家后，还会再吃一顿自己家做的饭。

在这一点上，有人可能会想到，如果大家会担心自己在丧宴上显得贪吃，那食物应该不像他们所说的那样难吃啊。事实也是如此，女人们的确不会故意将饭做得很难吃。虽然很容易挑出食物的缺点（煮饭的水放太少了、肉太咸了或者下饭的肉汤不够），但其实女人们会花功夫认真烹调，要是做失败了也会受到严重的批评。同样地，死者的家属其实要准备足够的食材，提供得体、甚至是令人愉悦的餐食。然而，在葬礼上的聚餐必须是**不愉悦**的，否则就会显得生者对死亡喜闻乐见，因逝者而高兴。所导致的结果就是，一顿饭越合来宾的口味，强调这顿"丧食"特别难吃、不能贪吃就会变得越重要，人们之所以吃它，只是为了表达与死者的关系亲近，以及参与了死亡给村庄生活所带来的中断，而并非为了食物本身。

人们为什么要去出席葬礼呢？大家给的答案很简单：如果不去出席葬礼，别人就不会参加自己或者自己亲戚的葬礼。[10] 不过，当我想要去理解死者仍在村庄时大家那些活动的"意义"是什么时，却一无所获。在参加了五六次葬礼后，我逐渐明白，当村中有人死亡时，整个村子就要进入一种仿佛例行公事的状态。一切按照惯例发生，大家按照惯例行动。当这一切发生时，或许不带有太多的"意义"。同时，我还发现，决定是否要参与葬礼活动也是非常重要的事情：一旦有死讯正式公布，大家就会非常严肃认真地讨论要不要去"祭奠死者"。人们需要考虑到未来的互惠关系，在自己的不情愿与责任感之间纠结。[11]

每逢贝塔尼亚举办葬礼，我的干妈都会召集整个家族一起讨论她要不要去参加守夜活动，因为她的身体比较弱，要是守夜后感冒了，对她来说会非常麻烦。即便如此，几乎每一次她都会决定出席，似乎自己不去的话就会感到惭愧，而且这样的话以后也没人会来参加她和她家人的葬礼。而参加葬礼后，她会不断地抱怨那潮湿的沙地，有时候还会咳上好几天。至于我，会拒绝使用她为我找的不参加丧宴的借口，也就是在守夜时我会胃痛。她觉得我应该要抱怨正是因为吃了没煮熟的饭才胃痛的，当然，那些葬礼上的饭，只是她个人坚称没煮熟。总之，她会咳嗽，我会胃痛，在家族会议中，关于这两个问题的讨论也是有葬礼时一定会上演的戏码。

正如爷爷所说，当村中有人死亡时，每个人都是"热"的。然而，这并不是死亡本身所带来的"热"：而是因为，为了祭奠死者，人们必须舍弃平素的生活与餐食，放弃"凉爽"的小日子。在守夜和丧宴上，大家会缺觉、疲倦、醉酒，还要吃"难吃的"食物，这一切都让生活不再凉爽，不再是"冷"的。我干妈总说，这种从冷到热的转变、对日常生活的打断，还会在家族会议中被不断加强、反复强调，因为人们会讨论，是否能够**不去**参加葬礼呢？通过这种讨论，维佐人将作为惯例而出席的葬礼也转化成了人们出于责任感而做的选择。[12]

"当一个人死了，他就死了"

我在第四章提到过，维佐人有着"简易的习俗"，因为他们都是柔软又温和的人，像马斯克罗人或安坦德罗人那样举办持续时间很长的葬礼,就是维佐人无法忍受的"艰难习俗"。死亡,以及村中因死亡所中断的生活,无法持续太久。

我的一些朋友坦言,如果葬礼要持续几个星期,甚至几个月,对维佐人来说肯定是负担不起的。因为维佐人没有牛只,葬礼若是持续太久,村里人就没饭吃了。然而,葬礼要简短的主要原因不仅仅是开销,更关键的缘由是维佐人讨厌遗体在村中存放太久,眼睁睁地看着遗体腐烂会让他们感伤。因此,他们会使用各种各样的方法来让遗体保持低温,延缓腐烂。房屋的墙上会有一些小小的开口,让遗体周围能有些微风,人们收集一种特殊树木的叶子,据说可以让遗体的温度降低,还有福尔马林,如果买得起的话,那是"再好不过的东西"了。当遗体开始腐烂,大家就会采取措施,不再触碰它。如果遗体"坏了",就要马上放进棺材,以免之后处理它时腐坏得更严重。人们会将塑料袋仔仔细细地放在遗体周围,以免尸水滴出棺材。如果腐烂的味道过于强烈或者死者的面部逐渐无法识别,人们就会合上棺材,钉好棺盖。

不论事实是否如此,在维佐人看来,这些行为都是他们所特有的。当维佐人给遗体注射福尔马林或将塑料袋放进棺材时,他们也知道其他地方的人有与自己不同的习俗,一些"艰难"的习俗,不得不眼睁睁地看着遗体腐烂,还要与腐烂的遗体接触。维佐人经常提到与自己不同的葬礼行为。当死者的遗体愈发肿胀,人们无法再忍受其腐烂,为死者钉上棺材的时候,维佐人就会说,与马斯克罗人的"艰难"相比,维佐人太"简易"了。大家称马斯克罗人内心强大,因为他们可以慢慢看着自己所爱之人的遗体腐烂。与其他马达加斯加的人群相比,维佐人似乎有一种合理化自己"简易习俗"的方式,他们会反复提到一种类似凯恩斯主义的说法:"人死了就死了。"这句格言有两方面的意思,一方面是在描述遗体,另一方面讲的是生者与死者的分隔。

当一具身体失去生命(也就是"失去呼吸"),它就不再有任何肉体上的知觉了:"它什么也感觉不到,什么也听不见。"有一次,人们请一位医生用福尔马林来保存一位老婆婆的遗体,他来得很晚,有人细数了那位医生往遗体上注射福尔马林时多么粗暴,而其他人却说这没什么大不了,因为这位老婆婆已经死了,她什么也感觉不到了;还有一次,人们用很大的力气从一位年轻女人的遗体嘴里拔出一颗金牙,大家也说了类似的话。

维佐人坚持认为遗体没有任何感觉,也注定要腐烂,如此才有理由说将遗体长期保存在村庄中是无意义的,因为遗体已经不再属于村庄。从某种程度上讲,大家在葬礼的过程中反复提及,遗体在村里存放很久是没意义的,其实也在暗示着,不论是否有这样的需求,但有人可能会想要这么做。其实,对于那些与死者亲近的人来说,将遗体移出村庄是一件令人非常痛苦的事情,当看着遗体逐渐腐烂,这些人受到的影响最大,同时,他们也是最想要让死者的遗体保留得更久一点儿的人,这样才可以延缓死者的离去。因此,这时候就会有一位"智者"出现,通常是村中的长者,他会提醒所有人,"人死了就死了",以及"人死不能复生,接下来就只会散发出尸体的臭味",还有"死者已矣,该入土为安了"。

下葬

对遗体来说，最好的归属地只有一个，那就是墓地。通常，会由"遗体的主人"决定下葬的时间，并在守夜期间公布，大多是人们聚集的第一个晚上。通常情况下，小孩子的葬礼守夜时间只有一晚，而大人的葬礼，尤其是老人的葬礼，守夜时间可能会持续三四个晚上。为免碰上不合适的日子或只有半天的时间，下葬的时间可以延迟或提前。

遗体一移出房间，就要被马上埋葬。如果遗体还没有离开过房间，就要放在棺材中，钉上棺盖，盖上白布。棺材被移出屋子的时候，会从朝东（东方，是人死后居住的地方，也是哈宗满加祭祀祖先时面朝的方向）的门或窗通过。

出殡时，生者要把死者移走，使之与所有人分开。在此刻，因死者的身份不同，生死相别的情形也会存在很大差异。如果死者是一个孩子，当棺材离开房间时，在房内的母亲会大声痛哭，通常大家都不让母亲加入送葬的队伍，因为她在墓地会哭得非常厉害，难以直面葬礼。如果死者已经结过婚了，其伴侣一定要在房门外，与死者的近亲（通常是死者的兄弟姐妹，大多数时候会是与死者性别相同的人）一起，分别站在棺材的两边，他们二人要用一种叫作法尼托的绳子抬着棺材，在绳子的中间部分打一个活结，他们要一直将棺材抬到墓地，直到打开绳结，将棺材放进坟墓中。而如果死者是老寡妇，我下文会详细描述一场这样的葬礼，出殡要由她的孙儿们来操办。在钉上棺盖前，人们会把孙儿们叫来房里，让他们走到自己的祖母身边，看着她。大家会告诉孩子们："这是你们的祖母，她死了！"

然后，人们在门外盖上棺材，待孙儿们纷纷跨过棺材，整个出殡队伍再开始向墓地行进。

一旦遗体离开了房子，送葬的行列就被禁止再回到房子里。某个村中开始出殡，比如说贝塔尼亚，而遗体要被埋到其他地方，比如说贝隆。大家在把棺材抬到贝隆的过程中，不能再将其放到房中，如果无法马上下葬，就得将它放在户外。这种禁忌的原因是，棺材一旦被移出房间，就要去东方，祖先的方向，目的地就只能是墓地，不能改变。

棺材离开房子，出殡队伍向墓地行进，这标志着死亡的离去；遗体的去向也不可更改。虽然将遗体送到墓地中去，就意味着死亡离开了村庄，庇护了整个村子，但一旦遗体到达墓地，人们的关注点就会发生变化，变成了死者能否顺利进入其坟墓。引领出殡队伍到墓地去的人，是死者的哈宗满加。他会同两三个人一起先到墓地去，抵达自己作为"主人"的坟墓后，哈宗满加会朝着那块坟墓撒些朗姆酒，向祖先禀告，谁要来了，谁将要进入祖先的"房子"了。向祖先们禀报新死之人的信息，是为了避免他们感到意外。因为已经告诉过他们了，那么未来他们就没理由再来询问这个他们新接受的死者是谁，人们不想让祖先这么做。总之，人们不想让祖先来惹事。我听说，一定要先让祖先们了解情况，不然的话，祖先会来找活着的人询问埋进自己坟墓的新遗体是谁，而问题是，如果死者来找生者问问题，生者会得很严重的病，甚至会死。所以，哈宗满加告诉祖先新来的人是谁，是为了保证死者不会跨越将他们与生者分开的那道屏障。

通过告知祖先新死之人的信息，哈宗满加也为死者打开了通往坟墓及壤葬的道路。如我在第六章中提到的，由于"遗体的主人"此时会做声明，在父方壤葬做第二次索颅仪式并无必要，是多余的，而父方家族对于新成员的"接收"，在第一次索颅仪式时就确立了。但在那之后，仅属于暂定的状态。只有在最后，当哈宗满加站在坟墓前，他旁边的人开始挖土时，"接收"才算生效，也只有在这一刻，继嗣关系才完全确定。因为此时死者已经离开了菲隆共尔，进入了"单族"壤葬。

说到从村庄慢慢向墓地行进的出殡队伍，由一位拿十字架的年轻男人领队，后面跟着棺材，四个人及附近的人轮流着抬，成群的男女紧随其后。他们会唱歌，这是继守夜的唱歌活动停下之后，再一次开唱。孩子们要待在家中，被禁止在葬礼期间去往墓地。通常，出殡队伍到达墓地时，墓穴就已经挖好了。人们放下棺材，将其放入墓穴，使遗体的头朝东。大家将棺材均匀地放平，再将木制的十字架摆在上面，所有人都围上来看着这一切。待棺材安放妥当，大家会让女人们从墓穴中取一抔沙土洒在坟上。然后她们会缓缓离开，到不远的阴凉处待着。留下来的男人们站在墓穴中，开始将沙土铲到棺材上。随着一铲又一铲潮湿的泥沙被盖到棺材上，泥土和木制棺材相撞击的声音与死者亲朋好友恸哭的声音此起彼伏。大家会让与死者亲近的人到远一点的地方去，还会劝他们不要再哭了，因为在墓地哭泣是禁忌。

等坟墓盖好土、修平整后，会有一位"擅长在公开场合讲话的人"召集大家，代表死者的家属发表一段简短的讲话。他会感谢参加守夜、丧宴以及出殡的所有人，他会回忆死者去世的那一刻，以及近些天来络绎不绝地来祭奠死者的人。最后，他会说，死者已经去了属于自己的地方（*farany, fa avy an-plasy misy zay, lit*，死者已经去了该去的地方）。由于死者已经埋进**这里**的墓地，与"单族"壤葬的关系也从这一刻开始。

一旦遗体入土为安，生者就已经彻底将死亡驱出村庄。然而，他们还会做一些非常不一般的事情，来昭示突如其来的死亡对村庄的干扰、生者不得不面对死亡的境况已经结束。哈宗满加会请求祖先不要捣乱，就是在确保死亡造成的干扰不会对生者造成伤害。但是，有一点尤为重要，一旦下葬结束，人们**就必须**离开墓地，这是为了再一次构建一种分隔。这与死者被抬出村庄的分离相似，却又截然不同。在致谢发言的结尾，讲话人会告诫大家，请安安静静地离场回家，而最后的发言说起来也像是命令一般："结束了，我们回家吧。"女人们会首先站起来重复："结束了，我们回家吧。"

上文我提到过，当人们从墓地返回村庄时，会感受到一种经由参与葬礼而构建起的屏障。在大家收到回家指令的那一刻，听到说一切都结束了，在这之前积极参与过的生活被中断的过程——不论是有目的的，还是出于责任感的——就达成了它的全部意义。人们走回村庄，回归日常饮食，晚上正常地睡觉，再次如常地进行生产活动，也就是说，大家又回到了凉爽宜人的生活。[13]然而，只有当人们知道热的感觉是什么，所谓凉爽才有意义。村子的感觉是"冷"的，只因为墓地的感觉是"热"的，反之亦然。活着的人享受凉爽，希望有宜人的生活，要是生活不会热起来，他们会乐意一直如此。不过，当死亡降临，整个村子都要进入"热"（只要一切仍在维佐人可接受的"简易"习俗的范围内）。然而，这让人们更深切地感受到，将死亡最终驱除后，"冷"是什么样子。

我刚刚所描述的内容，只是一种简单的逻辑关系。但当人们参加葬礼，守夜，整晚唱歌，吃着那些味道或许不错但一定要被认为难吃的食物，闻着遗体令人恶心的腐臭味，听着那些悲痛欲绝的哀嚎，进入墓地，凝视墓碑，将一抔抔沙土撒到棺材上，这一切都不是用逻辑关系来理解的，而是人们真切实践的。通过种种实践活动，村庄的冷、墓地的热，以及两者之间重建的屏障，变得真实而有意义。

大蒂克罗克的葬礼

不是所有人的葬礼都按同一种方式举行。我在前面章节中提到过，婴儿的死亡是不举行葬礼的，因为婴儿还没有成为严格意义上的人类。婴儿没有骨头，在墓地（埋骨头的地方）里下葬就没有意义。因此，婴儿会被埋到森林中一个不被标记的坟墓里。然而，已经能坐直的孩子是人类，他们有骨头，死了是要被埋在墓地中的。他们的葬礼，虽然只守一个晚上的夜，但村中的每个人都会义不容辞地来参加。在这种葬礼上，人们情绪上的波动并不大。而那些"正值盛年"的人的葬礼与之全然不同，所有不再是孩子但还未变老的人都被归为这类。维佐人认为，他们的死亡是一种"损失"，且死者越年轻，其死亡所带来的损失就越大。这种葬礼会比孩子的葬礼持续更长时间，大家都会感到痛心，尤其是到了晚上，若是死者身边突然爆发哭声，立马会感染一大群人。本来都在唱歌的人们纷纷转为哭号，这时，会有几位年长的人努力让大家平复。

最后要提到的是，如果老人死了，人们要感到喜悦，在葬礼上也要表现出这份喜悦。接下来我会简要描述一位老人的葬礼流程，以及生者如何让整个过程充满欢愉——以大蒂克罗克，一位贝塔尼亚老婆婆的葬礼为例——我参加这次葬礼，是为了研究人们为什么会感到喜悦，他们在庆祝些什么，以及这种庆祝所具有的更广泛的意义。

大蒂克罗克婆婆去世的时候年纪很大，她非常倦了，整天不想吃东西，整夜睡不着觉。有一天，她听说莎菲走了，那是贝塔尼亚的另一个老太太，大蒂克罗克婆婆就去睡觉了。当人们参加完莎菲的葬礼回来时发现，婆婆也没有呼吸了。村里人纷纷开始准备另一场葬礼。[14]

大蒂克罗克年轻的时候很喜欢跳舞，被称作"大魔王"：大蒂克罗克对白人的宗教毫无兴趣，从来不去教堂唱诗，她只喜欢一边跳舞一边唱诗。而大蒂克罗克的葬礼上也彰显出她生前的喜好，大家在为她守夜的三个晚上不停地跳舞，献上一场又一场越来越"热烈"的庆祝。[15]每个晚上，都会有人唱诗，大家选择那些听起来快乐而不悲伤的歌。然而，每晚的守夜开始后，不出几个小时，另一种截然不同的嗡嗡声就会夹杂在唱诗中，于某处黑暗中愈演愈烈。接着，一群年轻人开始跳起嘎朗基：一种用毯子完全裹住脑袋和脸跳的舞。他们上下跳动，紧紧地拉住彼此。伴随着瞬间的叫喊、舞动大声喘息，越来越多的人加入其中。开始，只是在房间附近黑暗的区域，渐渐地，人们移动到了有光亮的地方，排成一条长长的蛇形队伍。男人、女人，还有孩子们，都在房子周围跳舞。大家热情高涨的时候，会喊大蒂克罗克的名字，向她发出挑战，让她来斗舞。一位又高又瘦的婆婆，和大蒂克罗克差不多年纪，她站在停放大蒂克罗克遗体房间的门槛边，一边跳舞，一边望向屋内。她那僵硬的身体逐渐变化，开始摇动自己的臀部，模仿着自己朋友的舞姿。然而，大蒂克罗克没有给出回应。

　　大蒂克罗克的葬礼持续了四天三夜。老人去世的葬礼是很隆重的，因为会有尽可能多的孩子、孙子以及曾孙赶来参加守灵（ho tsatsy faty，字面意思是"看守死者"），因此，葬礼要持续三到四天——但不会更久。为了在这么久的时间里招待前来祭奠的人，在市场上买几块肉可不够。死者的家人们会买一头活牛，当活牛被牵到在死者附近哀悼的人群面前时，马上就会有一场斗牛表演。人们用号角自如地控制牛，一会儿让它冲着人群奔跑，一会儿让它突然停住，一会儿又再次冲着人群跑起来。在大蒂克罗克的葬礼上大家买的这头牛，之前几乎都生活在森林中，找到并驯服它是一项费时又费劲的活儿，也花了不少人力。好几个男人在森林中等了这头牛整整半天，用步枪击倒了它，但牛仍然活着。总之，人们等了很久，这头牛才来到现场，这也让大家在见到牛时愈加兴奋。人们用一副木制的担架把牛运到村中，当追悼者们已经可以听到不远处传来搬运者的歌声时，大家都纷纷跑去看自己的食物，搬运者将牛固定在担架上，表演一出斗牛。男人们围着圈儿奔跑，瞬间又停住；女人们挥舞着自己的围裙，称赞这些猎人。大家围在担架四周，越来越高声地唱歌，越来越狂热地舞蹈；大家将公牛运到停放大蒂克罗克遗体的屋子前，围着屋子游行，高喊着"大蒂克罗克快起来看"，大声地冲她开玩笑，甚至有个男人重重地打了牛的睾丸。再一次，大蒂克罗克没有任何回应。

死者如若年事已高，葬礼会给他们带来荣耀。由于丧宴上要分配很多很多好肉，前来参加的人都会记住死者。丧家会鼓励来宾多吃点，自己也会毫不犹豫地大吃，而死者若是非常年轻，情况则会相反。总之，由于大家希望老者的葬礼是喜庆的，人们可以尽情享用食物。这一刻，葬礼变成了庆祝，是死者的欢宴，而当人们以大蒂克罗克的名义在她房间周围欢庆时，她的遗体也开始散发出腐烂的气味。

我在上文提到过，当棺材要被钉上时，大蒂克罗克的孙儿会被叫进房间。他们会被郑重其事地告知："这是你们的祖母，她死了！"大蒂克罗克准备出殡时，人们将她移出房子。大家非常兴奋，急切地要把她抬走，场面太过热烈，以致"遗体的主人"差点忘记要叫她的孙儿们跨过棺材。在匆匆完成这个步骤后，整个出殡队伍向墓地出发。

出殡的时间是中午，天气非常热。大蒂克罗克要被埋在村东边的墓地，村子与墓地间有一部分区域在涨潮时被水淹了，退潮后积了一大滩泥，大家要踩着膝盖高的泥水把大蒂克罗克抬到墓地，但这些都没有阻挡出殡队伍的疯狂与"热烈"。他们踩着泥水，在滩涂中快跑，这样的麻烦反而让人们更快乐。男人们用力地摇晃大蒂克罗克的棺材，任何一个人向前摆，其他人就会往后拉。在交织拉扯的压力之下，棺材经常会停住。男人们猛烈地摇晃棺材，在泥泞中一会儿刹住，一会儿又摇摆。在他们旁边，女人们努力让大家更兴奋。有人干脆跳起了性感的舞蹈，在男人的骨盆前摇摆臀部。有些男人被这种诱惑感染，开始与女人们一起跳舞，其他男人就会帮忙代替他们抬棺材。

在这种出殡的情况下，哈宗满加被扔在坟墓前等了很久很久。大蒂克罗克最终到达墓地时，其棺材上的白色盖布全都是泥，棺材盖子都松开到了一边。由于终于将棺材送到了坟墓前，舞蹈、歌唱和身体的摇摆都到达了高潮。最后，人们将大蒂克罗克移送到一位站在墓穴中的男人那儿，他将她放进了墓中。有人向大家发表一番致辞，如我上文所说的那种。骤然，这一切都结束了。回贝塔尼亚的路上，每个人都小心翼翼地行走，踏着泥土中那些硬的地块，以免踩到泥水中去。生活，已经回归了正常。

大蒂克罗克死的时候，人们欢庆，是因为就像每一位年老死去的人一样，她，已经很"长寿"了。她的死亡，并不像那些"正值盛年"的人一般，是一种"损失"，而只是随着人生的成长与阶段变化，步入老年。死亡中止了这段旅途，让人停止呼吸，带人归于平静。人老之后，其主要结果是，一位老人，不论是男人还是女人，都会有很多儿孙，还有曾孙[16]。由于"长寿"，老人们可以看到菲隆共尔枝繁叶茂，看到一代又一代的新生命从自己最初的那一代开始绵延，也为此开心。而由于死亡，大蒂克罗克告别了活着时看到的子子孙孙。葬礼上所举行的"儿孙满堂"的盛宴——舞蹈、斗牛、丰富的餐食[17]以及热闹的出殡——都是在庆祝这个结果。人们以自己的欢欣雀跃，庆祝的是大蒂克罗克这长长的一生，庆祝的是她活着时多么成功，而并非庆祝她的死亡。

不过，大蒂克罗克仍是死了。当大家在她身边热舞，喊她加入她曾经最喜欢、最擅长的舞蹈时，她永远无法再参与其中；当一场热烈的斗牛在她房子周围上演时，她没有任何反应；当人们为纪念她而大吃大喝时，她的遗体开始腐烂。即使她的棺材曾随着性感的舞蹈在充满诱惑的氛围中猛烈地摇晃，但最终，她平躺在自己的墓穴里，一动不动。大蒂克罗克周围所有极富生命力的行为，都在表明，她确实是死了。

然而，那些围绕着她的充满活力的表演，也在表明大蒂克罗克**没有**彻底死亡。人们所展现出的生命力，正是因她而来，大蒂克罗克是这一切的源头。也许，大蒂克罗克自己再也无法跳舞，但在葬礼过程中，她**通过**她的孩子、孙子、曾孙们跳舞。越来越多的人加入舞群，形成了令人无比愉悦的壮观场面。在那一刻，似乎每个参与舞蹈和歌唱的人，都是大蒂克罗克的后人——这是大蒂克罗克最后一次置身于那庞大的继嗣群之首。所有后人组成的所有继嗣群，从四面八方向她涌来，这也是她最后一次享受菲隆共尔的无差别性。多亏了那热烈的场面，整场葬礼都变成了让人们感到快乐的一次欢庆。

然而，就像所有其他的葬礼一样，大蒂克罗克不得不完成一些与庆祝一位年老的母亲成功的一生相悖之事，那就是她必须与她生前所繁衍的后人分离，她不得不进入她的壤葬。因此，最后，那许许多多和她一起跳舞的人，将她的遗体放入了一个坟墓、一个"单族"壤葬，只能与一个家族的人在一起。大蒂克罗克长眠于地下，她那菲隆共尔的视角也结束了。

葬礼上演了一场复杂的、矛盾的、充满情绪的活动，葬礼中的每一部分都在印证着大蒂克罗克已经死了与她没有彻底死去。然而，最后，葬礼宣布结束，人们被要求回家。在人群散开的那一刻，大蒂克罗克在她的墓穴中再也不能动了。而她所孕育的后人们都离开了她，向村庄走去。生者从墓地中抽离了，大蒂克罗克作为她壤葬中的一员，长眠于自己那重新被赋予的、永久的、单一的身份之中。

8

为死者服务

埋葬死者的坟墓，也就是让死者成为某个"单族"壤葬成员的墓穴，是生者通过一项叫作"阿萨"的工作建成的。生者之所以要做这项工作，是因为死者都喜欢干净、整洁、体面的"房子"[1]。如果生者没能完成这项任务，祖先会表达自己的不满，先是托梦，造成一些小病小痛。当发生这种情况时，哈宗满加可能会试着和祖先们对话，安抚他们，告诉他们想要的墓碑很快就会动工了。然而，要是没能履行诺言，祖先们可能会非常生气，"置人于死地"。

虽然我们感觉生者为死者进行这些服务，是出于一种责任，是被迫的。然而，在这件事情上，死者的意愿和生者的愿望其实很微妙地达成了统一。对死者来说，修造坟墓是一种代表被后人铭记、有后人关心的方式。而对活着的人来说，这也是一种求得保佑的形式（*asantsika ro tsipiranon-tsika*，我们做的事是在保佑我们）。因为祖先感到开心，就不会打扰后人的生活、梦境及健康。换句话说，服务好死者是另一种分隔生与死的方式。

在上一章中，我们看到了当死亡侵扰村庄时，人们是如何处理的：参与死亡给生活带来的中断，感受死亡降临时的"热"，活着的人要把死者送到他的坟墓和壤葬那儿，才能重新修复素日的宁静。然而，成功地将死亡与生活分隔后，活着的人们仍会面临一个问题，那就是"死者有求于生者"。这些诉求是非常危险的，有时死者会回来烦扰自己的后人，导致他们死亡。那些越强烈的诉求，就越危险。比如像大蒂克罗克这样的死者，死的时候年纪很大，留下一大群孩子、孙子和曾孙，这些长寿的老人会渴望进入"单族"壤葬后所失去的一切，因为他们只能与"一个家族的人"待在一起了。他们会非常想念自己所留下的，在他们墓穴以外的其他"族人"，他们渴望生前所体验的菲隆共尔那未被分割的关系，还有在葬礼上最后一次享受到的一切。

因此，对于长眠在墓穴之中的死者来说，想要的不仅仅是被活着的人记住和关心，他们还想要记得生前的一切。[2] 我们在下文将会读到，生者为死者所进行的那些服务，不是简单地在表达对死者的铭记与尊重，而更像是一种予以好处的调解。通过为死者进行这些服务，哪怕只有这么一刻，让死者又重新回到与生者的联系，满足死者对生命的渴望、对活着的后人的想念，那些已经失去的生前景象，可以在这一刻得到重现。

虽然生者通过各种祭祀仪礼来让死去的祖先高兴，但他们也使用人造之物——墓碑——来在死者之间区分彼此，让他们成为分离的团体，也就是"单族"壤葬。因此，就像下葬时的行为一样，这项由生者完成的工作创造了也夯实了由死亡创造的继嗣。所以，当死者重回与生者的联系，再一次有可能享受到菲隆共尔那没有限制的视角时，这一刻看起来是相互矛盾的，因为它是从生到死转换的瞬间，也是从菲隆共尔到"单族"壤葬的身份再一次建立的瞬间。还有一个悖论，那就是当生者为死者服务时，他们的目的本是为了让死者享受菲隆共尔的无差别性，但就在那一刻，他们自己却被迫体验到了壤葬之间的差别——墓碑在死者间所构建的同样的差别性。这种情况出现的原因是，为死者服务的责任，只是某些特定"家族"之人的责任。特定之人指的是那些将会被埋进正在建造的坟墓里、将要加入这个壤葬的那群活着的人，这些人被称为"丧事的主人"，而他们的领袖就是哈宗满加。虽然活着的人还不是壤葬中的成员，但作为"丧事的主人"，他们在执行工作时，就和那些已经加入其中的人完全一样。³ 当"丧事的主人"计划工事、为丧事存钱，他们会用的词是"**我们的事**"（asantsika, asanay）⁴。这也明显地表现出他们和其他人身份上的区别，这不是一个简简单单就能看出来的区别，因为壤葬中的成员与活着的人还未发生关联，但是，当大家作为"丧事的主人"行动，人们可以意识到并触发自己所属的"单族"壤葬的阴影。显而易见，组织为死者服务的工作会让"丧事的主人"们非常"热"，而那些不用参与的人就可以享受"冷"。

　　这一章会分析生者为死者服务时所进行的工作，描述将死者重新带回生命的状态与将生者与死亡分隔的事务之间，死者的诉求和活着的后代们的诉求之间复杂的互动关系，描述生者在为死者重建菲隆共尔的无差别性时，作为活着的人如何同时又被笼罩于"单族"壤葬的阴影之下。我们可以在两种不同的仪式场合中，看到上述种种复杂的行为活动。首先，我将会通过简要描述生者为死者服务时所建造的东西来对这些行为做出说明；之后，我会讨论这两种仪式相似的方面；接着，再讨论每个仪式各自的细节。

在贝塔尼亚东边的墓地，浓密多枝桠的森林之中，有一些狭窄的道路通往有坟墓的区域。这些小道不易被发现，因为有一些禁忌与规定，比如不能清除小道上的路障，即使那许多扎人的枝桠让人们走在路上既困难又痛苦。坟墓都是很隐蔽的，只有走到离那些草木相当近的距离后，坟墓才会骤然显现。虽然坟墓其实都沿着一条南北的轴而建，在沙丘中形成窄而细长的条状地带，但整个墓地看起来是混乱无序、拥挤不堪的。在那儿几乎没有便于移动的空间，森林中的灌木也会侵占坟墓的空间，有时甚至长到了墓穴上。

坟墓有各种不同的风格，有些只是在埋遗体的地方插了简易的围栏，不会插得很深。沙土中插着许多刻有死者名字的十字架，围栏和十字架要么是用木头做的，要么是用水泥做的。围栏大概有三到五米长，大约一米高。此外，还有一种大大的混凝土"盒子"，它的半个身子插在沙土中，周围是水泥的围栏。另外有些地方，也有用石碓压着的棺材，石头中插着十字架。

根据我报道人陈述的内容，以及对维佐习俗的解释，典型的维佐坟墓（至少在我居住的地方）是那些围栏[5]。萨萨坡，似乎是最近几年的革新，被人们看作"好东西"，因为用它可以将很多人埋在一起。死者躺在"盒子"里，不需要棺材，因此所占用的空间也会少得多。然而，想换用萨萨坡的话，也就意味着要挖出之前埋葬的死者。将遗体挖出对大部分维佐人来说都是禁忌，所以这种形式的坟墓建得比较少。在贝塔尼亚，将石头堆在遗体上并不常见，但在贝隆这样做的还不少（不过，在贝隆的石头堆周围也建有围栏）。据说，这种形式的坟墓在图莱亚尔人（Tulear）那里非常普遍，所以贝塔尼亚人认为这种是外来者的墓。

但我逐渐认为，石灰色的混凝土围栏才是维佐人墓地最显著的特点。实际上建造这些围栏，是用来替代之前存在的木围栏的，因此，木围栏会被拆掉，或许这一部分也可看作一种景观。除了那些仍在原位的木围栏，许多坟墓的木围栏都已被拆掉，散落在墓地边上，有些木围栏都已经快裂开了。木围栏可以直接用附近森林里砍下的树木来制作，在木棍上粗略地切出样式即可，也可以建造成更复杂的样式，这要用到木板和雕刻过的木棍。有时，在四到六个主要木棍的顶部，全都有雕刻图案。[6] 第一种普通木围栏是一种临时的形式，在遗体下葬时，如果已经建好的（混凝土）坟墓还不能使用，就会这么干。在这种情况下，之后那些临时的木围栏会被拆掉，建上混凝土的围栏。十字架也是如此，最初的木制十字架保存不了很久，之后会被混凝土的十字架替代。第二种有雕刻图案的木围栏，被大家视为一种过去的传统，随着混凝土材料的流行已不再使用，在维佐人看来，这种墓碑主人的后代已经搬走了，不然的话，这些木头应该会被换掉。

如上所述，那些生者要为死者服务的内容，就包括将木头换成混凝土。首先，要造混凝土的围栏。然后，坟墓里的所有木十字架都要被换成混凝土十字架。虽然有时候这两个仪式间隔的时间很短,但它们包含的工作完全是两回事。而且,当水泥围栏建好后,通常要到很多年后,才能将木十字架换成混凝土十字架。在整个工程都完成后,通过清理干净坟墓附近所有腐朽的木头,人们会产生一种强烈的成就感。大家会想象,有了如此崭新、美丽、光洁的墓碑,死者们会多么高兴,生者也会欣赏自己为死者所建造的坟墓及十字架所展现出的美感。我参加过三次阿萨洛洛仪式,每一次,工作一完成,大家准备散场回家,我就会被某个男人叫过去。他们非常希望我能称赞这个成果:他们希望我也觉得这围栏十分美丽、非常好,要是我问,为什么会觉得混凝土的围栏是"好"的呢?就会冒犯到他们。而实际上,当静静看着男人们为了打下牢固的地基在挖沙时所流露出的那份努力与细致时,我早已体会到了这种混凝土围栏的美感,它们笔直、牢固地矗立在松散不成形的沙地上,而混凝土十字架的美感也是类似的,它很大、很重,是坚固的物体,与它所替代的脆弱的木十字架完全不同。

混凝土之所以被认为是"好东西",是因为他们能存在很久[7]。大家认为死者喜欢这种材料,因为这会延长死者在墓地中物理性的存在。年老的人经常会对小婴儿、孙儿或者曾孙们说,幸亏有了混凝土,还会说,当孩子们长大、自己也过世很久之后,孩子们依然可以看到自己祖母的坟墓以及刻着自己名字的十字架。而生者也喜欢混凝土的持久性,这让他们能够在自己和死者之间,建造更坚实的屏障。他们解释道,一旦木围栏和木十字架被换掉了,在很长一段时间内,死者就没有任何理由抱怨自己的"房子",就会与活着的后人们保持距离。因此,混凝土的持久性,其中也包含着一对显而易见的矛盾,死者希望被生者永远铭记的诉求和生者希望被死者长期遗忘的愿望。[8]

混凝土唯一的缺点就是贵,而在与死者有关的事务中,已经需要不少开销,因此,混凝土又会增加很大一部分。钱,不仅要用来买建筑材料,还需要给参与者提供食物和大量朗姆酒,以及支付巫师对于择日的建议的费用。虽然在建围栏时,建筑材料的花费通常要多一些,但在十字架仪式上,食物和饮料也是非常大的开销,因为会邀请比其他仪式多得多的人来参加。

在举行仪式之前,"丧事的主人"要通过团队的捐款(cotisacion,法语意为捐献、定额、分担)来筹钱,[9] 每个人捐的钱都会被记录在笔记本上,仔细地标注。对于开销也是(或应该是)如此,大家的献资,钱、牛、朗姆酒或啤酒,其实在仪式的最后一阶段,也就是将十字架搬去墓地时,也会从参加十字架仪式的所有人的礼金恩加中来。有一次,两场仪式的全部花费是 707620 FMG[10] 和两头牛、一箱啤酒,最后礼金一共收了 151000 FMG,因为牛和啤酒也是作为恩加的一部分,由此得出,整个"丧事的主人"献资的钱大概只需要 550000 FMG 出头。[11]

这么大的一笔钱(大概等同于 1100 公斤马鲛鱼、9 头奶牛、4 头公牛或者 600 公斤的大米),都要从"海里来"。虽然有一部分献资来自马洛法斯,一位被本地零售商雇用的安坦德罗伊德年轻人,但据说工作的成功开展,大多数时候都要依赖于捕鱼。实际上,这种"大工程"也只有在渔获大利时才能完成,这也是仪式通常都在九月和十月[12]的寒季结束后举行的原因。因为在那之前，是最适合捕鱼的季节，赚的钱会比较多。当我干亲的家庭开始筹备这两场仪式时，每个人都会反复念叨，请造物主保佑，请造物主加持，让他们能"看到"很多鱼。工程就可以在某个时间启动了，好像是为了避免厄运一样。至于那些没有献资的家庭成员，他们会令人感到不悦，大家会说："亏你每天捕那么多鱼呢。"

如果有人还记得，维佐人一个最基本的特点是不会"理财"（见第三章），愿意攒这么大一笔钱，能够攒这么大一笔钱，似乎是一件非常令人惊讶的事。在工程的准备阶段，我的家人们就会不断地讨论关于省钱的方法，讨论怎样最有效地获得必须的金额。最后他们达成一致，五个兄弟姐妹、大家的母亲以及年长的儿女，每次都要拿出一定数额的钱，放在哈宗满加，也就是最年长的哥哥家中，由哈宗满加收集和保存。然而，最后很多人都没有捐钱，他们宣称自己把钱都存在家里，存到足够的数额后再一起交出来。虽然大家从没有当着哈宗满加的面这么讲过，但看起来大家不信任哈宗满加，或者说，他们觉得哈宗满加如果需要用钱，将这些筹集的献资纳为己用是理所当然的想法。[13]不过，哈宗满加的一位妹妹认为，这种显而易见的怀疑不值一提，她觉得这只是亲戚们想要逃避责任的借口。她告诉大家，如果所有人都把钱放在自己家中，她觉得大家很有可能无法成功地存够钱。她提出，存到足够钱的唯一方法就是大家从每天赚的钱中分出 1000 FMG、500 FMG，哪怕是 200 FMG，立即从家里拿出，这也是避免大家把这些钱花在食物、零食、朗姆酒或衣服上的唯一方法。虽然这位女士经常劝说她的亲戚们要这么做才明智，但很多时候，她虽这样要求他人，自己却没能做到。

我干亲之间的讨论其实也表明，维佐人能够意识到如果想履行对死者的责任，大家不得不计划，而且需要存钱。虽然每个人都认同，的确，要不是为了墓地相关的工作，谁要每天拿出 1000 FMG、500 FMG 或者 200 FMG 的钱存起来，这些钱都会被花到即时的享乐上，但大家也能意识到，这样的消费方式与他们对死者的责任是无法共存的。换句话说，为了成功地建成一座永恒的、持久的坟墓，生者必须抛弃掉他们所习惯的维佐人的生活方式。

虽然从现实角度分析，这种妥协是非常好理解的（坟墓很贵，为了建造它，人们必须存钱），然而，从意识形态的角度看，这其中还暗含了更多值得关注的要点，因为这种情况厘清了两种截然相反的"事务性需求"（transactional orders）[14]。第一种需求，是活着的维佐人所最关心的，同时也是维佐人自身最具代表性的特点；第二种需求，则关乎活着的维佐人与其祖先的关系。通过强调维佐人**必须**存钱这件事只在维佐人不得不建造坟墓和十字架时才会发生，维佐人在"为死者服务"和"让自己活着"这两件事上，表现出了鲜明的对比。这种对比，也是另一种明确阐述并构建生者与死者之间区隔的方式，没有比研究这两种"事务性需求"所带来的结果更好的理解维佐人看待生与死两者区别的方式了：一边是永恒的、持久的混凝土围栏和混凝土十字架；另一边是短瞬的、感官上的满足。

就跟人们操办其他要事一般,为了整个仪式过程进行得平安顺利,必须要选个好日子。为了这个目的(择日),大家要去咨询巫师。虽然人们经常也会尝试自己去猜这一天是否是个好日子,但仪式相关的事情通常会非常"麻烦",没人希望出错。的确,与仪式相关的所有事项及准备工作都能在"吉日"进行是最好的,但对于那些更为"麻烦"的环节,择吉才是至关重要的。例如,在阿萨洛洛仪式中,砌围栏的砖可以在村中浇铸,自己做,也可以买现成的,如果是前面一种情况,就一定要去咨询巫师,而如果是后者,对于哪一天买砖头更好,什么时候把它们搬回村中合适,大家可能会相信自己的判断。不过,要是关于仪式前把建筑材料搬到墓地附近的日子,就必须要找巫师来选。

仪式要想得以成功举行,有一件重要的必需品,那就是一种要预先准备的特殊药物,名字叫法宁滋拿(*fanintsina*)。这种药是由巫师在仪式开工前几天就要调配好的,在仪式上大家离开墓地前和去墓地的路上都要使用。每一次制作这种药水,都需将一些特殊原料混合在一起,再溶于水中。通常在仪式的尾声,大家会议论药物的作用,因为药物的作用参差不齐:如果没人打架闹事,也没什么意外发生,每件事都进行得很顺利,人们就会说,这次的法宁滋拿很不错,效果很强。

fanintsina 这个词来自"*nintsy*",意思是"冷"。我曾问过,使用法宁滋拿是不是为了让人们保持"冷"的状态,维佐朋友们解释道,法宁滋拿的目的是防止参加活动的人打架,避免人

们喝了太多朗姆酒时出丑。因此，若大家在仪式上唱歌跳舞的时候过于兴奋，或者喝醉的人之间突然爆发争执，就要向人群中洒大量的法宁滋拿；"丧事的主人"离开墓地时，也要使用法宁滋拿，每个人——男人、女人和小孩——都要拿一份，在巫师的引导下，人们要么啜上几口药水，要么用药水沾湿头发往后梳，或者两种都要做；祖先们也会获得一份法宁滋拿，在仪式进行的过程中，哈宗满加会朝坟墓上撒些法宁滋拿以确保祖先们不会捣乱。

阿萨洛洛仪式

仪式要在墓地动工的那天进行，必须一开始就禀告祖先。有一种流程是，哈宗满加先在村里自己的房子中禀告祖先，然后再在墓地里简短地重复一次，但通常情况下，只要在需重建的围栏前跟祖先禀告就可以了。这么做的主要目的是让祖先们知道接下来要发生些什么，这样他们才不会感到意外[15]。同时，哈宗满加会同祖先说，看看你们的后代多么好，他们没有忘记你们，过来关心你们。最后，哈宗满加还会向祖先们祈祷，保佑活着的人们，因为大家之所以都来到祖先的房子这里，就是为了给祖先们拆掉旧房子，建一个新的、更好的。

有一次，为了让舞蹈更加"热烈"（riper），大家拿了一台可以播放磁带的电唱机到墓地去，哈宗满加特别重视这点，他提前向祖先们强调：

大家（祖先们的后人）来这儿真的很开心，所以他们带来了这个东西，这个"电子放音器"。这是白人的东西，大家把它带来给您看，是因为所有人都特别高兴。尊敬的壤葬，我们将它带给您，这样您就不会觉得："怎么这些孙儿们，每次弄到些好东西，都不会想到我们？"（现在您看到了）不是这样的，因为我们现在都来看您了，并向您报告。[16]

可见，哈宗满加担心的不是祖先们有可能会不喜欢电唱机，他最为在意的其实是，祖先们可能会觉得自己被遗忘了，已经被排除在了生者的快乐之外。

一到墓地，哈宗满加就要向坟墓里一会儿动工的地方撒上几滴法宁滋拿。大家要在这里拆掉旧围栏，男人们先讨论如何建造新的。他们通过可用砖块的数量，估算能建造一个多大的围栏，商量要如何设计围栏墙上的孔洞才可以节省些材料以建出一个更高更大的围栏。他们直接用树枝在皮肤上划出些白色的划痕，草草记下需要的数据。大多数男人都只负责搬运材料，村里只有少数几个人（每次我参加仪式见到的都是那几张面孔）有专业的建筑技能。他们会全神贯注，以砌出笔直的墙，与此同时，年轻的男孩们在树下清理出一块阴凉儿，让那些年长的人、那些早早就不再假装自己在工程中还能派上用场的人坐。大多数男人都会在树下吃饭，而那几个被雇来建造围栏的男人通常就在工作的地方吃，坐在死者的上方，靠着十字架。

女人的工作是下厨和分餐，她们通常会比男人们晚些到达墓地，因为她们要在村里等着所有女人一起，进行一大早的第一件事，也就是去市场买好大家要吃的大米、猪肉、洋葱、番茄和茶卡叶（一种绿色的、辛味的菜）。当女人们带着孩子到达墓地，拿出锅、桶、盘子、勺子和食物后，她们会清理出一块区域，将这里改造成厨房。饭做好后，女人们会把大米和肉都盛到一个大盘子中，每个盘子上放些勺子，勺子的个数代表这盘饭菜要供几个人一起吃。先到的男人们，经常会藏起一个勺子，这样每个人分到的饭就会变多，然后他们还会让一个小男孩到女人面前，给她们看——盘子里还有很多米饭，但已经没有肉和肉汤了，这时，女人们会大方地再给一份。女人们也会确保有足够的食物留给自己。有一次，男人们一直来要食物，次数太多了，女人们就藏了一小锅肉和肉汤在篮子里，当男人们强烈地要求更多肉汤时，女人们就把那大大的、几乎见底的锅亮给他们看，告诉男人们，应该知足了。

在墓地上做的饭，是为了让大家吃饱，要做得好吃、美味（肉搭配着洋葱、番茄和茶卡叶一起）、丰富。在一场阿萨洛洛仪式上，一个女人用两只手各拿一个勺子，嘴里塞满米和肉，眯起眼睛做鬼脸，这成了最吸引人注意的事，也成了大家欢声笑语的源头。

如果说食物是仪式中的重要元素，那么朗姆酒就更是不可或缺的。要是没有朗姆酒，工程就不可能完成。我听到一种说法，马达加斯加人可以非常努力地工作，但他们必须有酒精的刺激。虽然"丧事的主人"不应该在工程完成前喝得太多，但永远会有一些家族成员，既有男人，也有女人，从仪式一开始就喝大了，并被他们"有计划的"亲戚训斥一番。

女人和孩子这边与男人那边的互动，大多数时候都同朗姆酒有关。按道理来说，取酒的地方只有一个，那就是在男人们坐着和工作的地方、由一位值得信任的男人保管的几个塑料酒罐。大家互相交传的酒罐只能有一个，它会被一次又一次地加满。而酒罐通常会被男人们独占，极少数情况下才会让一个小男孩把酒罐拿过去，让女人们喝上一轮。女人们会强烈抗议，罐子传到她们这边来的时候，每个人都喝不上几口，并对此表达强烈的不满。然而一会儿后，刚刚那些喝了太多、已经无法从"正规"渠道得到更多酒的男人们，又会到女人这边来，再讨点儿酒喝，因为每个人都知道，女人们通常会在她们的锅和篮子里藏上一点儿酒。在我干亲家的阿萨洛洛仪式上，女人们的秘密储备是哈宗满加的妻子买的，用的是我在献资的最后一刻捐的钱。因为哈宗满加不在，所以这些钱没有同正式款项登记到一起。他的妻子征求了我的同意，拿这些钱去买了酒。我们合谋了这次计划，希望让女人们有些小小的乐子。

  在墓地里玩得开心对维佐人来说非常重要。虽然维佐人说自己并不擅长举行"热烈"的宴会，但大家让自己兴奋起来并不难。总之，维佐人喜欢跳舞，而且他们发现有一台电唱机会相当助兴。他们最喜欢的舞蹈叫作密娜婆基，这种舞蹈包括旋转、前后晃动骨盆，速度会越来越快。如果有人面对面，一起同频率地晃动，那再好不过，这种舞蹈的性意味过于明显，不一一详述。但在某种程度上，因为这个原因成年人跳密娜婆基舞极少会被认为是合宜的[17]，不过，阿萨洛洛是个恰当的场合。

  大家待在墓地里，跳舞、喝酒，直到整个围栏的建筑工程结束。饭后，女人们清理干净从村中带来的餐饮炊具，当一切收拾好后，就有时间和其他人一起去更近地看看新围栏了；少数几个仍在工作的男人，被怂恿着跳起舞来，还有人会到围栏里贴着他们一起跳；当整个工程终于结束后，人们将围栏里的沙土扫匀，清理干净，再把所有工具打包到一起。此时会有一个人出来，请大家注意，喧闹的人群会慢慢肃静下来。一位擅长演讲的人会发表一小段致辞，宣布接下来他代替哈宗满加发言，感谢大家对完成这样一个"大工程"的贡献，若不是每个人的助力，这项工程是不可能成功进行的；感谢造物主，如果没有造物主的保佑，人们不会具备如此坚韧的力量，施工的过程中没有阻碍，一切都进行得很顺利，从早上到晚上，所有事都很妥当，没有打架或争吵，只有玩乐和放松，那么，现在是时候散场回家了。

  这时人群解散，往村庄走去。有些人醉得太厉害了，要人帮忙才能走路，还有些人要被扶着才能回去。回到村子后，通常所有的聚餐、跳舞及喝酒都必须停止。不过，有一次，大家停不下来，哈宗满加自己都让人们去给电唱机找新电池，拿出钱来让大家买朗姆酒，人们再次到他的房子周围聚会。但是，那天晚上晚些时候，有人来通知道，一位类似于哈宗满加妻子的儿子这种亲戚关系的年轻人，在贝隆因为破伤风死掉了。当时哈宗满加和他的妻子都喝得太醉了，他们都没有接待送信的人。哈宗满加的大姐从一开始就不太赞成弟弟的行为，过来强行结束聚会：她拔掉电唱机的电池，冲着大家大吼，让所有人回家。至此，事情才结束。这次事件的后果是，她有了数不清的机会反过来教训弟弟的行为，以及，哈宗满加妻子都不能好好地听自己儿子的死讯，这无疑体现了他们有多么胡闹。最不明智的是，哈宗满加把应该在墓地里结束的一切带回了村庄："一旦结束了，就要结束。"在她看来，那个孩子在那天死掉，绝不是巧合。

让我们来简单总结一下阿萨洛洛仪式的流程。生者，有责任为死者建造好坟墓的人，一定要进入墓地才能完成这一切。为了让一切无碍，要提前做些准备。为工期选个好日子，使用法宁滋拿药水，还必须禀告祖先们接下来在他们的"房子"周围会发生些什么事，此外，要祈求祖先们保佑这些来照顾他们、记得并关心他们的人；阿萨洛洛仪式会邀请很多人来参加，人数比完成工程本身所需的更多，当这些男人们到达墓地，他们会拆掉旧的木围栏，准备建一个新的混凝土围栏，一会儿后，女人们会带着聚餐的食物过来，人们一起吃饭，享用大量美味的食物，以及很多朗姆酒；在建造围栏的时候，大多数人（处于一种微醺或醉得很厉害的状态中）在附近跳舞，乐在其中；工作一结束，要向所有人道谢，感谢大家来这么个"大工程"中帮忙，然后每个人返回家中，仪式结束。

这场仪式的关键，在于拆除旧围栏和新围栏完工之前的阶段。由于已经确认过干活那天是好日子，已经禀告了祖先，还洒过了法宁滋拿药水，当拆掉旧围栏时，活着的人似乎会将所有与墓地的"热"有关的感受全部抛诸脑后——谨慎、犹疑、沉默，他们在墓地中行走、舞蹈、跺脚、饮酒、吃饭，就在死者的遗体之上。

维佐人知道，自己的这种行为"令人惊奇"，他们不仅对我说，如果我远方的朋友们看到阿萨洛洛仪式的照片，听说我和马达加斯加的这群人一起在坟墓上跳舞吃饭，他们一定会很意外，包括他们自己，也会提醒并劝告自己的祖先们，请不要对他们的行为感到意外。确实，似乎维佐人自己都常觉得自己的所作所为很意外，就像他们觉得我的朋友们以及他们畏惧的祖先们都会如此一样。

之所以能看到"令人惊奇"的景象，是因为阿萨洛洛仪式改变了、并且暂时破坏了通常状况下墓地和村庄之间的区隔，以及死者与生者之间的区隔。在阿萨洛洛仪式的过程中，生者将通常都是发生在墓地以外的种种带进了墓地。他们带来了生命，他们与生命一起，呼吸、下厨、吃饭、喝酒、跳舞，他们有一大群人，一大群人带着生命涌入了墓地。

虽然，表面上这一切的原因是生者必须为死者提供新的、好的房子，但涌入墓地之后，生者同样满足了死者想要记住生时图景的愿望。因此，参与者在死者的坟头用尽全力地踩脚，跳着勾人情欲的舞蹈。在他们的设想中，位于土地之下的死者是享受这场聚会的——确实，如果死者不这么想，生者就会"当场死亡"。同样地，在维佐人的想象中，死者喜欢电唱机在坟头上超大声地放音乐，因为死者想要参与生者的活动、分享生者的乐趣，也正因如此，哈宗满加要跟祖先确认，祖先们没有觉得自己被生者排除在外。只要旧的围栏已拆下、新的围栏还没建起，死者似乎就可以瞥见菲隆共尔。在这短短的一段时间里，死者的视野可以再一次延展开来，将**所有**来参加这场工程的人都看作自己的子孙，虽然实际上，这只是诱人的幻象。

对死者来说，当老旧、破损的围栏被拆除的那一刻，就标志着他们活着时的景象又开始了；而对生者来说，这标志着自己与死者的共同联系、对死者的诸多情感也开始了。当围栏被拆掉，生者与死者之间不再有屏障[18]；当围栏被拆掉，生与死之间也不再有界限：死去的人可以享受生命，看一眼菲隆共尔，与此同时，也因为这个原因，活着的人正在冒着"体验"死亡及进入"单族"壤葬的风险，生者会克服对这种归宿的恐惧，因为他们希望让死者高兴后，自己可以不被打扰，不会被渴望生命的死者紧紧跟随。然而，在同死者靠近时，他们也积极地响应，竭尽全力让自己显得有生命力。

阿萨洛洛仪式中，生者在死者的遗体上、在死者的坟墓里所进行的一切，更像是一种对生命的夸张模仿，而不是对生命"凉爽"感的表现。比如说，虽然活着的人聚在坟墓周围吃饭，就像他们在村庄的屋子里吃美味又满足的饭菜时一样，但在村里他们不会故意用两个勺子来做鬼脸，让自己显得好笑。当大家涌入墓地，他们似乎是在为死者做一场关于生活情景的表演，他们夸大了自己的生命力，也夸大了自己是"活着的人"而不是死的这一事实。这一事实至关重要。在大蒂克罗克的葬礼上，大蒂克罗克以同样的方式，与在她身边所展现出的活力形成了对比，被证明已经死了。而在阿萨洛洛仪式中，活着的人通过将祖先们与自己的活力做对比，证明祖先们已经死了。在那一刻，他们习惯中的距离和区隔暂时被转化成了令人害怕的、令人意外的相互靠近。当生者在坟墓里吃人们的食物，在遗体的上方跺脚，地下的死者被证明是死了的，他们不能分享食物，不能加入舞蹈，也不能对音乐的节奏和密娜娑基的撩拨有任何反应。他们始终沉默，一动不动，聆听着生命渗进沙土。

死者所见的生命景象和生者那近乎歇斯底里、过分充满活力的表演，都只能持续至新围栏建成之时。然后，活着的人，会带着他们的锅、桶、空罐子回家，回到他们村庄里"真正"的凉爽中，而死者被留在原地，在一个新的、更坚固、更永久的屏障内，再一次回到"单族"壤葬之中，被壤葬所限制。

阿萨拉阔仪式

建造混凝土围栏只是生者为祖先服务的第一步，之后还有十字架仪式。在这个仪式中，所有同一个坟墓的——"同一个家族"坟墓（"单族"壤葬）的——木十字架都要被换成混凝土的。阿萨拉阔仪式比建造围栏的仪式时间要久一些，会有更多人来参加，花费更多钱，也要更复杂。

根据巫师所挑选的好日子，整个仪式（见表3）要持续五到七天。首先，要在村中请一小群人，制作十字架模具，组织者要请大家吃饭；接下来几天，在十字架上刻上死者的姓名，拆下外围的木制模具，给十字架上漆；在将十字架搬去墓地的前一天下午，十字架要被立起来，在那之后，马上，参与者会给"丧事的主人"递上仪式的礼金恩加，同时，女人们会为大家烹饪大量的食物。从十字架模具刚建好到十字架被运出村庄的那天，在这期间的晚上人们都要在十字架附近守夜。开始几天，只有"丧事的主人"需要来守夜，但到了最后一个晚上，

表3 十字架仪式流程图

第一天	第二天	第三天	第四天	第五天	第六天
制作十字架模具 MANILY LAKROA				来窝到场	将十字架送往坟墓 ATERY AN-DOLO
在村中制作十字架模具	晾干十字架	晾干十字架	拆掉木模具	下午三点 立起十字架 MANAGA LAKROA	队列将十字架抬去墓地
		将名字刻到十字架上	给十字架上漆	十字架立起来了	结束 FA VITA
				礼金愿加 ENGA	仪式结束 所有人离场 返回村庄
				向"丧事的主人"送上礼金	
				莨寒 SAKAFO 聚餐	
夜	夜	夜	夜	夜	夜
彻夜不眠 MIARITORY	彻夜不眠 MIARITORY	彻夜不眠 MIARITORY	彻夜不眠 MIARITORY	彻夜不眠 MIARITORY	彻夜庆祝 MIARITORY FISA
几个人守夜（只有"主人"）	几个人守夜（只有"主人"）	几个人守夜（只有"主人"）	一些人守夜（"主人"及其亲友）		一大群人守夜 宴会

守夜会变成一场有一大群人参加的宴会。等最后一晚的黎明到来，大家会将十字架送往墓地，整个过程可能安静平常，也可能疯狂失控，根据十字架所代表的死者不同，情况会不太一样。当十字架到达墓地，被放进围栏里后，人们收到致谢，各回各家，仪式就结束了。

最开始的工作，便是建造十字架。建材和工具会被提前整理放在村中的房子附近，在十字架被运去墓地前，整个过程都在房子附近进行。通常是在哈宗满加的房子那儿，因为他的角色是"十字架的主人"。其他人可以从哈宗满加那里讨要或获得某个十字架或几个十字架[19]。比如说，对于儿子向他同父异母的兄弟讨要自己母亲的十字架，哈宗满加会回复说，对于现在准备建造的这位妇女的十字架，要是其他人来要的话，他是不会同意的，但既然是亲生的孩子所提出的要求，他就同意了，并且会送出祝福。

　　一大早，被请来工作的人接踵而至。男人和女人集合在房子周围的不同地方，站在他们将要执行不同任务的区域。女人们做饭，男人们建造十字架。在一个临时棚的阴凉处，男人们分成几个工作小组，每组都要负责制作一个木制模具。虽然我从未近距离地观察过男人们的工作，但我隐约听到过他们讨论十字架的策划与设计。十字架的形状可以从传统的拉丁十字架到有着诸多教堂装饰的菱形十字架，有时候会有些吸引眼球的创新设计，但因为大家的技术无法实现而被否决。其实，人们最关心的是如何通过十字架的形状和大小反映出死者的辈分。孩子们的十字架应该要矮、小、窄，不能有太多浮夸的装饰，而孩子祖父母及父母的十字架就要高一些、宽一些，有更多的装饰。在建造十字架的时候，需要让十字架所代表的人和它本身之间的标识特征非常明确。因为我们会看到这种情况，在仪式的过程中，十字架会**变成**它所代表的人，它的大小、重量和美丽的外形，会在生者眼中被重新构建成一个作为死者身体的存在。

　　当大家对十字架的外形和尺寸达成一致后，每个小组就会开始自己的工作。由于工具的数量有限，技术好的木工也只有那么几个，场面会显得很杂乱。不同小组之间不仅要共享工具，还要共享技工。在整个模具做好后，就会往里面倒混凝土，再用钢筋加固。虽然参与这项工作的人比建围栏时要多得多，但同阿萨洛洛仪式一样，很多人会慢慢退出干活儿的行列。

和大多数活动一样，女人们负责做饭。去市场买食材的女人们回来后，其他女人就开始淘米，切肉，将番茄和洋葱剁成小块，清洗茶卡叶的叶茎。点火后，一锅又一锅米饭和肉在太阳下排列好，上灶，调好火、看好灶后，女人们会回到自己的凉棚中。做好的食物会被分给停下工作的男人们，他们吃完后，将空碟送回，然后再轮到女人们吃。

有一次，由于去市场买菜的女人们回来得比较晚，饭做好的时候，十字架都已经快完成了，大多数人一吃完饭就马上离开了。还有一次，组织得好一些，饭供应得比较早。饭后，在男人们的凉棚那边，打开了一台电唱机，女人们和孩子们都开始跳舞，但男人们表现得比较羞涩。只有几个人在女人们强烈的邀请下，才跟着她们开始跳舞。

虽然阿萨拉阔仪式也提供朗姆酒，但与阿萨洛洛仪式所提供的量不同，似乎每个人也不想喝得太多。有一次，大家在我干亲的哈宗满加家中给十字架铸模时，我主动提出再买些朗姆酒。一会儿后，又有人私下找我，让我再去买点儿。这次之后，我突然明白了为什么之前家中那些"更有计划"的人不同意我这自发的倡议，因为他们觉得在这个工程中，任何人都没必要喝醉。

对于十字架仪式的第一阶段，我的印象就是工作、食物、舞蹈和朗姆酒。它们都是"中性的"，与日常的生活没什么区别。之所以这样是因为十字架还没有完工，它们所将成为的意义也还未形成。这些十字架还"没被激活"，还没有被赋予下文将讨论的双重意象——死者的身体与生者的祖先。

一旦十字架建好，大家就会把它们小心地移到哈宗满加房子的东面院子中央，在地上一个接一个地摆成一排。从北边开始，是最年长的人的十字架，其他人的根据辈分依次向南排列。十字架的顶部永远指向东方，底部指向西方，这也是死者在葬礼时和坟墓中遗体摆放的方向。有时候，人们会用一些木杆和椰子树的叶子在十字架周身建上围栏，进行保护，而在每天最热的时段，为防止混凝土在太阳下裂开，大家会给十字架支起独木船的帆，作为遮阴棚。十字架晾一天后，人们开始在上面刻死者的姓名，如果知道生日和忌日的话，也会一起刻上。在名字和日期前会用法语写上诸如"*ici gît, ici repose*"（法语：在此安息）之类的话，通常由一位死者的亲属来刻字，比如字写得好的年轻人，在这方面并没有太多规定。[20]

就我所知，何时拆掉木框架只取决于混凝土彻底干透需要多久。虽然在拆除木框架的时候并不会正式地召集大家，但所有的家庭成员都会尽量到场，亲眼目睹这项操作的成功或失败。如果十字架的一部分掉了或者裂开了，这就意味着死者对生者的行为不满意或者是生气了。有一次，一个女人的遗体被她的丈夫"讨"去，被允许和她的孩子埋在一起，而在拆除模具的时候，她十字架上的一块装饰物裂开了。当时她的父亲和兄弟都在场，他们早就表示过对这位丈夫有所不满，因为他过了超过15年才为她建造水泥十字架，而这个十字架上的裂痕（后来被仔细地修复了）也在向旁观者们宣告，这个女人自己也对这种拖延感到非常不满意。[21]

拆掉木框架后，人们会给十字架上两层漆：前后都用白色，侧面用的是浅蓝色或绿色，刻的字用黑色。十字架在村里的时候会被擦亮，闪闪发光、干干净净，有些十字架在随"热烈"的队伍去墓地的路上会掉不少漆，还会被印上脏兮兮的手印。如果新油漆还有剩余，在十字架被立到坟墓上时，人们可能会快速地再给它刷一层漆，不然就保持原样。虽然大家会抱怨油漆就像他们买的所有其他东西一样，质量大不如前却还涨价，但实际上，维佐人似乎并不在意坟墓里的十字架外观如何，他们也不觉得死者会在意——或许因为死者对跳舞的兴趣更大吧。他们对便宜的、干得不彻底的、容易脱落的油漆，早就有心理准备了。

大家等油漆干了后，会将十字架平放在沙子上，那些在混凝土还没成型、油漆还没干时用来保护十字架的围栏也会被拆除。万事俱备，可以进入仪式的最后阶段了。

巫师指示的时间是下午三点，大家按照辈分由大到小的顺序"立起十字架"。在十字架的东边，有一个事先准备好的木架，用来在这一刻支撑它们。十字架刻有死者姓名的那一面要朝向西方，这个操作由男人们完成。一小群人在十字架四周围成一个半圆，一起将它们立起来。当所有十字架们都被立起来时，大家开始唱圣歌。

随着十字架慢慢直立，旁观者的情绪也逐渐高涨。那些与十字架所代表的死者关系最亲近的人经常会感动至落泪，如果有人哭泣，大家会赶紧来劝他们停下。有一次，眼前立起的那个十字架的主人，是一位在分娩第 11 个孩子时死去的女人，她已经死了 15 年以上了，但她的孩子们显然十分感动。这位女人的丈夫后来向我解释说，这样立起死去的人的十字架是一件"非常好的事"，有两个原因：第一，有些"没有赶上遗体告别的人"，也就是那些无法及时去参加葬礼的人，可以借由看到死者的十字架来弥补遗憾；第二，那些在母亲还活着时没能见过母亲的孩子们，现在有机会看到她了（farany fa hitan-drozy nenin-drozy，"他们终于见到了自己的母亲"）。

这个男人给出的让十字架仪式成为一件好事的理由，也指出了这场仪式其实基于一种必然存在的悖论。第一个理由意味着，十字架仪式重演了葬礼，在这种情境之下，十字架是遗体的替代品；然而，第二个理由中所说的，是孩子们见到了自己的母亲而非母亲的遗体，换句话说，在这个男人的陈述中，十字架不仅仅代表了孩子母亲**死去的肉身**，还唤回了她作为一个**活着的人**的存在。这种悖论，在将十字架从平地立起直至垂直的整个过程中都有所体现：在沙地上，平放它们，十字架是死者遗体的替代品，因此不用将它们直立放置；然而，立起它们，从水平到垂直，十字架和它们所代表的人，就都被赋予了生命。所以，这一刻的情绪会感染死者所有活着的亲人，让整个氛围都非常令人动容。

十字架包含着生命意味，这一面向对理解十字架仪式的整体意义至关重要。在十字架仪式中，两种似是相违的意象同时在场：死者重生，以一具假的遗体重演葬礼。关于这点，第一种解读是生者只有在再次构建出活着的身体的意象和充满活力的生命之后才会因为感动而为假的遗体举行模拟葬礼，下文我将提到的贝糯糯（一具有混凝土乳房的十字架）的例子可以说

图 5　立起十字架

明这点；而第二种与之互补的解读是十字架所传达出的截然相反的意象——是重生的祖先，同时又是假的遗体——其中也包含了死者和生者截然相反的需求：虽然死者期望从生者那里所获得的服务的一部分是让自己有机会细细品味和回忆活着的时光，但说到底，这种机会是通过重演葬礼而来的，它终会结束，就像所有的葬礼一样。在结束的那刻，死者躺在坟墓中，生者回到村庄里。

不过，在进一步深入分析之前，让我们先暂时回到仪式本身吧。在上文讲到的立起十字架之后，接下来还有守夜和将十字架送往墓地。通过对后续进程的描述，我们应该会对十字架表达及体现的双重的、矛盾的意象有一个更清晰的理解。

十字架立起后，来观看的人会给"丧事的主人"送上他们的礼金。哈宗满加同一两位年长的男人一起坐在屋子里，他们通常是哈宗满加的兄弟。这时男人们会分成小拨在屋外排队（女人很少出现在队伍中），等候轮到自己。一拨人出来后，另一拨人会先征求同意，然后再被请进去。客人坐下后，大家会先聊一会儿，通常关于天气或来时的行程。然后，随着客人话锋一转，一位较为年长的客人拿出一个包着钱的信封，递给哈宗满加，哈宗满加收下后会道谢，大家再接着聊几句后，这拨人就离开，另一拨人进来。整个过程都弥漫着一种强烈的无聊感。

一拨客人离开屋子后，屋里的人会打开信封数钱，在笔记本上记下金额和随礼人的姓名。礼金的数额差别很大，少的有500或1000 FMG，多的有20000到30000 FMG。礼金在维佐人这里被叫作恩加，它也可以是实物的形式：一头牛、一罐或几罐朗姆酒、一箱或数箱啤酒，实物的价值区别也很大[22]，但按规矩都要交给"丧事的主人"。

送来实物的恩加，会让仪式掀起一阵高潮，与老人葬礼上的斗牛表演类似。如果恩加是动物，大家会在它的角上绑一个布条，指挥它来上演一场模拟斗牛，在它周围跑动、舞蹈、唱歌、拍掌、欢笑、高喊，还有尖叫。如果恩加是一箱啤酒或者一大罐朗姆酒，将它们固定在杆子的一端，一群年轻人会兴奋地举着它，用它模仿牛，不断冲向人群，佯装攻击大家。这种游戏会在离哈宗满加收恩加的房子还有一段距离的地方就开始，绕一大圈之后，最终抵达目的地。一开始，队伍中只有恩加的随礼人，但很快会有越来越多的人（包括许多"丧事的主人"）被吸引进来。当大家到达哈宗满加的房子和十字架那儿时，一位领队的成员会以胜利的姿势挥动两根粘有纸币的杆子，送上恩加，那些钱也是恩加的一部分。

每个人随礼了什么，随了多少，对判断生者之间的关系非常重要。如果要讨论这个问题，我们需注意到送恩加这件事在"丧事的主人"和其他人之间所建立的区别，这点也非常重要。我在早些时候提到过，这种区别所造成的身份差异，是生者在为死者服务时就会自动生成的。同为"丧事的主人"，使大家成为"同一身份"的人，也就是将埋进同一个坟墓、会加入同一个"单族"壤葬的一群人，这就让"丧事的主人"和那些将会被排除在自家坟墓和"单族"壤葬之外的人区分开来。这里，在十字架仪式中，来参加仪式的宾客送上礼金恩加，也是一种将自己同"丧事的主人"区分开来的行为。因为"丧事的主人"交的是献资,不是礼金。而那些为仪式送上恩加的人,彼此之间还有更多的区分:实物的恩加在习俗上要由"丧事的主人"的亲家(女婿及岳父)献赠,如我们在前文所讨论的,这在嫁女儿的娘家和娶媳妇的婆家之间,是一个极为微妙的时刻,哪怕最后所呈现的状况是双方地位平等("没有人地位低,也没有人地位高")。但实际上献赠恩加是一种强有力的,甚至带有挑衅意味的表达方式,表达了(在这种情境之下)双方的等级关系。

不过,生者所能体会到的种种挑衅与身份上的区别,在死者的视角里是被隐去的。实物的恩加,对于生者来说是最为不同的献礼,也是在人们想象中那些重生的死者最为喜欢的东西。毕竟,用恩加献上的那场模拟斗牛,是死者从生者那边所接收到的关于活着时情景的第一个表演。而生者所能体验到的种种身份区别,被转化成了一派喧嚣热情的景象。一大群人在十字架前唱歌、跳舞、游行,其中甚至包括"丧事的主人",大家变得没有区别,死者看不到生者之间的区别。所以说,虽然生者在为死者服务时体会到了各自身份的不同,但为了满足死者重生时的需求,所有一切因死者和祖先而让生者间具备的区别,都必须从死者的视线中隐去。

就在客人们纷纷送上恩加的时候,女人们也开始烹饪大量的饭和肉。虽然说"丧事的主人"若是款待大家,会获得良好名声,但实际上,这种情景下餐宴的成功,是由所有的参与者通过各自送上的恩加一同贡献的。再一次,大家通过分享食物这种行为，中和了"主人"和其他人之间的区别。食物分完的时候，恩加的献赠也就结束了，生者之间的身份区别不再显而易见，那如生如死的十字架（living-dead-as-crosses）笔直地站在人群中央，可以享受这番景象：一大群被想象为没有差别、不可分割的子孙聚在一起，而这，就是死者在他们的坟墓中、在他们的"单族"壤葬中所想念的场景，活着时的菲隆共尔。

从十字架模具建造完成到它们离开村子期间，大家每晚都要在保存十字架的地方进行守夜，除了最后一个晚上——只有"丧事的主人"需要参加，虽然人们也欢迎朋友、邻居、好歌手来加入守夜，但不会派发正式的邀请。开始的几天，人们会为守夜聚集在一起，努力装作他们在"彻夜不眠"。虽然大家也会唱几首歌，但很快就陷入沉默，大多数人最后会悄摸摸地回家，只留下几个人在户外沉睡。然而，随着最后一晚的到来，活动就开始了。最后一晚的前夜，通常是真正的守夜，有按照惯例的唱歌，还有慷慨分发的朗姆酒。终于，最后一晚的守夜开始了。这是一场重要的社交活动，会有一大群人到场，远超任何一场葬礼所聚集的人数，大家都带着极高的期待来参加守夜。因为在大家的观念中，"丧事的主人"有责任举行一整晚的娱乐活动，还要提供大量的朗姆酒，租一台叭富乐。叭富乐是一种大型的磁带音箱，完整地配备着高音大喇叭和几张磁带。

从仪式的大致脉络上看，十字架仪式上的守夜就是葬礼守夜的翻版。虽然有着那些人们都能看出的相似点，但其实这两项活动存在一些根本的区别。在我田野工作的早期，有人提醒我,千万不要在葬礼上录大家唱的歌,要等到十字架仪式上再录,因为在葬礼上人们都很难受,录音是不合时宜的,会录到他们的悲伤与哭泣。不过,人们在十字架仪式的守夜活动中是很欢乐的,所以如果有人要录下他们唱的歌,这没关系。然而,即使有人如此说,即使十字架仪式上有叭富乐大喇叭的存在,在两种形式的守夜活动中,大家都让我录音时不用在意,让我放心录,他们说,"我们唱的歌没变化,都是一样的"。

这种说法所暗示的是,如果说十字架仪式的守夜与葬礼上的守夜相反,是将悲伤的场合变成了欢乐的,那这种说法并不准确。一方面,就像我们前面看到的,不是所有的葬礼都是让人悲伤的,比如,在大蒂克罗克(如前文所述,那位老婆婆,她的葬礼让所有人都快乐了起来)葬礼上守夜的时候,我询问过是否能录那些伴随舞蹈而来的歌声、拍掌声和尖叫声,人们想了一会儿后,同意了我这么做,因为现场的人群是那么快乐。另一方面,也不是所有十字架仪式的守夜都是欢乐的,我们知道,葬礼过程中的悲伤与欢乐要取决于死者的状态。同样地,十字架仪式的守夜中所充斥的情绪也取决于十字架的状态,而这个状态,从本质上来说永远是模棱两可的。

从一个层面上讲,十字架的状态,就是十字架所代表以及所象征的死者的状态,但从另一个更抽象的层面上说,十字架的状态源于十字架本身的两种意象,既是重生的祖先,又是一具遗体,还有仪式的组织者和参与者在仪式过程中希望或者说被要求强调的内容。为了理解人们如何在两种意象中做出选择,我们必须回到最后一晚守夜的宴会活动中,回到那个叭富乐大喇叭上。

在准备十字架仪式的几个月中,对于租叭富乐这件事,我的报道人家庭不断地开会、讨论,很多时候甚至是争论,我很快就听得厌倦了。我不仅仅非常害怕那个高音大喇叭,也不觉得这种一整晚用最高音量播放的马达加斯加流行乐可以作为十字架仪式的特点被记录。直到后来我才意识到,如果说关于叭富乐的讨论要进行这么多次,那么它一定有值得被注意的地方。租叭富乐是一件争议性极大的事,有些人反对,因为他们认为这太贵了,但这个理由会迅速被排除掉,因为显得非常小气。不过,有一位女士的反对意见让人十分重视。作为埋在家族坟墓中唯一的小孩的母亲,她这样讲了自己的想法,她觉得当十字架中的一个是小孩子时,放音乐和跳舞是不合适的,因为想起她的孩子就会让她难过,她希望人们在守夜时可以唱圣歌,而不是跳舞。这个反对的理由显然被认真采纳了,叭富乐的支持者们不得不给出其他理由,比如没有音乐的守夜会存在无人参加的可能性。最后,整个家庭决定租一台叭富乐,有位兄弟成功弄到了折扣价,守夜时人很多,热闹且成功。

还有一次,一位孩子的母亲以同样的理由反对租叭富乐,就获得了更多认同,或许因为那次仪式上的六个十字架中有四个都是小孩子,但举行那场守夜时没有任何音乐,导致参与者们大声抱怨无聊,也抱怨没朗姆酒喝。不过,虽然大家都无精打采,但依然一整夜都在唱歌。举办这种安静的守夜的原因,和我在第一个例子中所提到的女人的理由一样。在这种场合下,组织者们选择了强调十字架的第二个意象——它所代表的是孩子们的遗体。于是，十字架守夜的参与者也会被要求进行一场 de facto（拉丁语："事实上"、"执行上"）的葬礼守夜。

但这只是故事的一部分，十字架作为重生的祖先的另一种意象，存在于另一晚的守夜活动中。在我刚刚描述的"传统"守夜的同一场仪式中，有一晚"非传统"的守夜。而这场非传统守夜活动的主角，是一个代表一位老婆婆的十字架，十字架上的名字是"妮蒂克"，但整场仪式中她都被唤作"贝糯糯"（大乳房）。因为十字架上装饰有混凝土的乳房，人们用半个椰子壳来为它塑形，还仔细地在上面用黑颜料漆上了乳晕，用红颜料漆上了乳头。[23]

这场十字架仪式最后一晚的守夜时间在周五，活动的正式邀请函在周四的下午才发出。当时已经有一些谣言说周五的守夜活动将会非常安静，既没有音乐，也没有舞蹈，所以有些朋友建议我，如果我想看一场"热烈"的守夜，可以周四就过来，不用去周五的那个。那个周四的晚上，许许多多的人都聚集在放十字架的屋子，人数比大多倒数第二晚守夜活动要多得多，他们都是来和贝糯糯一起玩儿的。

因为这场守夜只是最后一晚守夜的前夜，院子里没有点煤油灯。大家在黑暗中聚到一起，似乎都在等待着什么，人群中充斥着各种骚动与不安。终于，有一些女人开始唱圣歌，犹如破冰之举，一群年轻的男人开始跳嘎朗基舞。不过，随着一些女人开始跳密娜娑基，男人们都停了下来上去加入女人的舞群。大家重复唱着一些适合跳舞的片段，很多伴舞的曲子都是特意为这场活动而创作的，是献给贝糯糯的。跳舞、唱歌、饮酒，持续了一整晚。

虽然十字架仍然在院子的一个角落,第二天才会被移到更为中心的位置,但在那个周四的晚上,人们发现十字架们都早已被立起来了。这种情况的意义可不一般。我在上文提到过,十字架平躺在沙地上时代表的是死者的遗体,而立起它们,也意味着死者重生了。所以说,若是贝糯糯在最后一晚守夜的前夜仍然躺在沙地上,她就会错过这些纪念她的舞蹈和歌唱。进一步说,因为早一天立起了十字架,组织者其实是将守夜(要不是都属于同一场仪式的话)分成了两个重要部分,一部分以贝糯糯为中心,另一部分以孩子们的十字架为中心。十字架,既是重生的祖先,又是一具遗体,通过将两种相反的意象限制在两场分开的守夜活动中——在一场中人们是悲伤的,在另一场中人们希望能玩得高兴,十字架的双重意象都于形式上明确地体现了出来。

将贝糯糯送往墓地的行程是仪式中最疯狂的部分。上文我描述过,最后一晚的守夜是如何安静及无聊,整场活动都是献给孩子们的十字架的。然而献给贝糯糯的这个夜晚,大概在凌晨两点的时候,就有谣言说贝糯糯可以被抬去村子西面的沙丘,进行一些"热闹"的庆祝活动。但这次行动被哈宗满加阻止了,因为哈宗满加担心大家会过于兴奋,饮酒无度,让"大麻烦"在后半夜降临,所以直到黎明时分,他才允许人们将贝糯糯带往沙丘。

破晓曙光刚至,贝糯糯就被抬走了。她离开了院子,朝着西方,墓地相反的方向,移动。一小群人陪着她,主要是年轻男人、小孩子和少数几个女人，听说这些人与"丧事的主人"属于戏谑关系的亲友，因此他们与妮蒂克也是戏谑关系。在有这种关系的人之间，任何事都是被允许的，任何事都是必须被容忍的。至少在最开始，大家都觉得只有这些人敢带着妮蒂克踏上这场莫测的巡游，这意味着妮蒂克接下来将会受到的对待让人存在一定程度上的担忧和恐惧[24]。然而，一旦戏谑关系完成第一步，更多的人就加入了，包括一些"丧事的主人"，以及，我们可以看到的，妮蒂克自己。在大家看来，她操纵着生者，让人们带着自己做那些她活着时喜欢的事情。

抬着贝糯糯的队伍从一开始就非常疯狂，每一次有人抬着十字架奔跑，停下来将其插在沙子中，人们就会加倍疯狂：大家成群围住这些人，和贝糯糯一起跳密娜姿基。他们在贝糯糯上面摩擦自己，捏她的乳头。当贝糯糯到达山顶时，大家停住了。舞蹈仍在继续，但显然缺了些什么。于是，大家绑架了贝糯糯，等待朗姆酒作为赎金。最后，哈宗满加的一位弟弟带着一群亲戚赶来，才解救了十字架和大家。他头上顶着一瓶朗姆酒，洋洋得意地到场，将第一口酒洒到十字架的乳房上，而后，每个人都分到了一口，再之后，贝糯糯返回村庄，在如今已经是相当大的一大群人的陪伴下，开始她漫长而曲折的旅途，去往墓地。

如果有人问十字架和棺材的区别，那么，将贝糯糯送往墓地的队伍和将大蒂克罗克遗体送往墓地的队伍，刚好可以被用来做个类比[25]。贝糯糯在行进过程中有许多的冲刺和剧烈的颠簸。队伍每一次的停驻，都是索要更多朗姆酒和再一轮情欲舞蹈的借口，在十字架前进的路上，人们会争着扛贝糯糯，为了轮到自己而不断推来搡去。

  与此同时，那些扛着孩子们十字架的人，走在安静、笔直、连续的队伍中，他们抵达墓地后，不得不等上很久，贝糯糯才终于到达。在墓地边缘，贝糯糯的队伍又最后停了几次，才将贝糯糯移到她的围栏旁。此刻，最后一次，疯狂地奔跑，将她送入坟墓——那个将她带入围栏中的年轻男人，笔直地将她固定在沙子中，为她跳了最后一遍密娜娑基，再给她倒了一些朗姆酒。然后，哈宗满加让大家都散开，一如既往地致谢演讲，称赞大家没有出现打架或事故，倡议大家平和安静地回家，仪式被宣布结束。当生者朝家的方向行进时，贝糯糯，还有其他的十字架，被留在了它们的围栏之中。

  仪式结束几天后，我问哈宗满加和他的妻子，也就是组织仪式的人，贝糯糯十字架上的乳房有什么"含义"。他们回答我说，妮蒂克是一位"伟大的祖母"，她曾"哺育了很多人"，她有很多子孙，以及曾孙。至于那对乳房，是一个"闹着玩的玩笑"（*kisaky*）[26]。我问，妮蒂克是否确实有很大的乳房？他们哈哈大笑，告诉我这不重要。那么，重要的是什么？

  之前我们提到过，死者会想念生者。我在上文也说过，在阿萨洛洛仪式的过程中，生者通过将生命活力带去墓地来回应这种思念。而在十字架仪式中，在一种不同的空间脉络下，通过不同的仪式用品，生者同样为死者上演了他们已然失去却仍旧怀念的生命景象。在妮蒂克的例子中，她的孙子和曾孙们认为，她值得被特别地对待，因为她曾经是那样伟大的母亲。因

图 6 贝糯糯（有乳房的十字架），终于被送到坟墓里

此，大家想让妮蒂克在十字架上重生。他们加上了混凝土的乳房来代表妮蒂克，就像她丰盈的乳汁，曾喂养过许许多多的子孙后代。然而，很难推测妮蒂克自己是如何看待这对乳房的。我们很容易描述这对乳房给那些围绕在她四周的人群带去了什么，就好像最后一晚守夜经常播放的流行音乐一样，贝糯糯的乳房，给舞蹈、拍掌和沉醉的人们增添了额外的乐趣，成了吸引大批人群靠近十字架、拥簇在它四周的焦点，而这群人正是妮蒂克在她的围栏里所想念的：是她死去的时候，留在身后的生命，是在自己死去后又各自繁衍、成长，继续开枝散叶的生命。所以那对混凝土乳房的装饰物，只是一种祭奠妮蒂克的方式，一种相当成功的方式，为她献上那生时尤为幸福的场景，为她献上毫无差别的菲隆共尔。

即便如此，在漫长而疯狂的一整夜欢闹过去后，妮蒂克的十字架依然被送出了村庄，远离了生命。妮蒂克被抬去墓地，回到她的围栏内；在村中打开生命的一扇窗户之后，这扇窗户被关闭了；在那些让人重新回到葬礼的生命的情景之中，妮蒂克再一次被证明，她死了；贝糯糯十字架的混凝土乳房，也只是个"闹着玩的玩笑"。

总之，大家觉得妮蒂克很享受这场盛会，她会感到快乐，而活着的人们显然也都很享受这一切。现在，我们可以看到这场仪式的力量，它在现实生活中将死者与生者凝聚到了一起，让生者不必体验阿萨洛洛仪式中那种靠近死者的恐惧就可以取悦死者。的确，我们可以猜测，十字架仪式让祖先们更开心，因为他们不是躺在自己的坟墓中，听着有关生活的表演，而是在村庄中重生，与活着的人共舞。同样地，生者也觉得没那么害怕，因为他们是在村中和混凝土十字架一起跳舞，而不是在死者的遗体上，在坟墓上跳舞。[27]

死者深度参与了这场宴会，他们甚至影响了大家的表现，关于舞步、奔跑，还有歌唱。当我对大家的表现示以钦佩时，他们告诉我，这具十字架所代表的死者生前喜欢跳舞和喝酒，两样都特别擅长。我在第七章中提到过，大蒂克罗克活着的时候，曾经也是一位非常棒的舞者，被称为"大魔王"。当她的十字架离开院子，在通往墓地的路上，人们发现几乎无法搬动它，因为它有着不寻常的大尺寸。大家将这个十字架绑在一个木担架上，让更多的人可以来抬着她。可是木把手一直在开裂，绳子也几乎松掉了，大量的药水（法宁滋拿）被洒向人群和十字架，但即使修好了担架，队伍也无法加快行进的速度。他们一直在绕路，互相推拉着担架，不断停下来索要更多的朗姆酒。大家心满意足地告诉我，这次的种种拖延都说明了大蒂克罗克确实是个"大魔王"，在她死后仍是。

如果说，祖先既能够影响仪式，又能够享受跳舞、喝酒以及将自己的十字架送去墓地的行程，那么就需要解释，生者要如何将十字架留在坟墓中围起来，为死者重回的生命场景画上句号，要如何将死者留在墓地中。为了理解这一部分，我们必须重新回到十字架的双重意象，回到存在于同一场十字架仪式中，十字架所表达的不同意象。

在上文我阐述过十字架表达了两种意象，一种是死者的遗体，另一种是重生的祖先。关于重生的祖先，生命的形象及感觉第一次形成是在十字架被立起来的时候,此时,人们看到了十字架所象征的那个人。当人们被死者影响后,死者让生者带着十字架跳舞、奔跑、喝酒。至于遗体的形象,则建立于仪式的流程中,随着葬礼按部就班地进行,从十字架第一次在村中出现时开始,人们就围着它们"彻夜不眠",之所以守夜,就是将十字架作为死者身体的替代品来对待。

在我刚刚回忆起的例子中,这两种意象是被分别置于两部分截然不同的活动之中的,要是忽略掉这种区隔,其实,这两部分活动也会彼此影响。一方面,贝糯糯十字架这个仪式用品,被赋予了生命,反之也构建了死亡的意象,维系着它与其他十字架的模拟葬礼。如早些时候强调的,人们必须首先能想象,混凝土十字架是一个活着的人,然后他们才会深受感动,因而为其上演一场模拟葬礼。另一方面,小孩子十字架的存在,以及关于它们所代表的遗体的特别强调,会强迫贝糯糯去到自己最终的目的地——坟墓。贝糯糯可以享受如此热烈的生命活力,是因为通过小孩子十字架所代表的死亡,确保了妮蒂克在**葬礼的情境**下是重生,因此也确保了这个十字架最终会被送回妮蒂克的坟墓,以及她的生命已然结束。虽然在人们的头脑中,绝不会怀疑十字架的最终归宿除了墓地还能有什么别的地方,但人们的的确确在十字架仪式上,上演了将死者带回村庄、带回生命的可能,同时,也为将死者及其十字架带回或送出到属于他们的地方,建立了一种方法。

十字架的意象作为一具模拟遗体,以及仪式的整体结构,对于规定十字架的最终归宿都是要点。还需记住的是,带着贝糯糯（或者说任何一位老人的十字架，比如说大蒂克罗克）向墓地去的行程，与任何一位老人葬礼上的行程都令人惊奇地相似。在上文我已提过这种相似性，但接下来还想要再多强调几点。

对活着的人来说，不论是从体力上还是精神上，扛着一块混凝土毫无疑问比扛着一具腐烂的遗体更舒服[28]。然而，对死者来说，在死去多年以后，自己的十字架被以胜利的姿势抬去墓地，也让死者体验了一次与自己第一次离开村庄、去往墓地极为类似的经历。如第七章中所阐述的，为老人们举行欢乐的葬礼是为了庆祝他们的生命，而不是庆祝他们的死亡，生者在庆祝的是死者已经活了足够长的年岁，已经看到了大量绵延、一代又一代的子孙。那么，在十字架仪式的过程中，这些祖先——老人们——又获得了一种新的、已经更迭过的视角，来看看他们死亡时那些留在身后活着的生命。在他们死了之后，生命又延续了，繁衍了。为了让祖先们开心，尽可能多的人都必须要来参加守夜，积极地加入队伍（人们经常会强调，参加十字架仪式的人数比葬礼时的要多很多），数量众多、热情高涨的人们全都围着妮蒂克和大蒂克罗克的十字架，这表明她们都曾经是，并且如今仍然是"伟大的祖母"。她们是孕育了很多子孙的人，而这些子孙仍在继续开枝散叶。于是，为什么小孩子十字架得到的待遇如此不同就很清楚了。如果说十字架仪式是一个让死者回忆活着时情景的场合，孩子们生时所见的还太少了，几乎没有什么可想念和可回忆的，因此，它们可以被直接、迅速地送去墓地，不用太过喧闹，也不带任何兴奋。

对于十字架仪式的分析表现了维佐人如何为祖先提供一次回忆生命、享受生命的机会,以及最终如何将他们送回各自的坟墓,将他们遗留在那无生命的墓地之中。十字架仪式与阿萨洛洛仪式有着相同的脉络,仅在空间上是相反的,因此呈现出的故事也是倒转的。在阿萨洛洛仪式中,生者将村庄带去墓地,然后离去,也将生命一同带走。祖先们只是观众,作为重要的参与者,他们能参与的程度非常有限,最多就是听着在他们死去的身体上跺脚的声音。而在十字架仪式中,祖先们返回了村庄,笔直地站起来、跳舞、奔跑,还可以喝朗姆酒,他们能影响生者,以至于他们就像活着的人一样,可以做那些他们曾经喜欢的事情。这两种仪式,都是为了回应死者对生命的眷恋,但人们通过这两种仪式所创造的情景,也正是死者所眷恋的根本:仪式实现了继嗣,以及子嗣们因死者所构建的差别,创建了"单族"壤葬。两种仪式都表现出了生与死的差异,村庄与墓地的差异,菲隆共尔和壤葬的差异。对于如何调解生与死两个不同的世界,两种仪式也提供了同样的解决方法,那就是将它们暂时联系到一起,而最终使其保持区隔。

不过,这种解决方法,并非一劳永逸。死者对生者的留恋从来不会得到完全、永久的调解,只有这些仪式是真的让死者重生,而不仅仅是"闹着玩的玩笑"时,才有这种可能。正是死者已然失去的生命,还有这些仪式所构建的生死区隔,在持续不断地将死者拉回生者之中。

9 结论

第九章 结论

在本书中，我探寻了维佐人的身份认同，这群人将自己的身份定义为"一群以海为生、栖海而居的人"。为了研究维佐人的身份（*vezo-ness*），我并非着眼于维佐人是什么样的人，而是将我自己和读者浸入维佐人的生活，感受使人们成为维佐人的行为方式。我描述了男人、女人和孩子们如何成为维佐人，他们通过熟练地出海、卖鱼得利或者以特有的方式将独木船的桨扛在肩上；我也描述了人们如何失去维佐人的身份（因此成为马斯克罗人），当他们在改变独木船桅杆的方向时粗心犯错，当吃了螃蟹的心脏后喘不过气或者在航行中晕船。

在这种脉络下，我阐明了维佐人的身份是作为行为去经历的，而不是一种存在状态：当人们能用行为展示维佐人的身份时，他们就具备维佐人的"身份"。维佐人的身份，是一种人们基于当下的身份认同。只有在一个短暂的时间向度内，一个人可以通过进行维佐人的行为，"成为"维佐人，与之相对的是，过去完全无法从时间维度上决定一个人的"身份"。过去并未被转化为"历史"——解释一切如何发展至今的一系列重要事件——因为它不断流逝，随着人们从一种环境迁居到另一种，从一个瞬间移动到下一个。我们也看到了维佐人的一些行为，他们借此否认现在被过去所定义：通过学习而获得维佐人的身份，从一无所知的状态到完全掌握其知识的状态，他们将这个过程解释为一次突然、简单的"飞跃"；他们声称自己"从不计划"，在生计上倾向于永处意外之中；他们将自己描述为"温和"的人，不喜欢任何牵绊。

维佐人的身份不仅成形于精神，也同样成形于肉体，因为人们的身体上会被刻上"维佐人的标志"，虽然这种痕迹与标志同样要视维佐人当下的行为而来：如果一个人停止了维佐人的行为，它就消失了。可见，维佐人的身份，不论是在精神上，还是在肉体上，都不是某个人持久的、决定性的特点。因此，维佐人看起来是纯净的，他们身上没有某种与生俱来的、固定不变的内核。

维佐人的亲属关系（菲隆共尔）也表现出了同样的纯净。菲隆共尔是一片不胜数的亲属关系，它同时体现在同一个人身上。在这里，人们通过现在彼此相联，而过去，只是作为多种可供选择的历史（追溯祖先的路径）之源头而被铭记。在菲隆共尔中，所有的历史都是同等重要的，因为历史建立的只是个体与他人之间的共同联系，而并非以某些历史故事去定义个体是哪一种身份的人。换句话说，这种历史，并没有将人固定于某种长时间存在的身份认同之中，而是为人们提供了一种关系，一种可以向所有方向延伸、发散的关系，这种关系在不同的环境、不同的时代中都可以被全然展现。而在这种莫测的关系之中，菲隆共尔就好比维佐人的身份。在这片亲属关系的领域之中，维佐身份的纯净性得以被保护与加强。

对维佐身份的研究走到这一步后,我们又邂逅了另一种不同的身份认同,用维佐人自己的话来讲,我们看到了在"没有固定身份"的概念之中,旁枝而出的"固定身份"。因此,即便维佐人宣称,他们的"身份不是固定的",或者换作别的说法,他们的身份不由继嗣决定,我仍发现,他们有着通过单边继嗣而建立的被分成不同家族(壤葬)的**身份**。壤葬身份认同是维佐身份认同的对立面:它是一种存在状态,它在时间维度中持续不变,它是人们与生俱来的,不能通过行为而习得,它也不会像人们身体上的维佐身份标志般消逝,它只给人们提供了一种历史,是独有的、与他人相区别的。

这两种看起来截然相反,也确实难以相融的自我身份认知——"明确而稳定"和"模糊且充满变化"是怎样共存的呢?对于这个问题,我的答案在本书第二部分继续讲述的内容中:维佐人为努力区隔生死所做出的行为。为了区分两个不同的世界,维佐人用行动筑起了一道屏障,也区分了两种完全不同的人、两种完全不同的时间性:一边,是呼吸着、活动的人们,这里是"冷",凉爽的、柔和的,大家享受着不分你我的菲隆共尔;另一边,是停止呼吸的死者,那里是"热",燥热的、坏脾气的,野蛮又暴躁,坟墓间坚固的墙壁将其分为"不同家族"(壤葬)。"不固定的身份"存在于这边,展现于当下的生命活力之中,属于现在;而"固定的身份"只存在于那边,在不变的死亡中,只会归于未来。这种生与死、"冷"与"热"、村庄与墓地之间的屏障,让"不固定的身份"与"固定的身份"得以保持区隔,**无法**共存于一处:"死人和活人不在一起,他们不一样。"

生与死、冷村庄与热墓地之间的转变，导致了一种身份的丧失：死者，没有"身份"，因为它们不能"行动"。**死者不具备维佐人的身份，也不能成为维佐人**。因为他们再也无法通过现在的实践（像生者那样）"获得身份"，他们在当下不能再行动，于是也无法拥有时间。他们不能成为维佐人，因为他们的身份不能在时间与空间下被定义，因为他们的身体上再也无法被印上"维佐人的标志"，他们的身体什么也感觉不到、什么也听不到，逐渐化为干骨。曾经印在他们身上的标志已经消失了太久。停止呼吸，静止不动，死去的人已经凝固于时空之中。

死者无法享有生者的身份认同，因为他们再也无法忽略过去，他们无法否认由过去而来的定义。在维佐身份之外，过去——一种通过继嗣而产生的单一的、个人化的历史——是死者身份的唯一来源。为了"获得身份"，死者必须被"划分固定身份"（kinded），因为对他们来说，壤葬关系，已经成为他们"让人知道自己作为人类是谁、是什么身份"（Fortes，1987：281）唯一适用的方法：继嗣群的成员们，有一个固定的中心和一条固定的路径，这是永远不变的，既包含着过去，也包含着未来（可参照 Fortes，1970：41）。所以，当生者将死者放进不同的墓穴之中，他们也为死者**创建**了一个身份：一种个体化的身份——通过继嗣。

如果说死者必须要"划分固定身份"，是因为他们不能成为维佐人，那么维佐人就是不会死去的，因为他们"没有固定身份"。这也就是说,维佐人的身份认同虽形成于他们活着的时候,但不能应对他们的死亡。当人们停止实践行为,维佐身份认同就结束了。当他们不再意外地存在于那个似乎没有过去与未来的世界时,当他们失去以转变历史或逃离过去的行为而拒绝"牵绊"的能力时,人们终将面对的死亡,挑战了活着的维佐人的身份认同,也为维佐人的身份认知方式限定了范围。当超过这一范围时,维佐人的"没有固定身份"必须被转变为"划分固定身份"。

然而,通过区隔生与死,维佐人又保有了他们"没有固定身份"的认同。同时,通过"划分固定身份",他们为死者提供了身份。他们筑起的屏障,标志着一种割裂:一旦到了另一边,死者就变得不一样了,他们不再是人类(*lolo reo tsy olo fa biby*,"他们不是人类,他们是 *biby*"),也不再是生者的亲人。毋庸置疑,如果这层屏障是不可渗透的,如果这些想法都是无条件成立的,那么维佐人将会强烈否认,生者与死者是一样的人;他们将会否认,"没有固定身份"的人死了,死者,如今已被"划分固定身份"的死者,曾经是个维佐人;同样地,他们也可以否认那些躺在墓地之中,被分进了"单族"壤葬的人,仍旧是八位祖先、八位曾祖父母,而就是因为这些人的孕育,生者才可以活着追溯自己菲隆共尔的亲属关系。总而言之,如果维佐人所设想的屏障是无法通行的,他们就能借此否认生与死,过去与现在,"不固定身份"与"固定身份"之间的连续性。

毫无疑问,这层屏障并非不可渗透的。即使维佐人再三强调两边的区隔与差异,他们也仍然承认两者间的连续性和共同点。他们意识到，活着的人会被死亡所影响，也会被已"划分固定身份"的死者所影响，就好像死去的人会被生者影响，被"没有固定身份"的人所影响。我在文中用影子的意象描述了死亡对于生者的影响：一个从生死之间、村庄与墓地之间、冷与热之间所构筑的屏障中渗出的阴影，这就是在生活中死亡的阴影，是由"单族"壤葬投射到生者身上，对他们死亡的预先准备。在索颅仪式上，在哈宗满加的身体里，在"丧事的主人"的行为中，死亡抓住了生者，将他们转变成**一个壤葬的成员，一个墓穴中未来的同葬者**。然而，死亡的影响，仅仅是一瞬，就如同阴影所投下的黑暗那般浅淡，壤葬的成员关系依旧是即将到来的，也就是说，依旧未成为现实。继嗣是未来发生的事，不是一种当下存在的永恒、固定的状态。

同样的意象也可以被用到生命对死者的影响上，如同生命的阴影透过分隔它们的屏障而渗透到死亡之上。即使远离村庄，即使远离他们的居住地，死者对生命也并非无动于衷。他们在墓地中，仍然对自己活着的后代抱有强烈的思念，仍然眷恋生前所拥有过的快乐与幸福，仍然怀念菲隆共尔无限延伸的视角，这是作为生者的特权，而死者已经无法看到。为了调解死者的渴望，活着的人需要纪念死者、关心死者，死者需要一次又一次地重生，在一大群如同一大家子的子孙当中，被他们以音乐、舞蹈和酒所取悦。然而，如同死亡对生者的影响一般，生命对死者的影响也是一闪而过的：像一道阴影。死者仍旧无法真正企及生命，至于那些丧葬仪式，能够让死者尝到生命的滋味，感受到村庄的凉爽，看到不分彼此的菲隆共尔，但是，当一切结束，死者再一次被遗留在坟墓中，独自躺在那坚固的混凝土围墙内，他们注定有更深的、不能被满足的渴望。

这些死亡对生者、生命对死者阴影的存在，表明了生者身份与死者身份之间的连续性。虽然维佐人否认，但他们也只能被迫接受这种连续性，因为他们不得不面对那些毋庸置疑的事实：活着的人都会死，而死去的人曾活在这个世界上；以及，现在活着的这些人，都是被那些如今已死去的人所孕育的；还有，过去，的的确确影响了现在，而现在，终将影响未来。活着的维佐人，正是通过不断去割裂两个世界的行为，承认了这种连续性的存在：通过否定某种存在，反而证明了其存在。

一方面，对维佐人"没有固定身份"的研究，展示了一个人——一个活着的人，经历着一种在不断形成自我身份、成为自我身份的认知过程。这是一种与行为实践有关的身份认同；一套可以学习的、通过习得获取的行为；一类亲属关系的形式：它创建了一种只展现于现在、不分彼此、无限延展的亲属关系网。另一方面，对维佐人"划分固定身份"的研究，反映出一个人——一个过去死掉的人，也就是死者不再有行为活动，因此也不再是维佐人。这是一种在时间中凝固了的身份认同；一处不能改变的、属于存在状态的本质；一类继嗣关系的类型：它为人们提供了唯一的、个人化的历史，让这种身份认同依着于过去。

在这本民族志的脉络之下，本研究所遇到的挑战，是解释人的这两种截然相反的认知之间的联结点，描述这两种互相矛盾的认同方式，阐明这两种人与人之间亲缘关系的不同形式。更笼统地说，所遇到的挑战是将两种人类学的"本地化策略"（localizing strategies），即"民族志书写中的区域关照（regional concerns in ethnographic writing，见 Fardon，1990），结合到一起。在写作时，从一种纯粹的南太平洋群岛视角，本书主要关注的是展现维佐人如何通过他们的"没有固定身份"的存在，作为这个不断变化的广阔世界中人类及族群的一部分，作为世界种种非原始论、非本质论身份认同认知中的一部分；而若是以一种纯粹的非洲视角来书写，主要的关注点则会是维佐人的"划分固定身份"，要表现维佐人是另一个世界中存在的一部分，这个世界中人的身份是由与继嗣群的成员关系所定义的，这些继嗣群之间是有界限的、相互区分的（见 Fox，1987）。用一种更"老派"的说法，这个议题想要证明的是，维佐人的亲属关系，要么是由血亲继嗣主导，要么是由父系继嗣主导（见 Southall，1986：417），要么兼而有之。

　　在一定程度上，南太平洋群岛民族志与非洲民族志在各自研究对象上的差异，似乎可以映照为维佐人在他们自己与死亡之间竭力构建的区隔，在"没有固定身份"和"划分固定身份"之间、不分彼此的菲隆共尔和相互区分的"单族"壤葬之间所建立的分隔。然而，学术研究对象上的区隔，导致没有理论可呈现存在于维佐人这两者——在身份模糊不清的生者与身份鲜明固定的死者之间，在富有变化性及可控性的维佐身份认同与固定不变、已凝固于时间的壤葬身份认同之间，在血亲继嗣和单边继嗣之间——之间的连续性。换句话说，学术视角上的割裂使其无法揭示这个世界的复杂性：在这个世界中，有人当下是"南太平洋群岛人"，而在未来是"非洲人"；在这个世界中，有的亲属关系在生者之间是"血亲继嗣"，而在死者之中是"父系继嗣"；在这个世界中，死亡对生者、生命对死者，皆投下了阴影。维佐人的这一案例研究，对人类学理解这个复杂世界的视角提出了新的建议，那就是，南太平洋群岛人类学与非洲人类学各自的研究之间，相互映照。

注　释

第一章　前言

1 严格来说，"*vezo*"这个词在词源学上或许并非此意，但在这里，维佐人如此使用，将自己的名字与独木船及他们在海上的行为活动联系到一起，有着重要的意义。请参阅 Grandidier and Grandidier, 1908—1928, I : 241 note 2, 其中提到"*vezo*"的意思是"划桨的人"（the people who paddle）；亦可参阅 Poirier, 1953: 23; Faublée, 1946: 23; Faublée and Faublée, 1950: 432; Koechlin, 1975: 51。

2 实际上，所有提到维佐人的作者，都将他们定义为沿海渔民（coastal fishing people）。请参阅 Walen, 1881-4: 7, 12-13; Douliot, 1893-6: 119, 245; Marcuse, 1914: 39, 172; Petit, 1930, 26-27; Faublée, 1946: 23; Faublée and Faublée, 1950: 432-433; Dandouau and Chapus, 1952: 28; Battistini and Frere, 1958: 10; Condominas, 1959: 4-5; Deschamps, 1960: 153; Angot, 1961: 142, 145; Ottino, 1963: 279; Decary, 1964: 36 note 2, 53-54; Fauroux, 1980: 82。唯一的例外似乎是 Noël, 1843—1844, 更详细的讨论请参阅 Astuti, 1991。

3 Decary, 1964: 54 note 2 提到，"他们只有一种固定的生活方式"（*Ils ont seulement un genre de vie particulier*）。

4 关于维佐人与马斯克罗人的区别及其地域上的差异，请参阅 Lavondès, 1967; Birkeli, 1926; Dina, 1982。

5 这一点上，类似的论述请参照 Decary, 1964: 36, 53-54; Douliot, 1893-6: 119; Grandidier and Grandidier, 1908-28 I : 214; Koechlin, 1975: 23-26。又见

Covell，1987，尤其是 Alvarez，n.d.，提到马达加斯加民族（Malagasy ethnic groups）的创立是为了符合法国殖民政策的需求（所谓"种族政治"［*politique des races*］，其先决条件是对原住民进行民族识别，法国政府则可利用各民族领导者对当地人进行管理），有关使用这种民族识别在马达加斯加所涉及的问题，请参阅 Southall，1971，1986（关于如何识别马达加斯加民族中的共同点和差异点）；Hutington，1973（关于民族识别的不同程度的离散性）；Eggert，1981，1986（关于马哈法利人［Mahafaly］的研究）；Lambek，1983，1992（关于民族身份［group identities］的负面论述）；Hurvitz，1986（关于文化喉舌［'embouchures' culture］的论述）；Bloch，1995（关于扎菲马尼里人的研究）。

6 萨卡拉瓦是马达加斯加官方识别的"民族"之一，位于马达加斯加西部，乌尼拉希河（Onilahy River）南部和贝岛（Nosy Be）北部之间的区域。萨卡拉瓦人指的是，征服了马罗塞拉纳王朝（Maroserana dynasty）（及其多个分支）所建立的萨卡拉瓦王国的臣民。

7 更详细的讨论请参阅 Astuti，1995。

8 这也意味着"维佐人的身份**不是**固定的"（the Vezo are *not* a kind of people）不应该被视为支持马达加斯加人普遍通过否定其身份来定义其身份的案例，较新的讨论请参阅 Lambek，1992。

9 请参阅 Marikandia，1991，该文献为第一个对此议题有重要贡献的内容。

10 维佐语："*Fa Vezo tsy mana tompo, tsy mana tompo, fa añara ankapobe olo iaby Ka ze mahatojo an'ny fila ty, Vezo lafa tia ny rano ty fa atao hoe Vezo Tsy añ'olo raiky, zay tsy manan-tompo zay. Ny havezoa tsy añ'olo raiky, hoe iano raiky ro tompony. Aha! Zay olo iaby tompon'ny havezoa lafa tia azy manao azy.*"

11 我在贝塔尼亚居住期间，估算其成年人口数大约为 335 人；贝隆的村长（*prezidan'fokonolo*）告诉我，贝隆的居民有 800 人。

第二章　活在当下的维佐人

1 维佐语："*Ndra iha zao lafa avy eto, hoe aha: madame io mito. Ha! mamint matetiky madame io, fa Vezo atoka: tsy fa Vezo iha ? nefa vazaha baka lavitsy añy. Lafa maminta iha isanandro etoa: Ha! madame io Vezo, satsia fa mitolo rano, satsia fa mive laka, fa*

atao Vezo zay."

2 维佐语：*"Hoatra zay laha misy Masikoro bakañy aminy faritany antety avy de mipetsaky eto a Betania ziska manambaly; jerevy fiveloman'olo eto tsy misy tanimbary raha tsy mandeha mamita, manarato, mandeha andria Farany ze mety hotongany velahiny reñy na rafozany anty aminzao man deha maminta añy; de eo miasa sainy aia atao amin'zao sy izo fandehany raha ty; kanefa raiamandreny tsy mahafantratra zany, tsy mahay amin zay Lasa amin zao izy andesine' namany manahakan'zao manahakan'zao, farany mahay-manjary Vezo zany izy.*"

3 维佐语：*"Aja kely kely mbo tsy azo atao Vezo, atao hoe anabezo Reo zaza reo, io fi- anarandrozy, ao añaty rano ao, mianatsy mandaño reo, lafa miasa man daño, miasa mandaño, mianatsy, lafa ie mahay mandaño, aha, fa mahasky rano zao. fa azo atao hoe Vezo.*"

4 有舷外支架的独木船的构成包括：一个船身（*ain-daka*），字面意思为"船之肺"；一个舷外支架（*fañary*）；两根帆杆（*varoña aloha* 和 *varoña afara*）；一根平行立于舷外支架对面的撑杆（*linga*）；两根桡杆（*tehy*）；一张长方形帆（*lay*）。驾驶用的桨被称为 *five fañoria*。一架中型的独木船有 7 米长，船身最宽处有 0.65 米宽，两根桡杆有 5 米长。

5 其他类型的独木船，请参阅 Koechlin, 1975: 109; Ottino, 1963: 283; Faublée and Faublée, 1950: 438。

6 树的周长是通过环抱法拉法塞的树干（*mañoho farafatse*）来测量的，如果手指尖的距离超过 2 *zehy*（拇指和食指间的距离），就会被视为适合做独木船。树的高度则通过视觉和经验来判断，没有测量标准。

7 船身底部，也就是在吃水线以下的部分，泡在水中会逐渐腐烂，而吃水线以上的部分会更持久些，可以作为船的侧板，反复利用。

8 又见 Koechlin, 1975: 73—86; Faublée and Faublée, 1950。

9 法拉法塞的伐木工作被视为困难的工作（"麻烦"、"大工程"）。因此，参与的人需要遵守许多禁忌。比如说，当男人在森林中的时候，不论是去森林砍树的男人，还是他在村中的妻子，都不能有性行为（不过，如果这对夫妻都在森林中，他们是可以有性行为的）；如果一个男人的妻子怀孕，他就不能去为独木船伐木，因为伐木的行为与准备棺材类似，这会为妻子带去不幸；如果伐木工作失败，人们不会觉得是技术上的失误或不熟练，而会将其视为独木船主的亲戚、妻子或祖先有麻烦或危险的预兆。J. 福布莱和 M. 福布莱的报告（Faublée andFaublée, 1950）（引自 Julien, 1925–9）提及，在砍伐法拉法塞之前，维佐人会参拜"自然灵"（nature's spirits）并祭祀，但我没有搜集到相关的田野材料。

10 J. 福布莱和 M. 福布莱（Faublée and Faublée, 1950, 434–442）提到，那些住在没有法拉法塞生长或法拉法塞非常稀少地区的维佐人会去住在离原木近的维佐人那儿购买。关于马达加斯加南部独木船供给的讨论，请参阅 Battistini, 1964: 113。

11 凯什兰（Koechlin, 1975; 63–50）提到，在一个故事中人们将独木船比作牛槽的目的是向他人做出说明。一群维佐人搬到一个马哈法利的村庄，开始进行一些维佐人特有的日常活动，马哈法利人看到后非常惊讶。当维佐人说他们要去森林中砍树造独木船时，马哈法利人问独木船是什么样子的，维佐人回答道，"是一根被挖空的树干，就像你们的牛槽一样，但要更大一些"。

12 佩蒂特（Petit, 1930: 209）提到维佐的孩子们关于航海的第一堂课都来自于这些玩具。

13 科劳人这个称呼，是马达加斯加东海岸的居民对岛屿东南部居民的叫法。

14 凯什兰（Koechlin, 1975）描述的贝瓦图（Bevato）地区和穆龙贝（Morombe）南部地区的捕鱼技术和我在贝塔尼亚及贝隆所见的不太一样。在穆龙贝附近，维佐人会在珊瑚礁间捕鱼，而在穆龙达瓦附近没有珊瑚，人们几乎只用钓线捕鱼；相比之下，在贝隆，人们会在巨大的潟湖和运河间捕鱼，根据所用的渔网采用不同的捕鱼法。

15 鱼的名字，也不总是那么准确。克拉，一个 14 岁的孩子，特别擅长逃避自己被安排的任务。他的妈妈让他洗从市场上带回的鱼，克拉就喊他的姐姐，但姐姐不在，他就一边假装修理自己玩具独木船的帆，一边拖延时间。他的妈妈又叫了他一次，喊他洗鱼，克拉就看着鱼问妈妈鱼的名字："*ino karazampia io*?"这时妈妈发脾气了，对他吼道："我不知道！这些都是海里的动物！"（*tsy hainterña biby io bakan-drano io*）

16 维佐人可以只吃饭，不加配菜，但不会只吃鱼或菜，不吃饭或饭的替代品（玉米或树薯）。唯一例外的场合是在仪式时，还有吃海龟的时候，他们会不吃米饭。

17 如果傍晚有大量新鲜的鱼在卖，鲜鱼的价格可能会比第二天早上卖的熏鱼价格要低。

18 佩蒂特（Petit, 1930: 250）提到，维佐人会欺骗"不懂鱼"的人，将质量不好的熏鱼卖给马斯克罗人。据佩蒂特描述，虽然鱼加工得不好，但如果有人向维佐人指出这点："他们会毫不犹豫地回答：'对马斯克罗人来说已经够好了。'"凯什兰（Koechlin, 1975: 94）提到，维佐人经常把一种不能吃的章鱼卖给马斯克罗人，他也提到，马斯克罗人反过来会将一种质量很差的树薯粉卖给维佐人。

19 换句话说，我不主张这么做，就像博罗夫斯基（Borofsky, 1987）研究南太平洋的普卡普卡人（Pukapukans）时那样。

20 维佐语："*Reo tsy ho Masikoro mifitaky antety añy, fa Bekoropoka antety tety? Masikoro reo.*"

21 维佐语："*De lafa niavy tety, nanjary Vezo zahay. Nianatsy lafa navy taty, nianatsy ranomasina io, ehe, nanjary niha Vezo any.*"

22 维佐语："*Lafa navy tatoy voalohany rozy, tany ty fa tanim-Bezo raha teo, taloha Ka lafa niavy an-rozy, nandramby avao koa nianatse. Reo tsy raha sarotsy anara, na zaza kelikeliky manahakan'zao, lafa mianatsy, malaky mahay, satsia tsy misy taratasy moa, raha ahazoa diplôme, fa io tsy raha misy diplôme. Fa lafa mianatsy mive, fa mahay mive, fa mahay manday laka. Zay fy fianara laka zay. Ka razanay reo fa nahay, nianatsy koa zahay nan dimby any reo, satsia raha nataondraiamandreninteña any vo ataonteña arakaraky tenim-bazaha manao hoe: 'tel fils tel père. Zay io, raha nataon' babanteña, ataon-teña koa. Zay fandehany. Nianatsy laka zahay, nahay laka; nianatsy laka koa zafinay retoa Zay io fandehany io.*"

23 维佐语："*Olo mifitaky andriaky iaby atao hoe Vezo mahatonga iñy moa, avy amin'ny fitondrantena hain-teña, amin'ny toerany misy an-teña.*"

24 "风芭"这个词，指做**任何事**的方法，包括捕鱼、做饭、吃饭、讲话、向祖先供食物、结婚、生育等等。与风芭相关的例子，后文将会提及。

25 我的报道人认为，贝塔尼亚和贝隆的航海方式代表了北部沿海地区和南部沿海地区整体上的差别。

26 就我自己的感受，随着开始转变为维佐人，不知为何，我总带着一种不易察觉的兴奋感。但是，一离开贝塔尼亚，回到家中，我就会"舍弃"我的维佐身份。在我快要离开田野点的时候，我发现我的维佐朋友们开始执着地点评我吃鱼的能力，我觉得这很奇怪，他们为何对我几个月前就学会的东西突然有了兴趣。直到有人指出，要是我在意大利的父母看到我这样吃鱼，会感到十分惊讶，他们会大声说："你真的是个维佐人了！"（*fa Vezo tokoa iha!*）然后我才意识到，在我的维佐朋友的观念中，他们认为吃鱼及吐鱼骨是我回家后唯一还能做的维佐行为。回家后没有独木舟，没有海滩和出海捕鱼，但只要我仍在以这种特别的方式吃鱼，我就仍然可以拥有维佐人的身份。我的维佐朋友们也清楚地知道，一旦我回家了，我又会成为一个瓦扎哈（*vazaha*，即白人）。如果说我刚到贝隆时的身份，与我开始居住在海边后拥有的身份是不相关的，我也觉得人们认为我这 18 个月所经历的一切，与我回到英国后将会拥有的身份也同样是不相关的。（维佐人会觉得我回去后就会忙于写一本关于他们的书。）

27 拉马克理论是一种身份认同模型，林奈肯和普瓦耶（Linnekin and Poyer，1990）用其详细论述了大洋洲的文化认同和文化差异。该理论的基本观点是"习得的特征可以被继承"，这种观点指出了两个相关的议题：一方面，特征**是**习得的，说明环境因素较基因物质在更大程度上塑造、定义了人，反过来这也暗示了人是可塑造的、可转变的；另一方面，习得的特征可以被遗传，说明人们向后人传递的并非其基因物质，而是他们在生活中与环境的互动关系。从这方面来讲，拉马克理论提供了一种关于个体发展的理论，可以假设，人们并非自己一出生时候的样子，而是被自己做的事情、行为的方式、居住的环境所塑造的。拉马克理论的文化认同，就像萨林斯说的"表演性结构"（performative structures）（Sahlins，1987），"既是后天的，也是天生的"，它们是通过实践构建的（Linnekin and Poyer，1990：8-9）。

28 沃森（Watson，1990：39-40）从"种族（ethnic）这个面向讨论了凯南图人的身份认同。关于继嗣与拉马克模型身份认同更全面的讨论，请参阅 Lieber，1990。

29 波尼奥（Pomponio，1990：43）关于曼多克岛民（Mandok）的研究指出了类似的一点。虽然人们的身份认同是由所居住的地点构成的（住在海边和住在平原地区可以做对比），但曼多克**本质**身份（essential identity）的视角是，"即便人们最初从平原地区迁移而来，通过世代的繁衍，曼多克人似乎已经完全**吸收**海洋环境的本土精华"（p.52），波尼奥也在其他研究中以"海洋性基质"（marigenlc substance）的概念提到这点。

30 我的报道人并没有讲过这样的话，我这么说仅仅是作为维佐人将自己和马斯克罗人行为相对比的简化说法。顺便补充一点，维佐人和马斯克罗人不同的生计方式，同样也建立起了他们彼此之间的依赖关系：维佐人需要马斯克罗人为他们提供农作物，而马斯克罗人需要维佐人为他们提供鱼类。

31 与此假设不一致，同时从事于两种经济活动的个人或群体，在其情境下会被认为正在"做"一个维佐人或马斯克罗人。相关案例请参照上文提到的那位会造独木舟的马斯克罗人。

32 在此我要感谢史翠珊为我指出了这个要点。

第三章 没计划的人

1 此处是我报道人对于米得储克的解释。达尔（Dahl，1968：119）对该词的解释如下："收集、采摘食物，一边找，一边捡，一边吃，通常在菲廷卓哈（fitindroha）处进行。"（*nourriture ramassee, cueillie; mi-chercher, cueil-lir de la nourriture, picorer; fitindroha endroit ou l'on en cherche habituellement.*）凯什兰（Koechlin，1975）对米哈克（*mihake*）一词的解释不太明确，在一种语境下，米哈克被定义为"寻找食物——狩猎和采集"（p.23），作为米得储克的同义词出现；但在其他地方，米哈克指的是贝瓦图地区维佐人特定的捕鱼法。

2 米得储克不能指养在猪圈里的、主人直接饲养的猪。

3 维佐语："*lo mahay olo Vezo reo mipetraky andriaky reo, reo nahay anio Voalohany, nataondrosy laka, misy hazo ataoe hoe mafay. Hazo, ka vinahy io natao hoe, natao laka, natao sary sañan'io; vita nasay, nitoky raha io, tsy nihafo. Nandeha amin'zao reo, nilitsy nandeha añala, mbao nahita an'i farafatse io; maiky amin'zao raha eñy nenteandrozy: aha, reto sabbony hazo homety atao laka, fa maiva reto. Zay nivanandrozy anio, niasandrozy laka eo. Lafa amin'zao maiky raha eñy, laha nitery, nihafo. Zey ny fotorany.*"

4 请参照马林诺夫斯基（Malinowski，1922：398ff）关于特罗布里恩群岛岛民否认巫术被"发明"的讨论，以及弗思（Firth，1939：84ff）关于蒂科皮亚岛民没有与发现和发明相关传统的讨论，又见包登霍恩（Bodenhorn，1989：89）提到的传说，讲的是因纽皮雅特人（Iñupiat）如何"想出了"他们最初的谋生技能。

5 维佐语:"*Lafa mandeha mitindroke teña, de lafa vita amin zay mimpoly teña, ka tsy moly manandrefa fa moly mañandrefa, ka bakandrano miranga an-tana.*"

6 维佐人只有不小心时才会到公海,公海中目所能及的区域都被称为安卡浮合(*ankafohe*)。安卡浮合这个词的意思是在海中间、被海环绕,所以人无法背对着它离去。在安卡浮合之中,维佐人会觉得自己无法再次回到村庄(*tsy velo fa maty teña*,"人无法存活,只有一死")。请参照凯什兰的研究(Koechlin, 1975: 30),我与他在田野工作中收集到的海洋术语不太一样。

7 有一些地方性的禁律,比如不能在贝隆附近的某些地方讲梅里纳方言(*teny Ambaniandro*),因为梅里纳军队曾在那附近打仗,涨潮时被困住而溺亡;有些海洋生物可能会不喜欢吃猪肉的人或皮肤颜色较浅的人。尤其值得注意的是,没有女人不能捕鱼或不能接触渔具的规定,虽然我从没问过,女人在月经期是否可以去捕鱼,但从来没有人提醒我注意这点。在独木船上,我认识的一位女人曾在她月经期时乘坐捕鱼用的独木船。

8 这个故事的其他版本,请参阅 Petit, 1930 和 Birkeli, 1922–3。

9 维佐语:"*Fano, biby tsy matimaty matetiky, ka manan-kaja; fa ny fia mat isanandro, fa ny fano tsy dia matin'olo isanandro; isam'bola na isan'tao no mamono rano ny olo.*"

10 海龟和鱼的对比,在此处的意义是以捕海龟的"麻烦"凸显捕鱼的"容易",因此,人们认为海龟会"将自己馈赠给那些行为得当的人",就像因纽皮雅特人相信动物们会这么做一样(Bodenhorn, 1989: 93),而鱼,则必须通过个人的技术来寻捕。

11 在这种情况下,大海对维佐人来说既不是供给也不是共享的环境(参照 Bird-David, 1990)。

12 虽然雇用工人的老板不都是白人,但因老板的权威地位,他们总是被称为瓦扎哈。

13 这种说法在我和我的客人们面前不断被重复,但即使在我没有直接参与的对话中也会被反复提及。如我下文所述,这句话对男人、女人和小孩都适用(见下文,注 16 和 17)。

14 有时候这句话就是字面意思,指"鱼里有钱"(*de misy vola añaty fia*)。告诉我这句话的男人宣称,一位很有见识、年纪很大的老爷爷告诉他,最初的钱是在鱼里被发现的。然而,大多数人不同意这种说法,他们认为这句话只是个比喻，钱从海中来的意思，就是指维佐人通过在市场上卖鱼而获得收入。

15 很大一部分的钱都是由女人保管的，女人也要负责卖鱼，决定如何花钱（*ampela Vezo manao decision*，"维佐女人说了算"）。男人买酒必须找自己的妻子或母亲要钱，而这有时会引发许久的拉锯和争吵。

16 请参阅卡斯特（Carsten，1989）关于浮罗交怡群岛（Langkawi）马来人（Malay）的研究，他分析了他们在理财时的性别特征。从负责鱼市生意的男人那里得到钱后，女人们"加工"（cook）和"改造"（moralize）这些钱，将它们身上浸染的那种市场对社会所造成的竞争与矛盾属性去除，将"一种基于分化、交易、男性联盟而存在的社会"转变为另一种"基于由女性所经营之家庭相似的、整合的概念"的社会（p.138）。帕里和布洛奇（Parry and Bloch）提出，马来男人和女人不同的花钱方式，可作为"两种既相关又独立的交易秩序：一种交易关乎长远社会或宇宙规律的再生产，另一种短期交易的'范畴'仅关乎个人竞争的舞台"（pp.23ff）。而维佐人短期主义的乱花钱行为，是一种维佐人身份中无性别特征的特点，男人和女人同样都加入了第二种短期主义的交易"范畴"。我在下文会描述，唯一能让维佐人意识到**必须**存钱的，就是在他们需要一大笔钱来为祖先建墓地的时候，以此，维佐人才会通过为祖先做计划和存钱，建立并经历那种长期主义的交易秩序，在第八章里我会再次讨论这个议题。

17 "钱没了，都花在了吃的上。"（*Vola fa lany, ka hany ie ro mandany azy.*）

18 如第二章中所描述的帮忙卖鱼虾的14岁孩子，克拉，他妈妈奖给他一些钱，让他去买条新裤子，因为他身上穿的那条都要破开了。克拉却买了一颗塑料球，在其他孩子中间大受欢迎。然而，仅仅一天后，这颗塑料球撞上了大钉子，"死了"（*fa maty*）。克拉的妈妈以这件事好好教训了他，说他不会花钱，几个小时后，克拉就忙着用针线缝好他的旧短裤了。

19 弗思（Firth，1946：26-27，293-294）对于以渔业为基础的东方小农经济（Oriental peasant economy）的存钱策略提供了一种更全面的分析。

20 比如说开展一些小型贸易，做一些小吃去卖，砍柴卖柴，以及卖一些建房子的木材。

21 可以这样来体会帆船与独木船间的差别，一艘普通帆船的载重达20至30吨，30吨的帆船大约有15米长、3米高。

22 据我最年长的报道人说，在他1905年出生那会儿，贝隆已经有双桅帆船了。一位穆龙达瓦当地的官员，也是一位厉害的船主，曾给我看过一份手稿，上面记录了在 1888 年，阿尔伯特·约阿希姆（Albert Joachim，也被称为 Bebe），从法国留尼汪（Réunion）来到马达加斯加的图莱亚尔（Tulear），教维佐人如何建造双桅帆船。他很快就搬去了穆龙贝，在穆龙贝一直待到了 1890 年，然后他又搬去了贝隆，在贝隆结婚。最后，他在 1904 年定居在穆龙达瓦，在穆龙达瓦开办了造帆船的船厂。男人们在船厂工作三年后，可以获得证书。阿尔伯特于 1932 年在穆龙达瓦离世。虽然这份手稿的标题页已经遗失了，但我猜测它可能是库韦尔和诺坎（Couvert and Nockain, 1963）报告的影印版。

23 20 世纪 60 年代初期，一份关于马达加斯加西海岸运输业的研究（见上文注 22）称赞了维佐人在建造帆船并使用它出海时的高超技艺。然而，维佐人的商业行为在贸易商人们看来是令人不满的："双桅帆船的商业行为非常不稳定——在某些港口，很长一段时间内完全没有帆船，之后又会有几艘帆船同时出现，这让潜在的客户无法相信它们能够完成货物的运输。因此，帆船靠岸后，船长需要自己挨家挨户地去寻找客户才有货运，如果碰巧有好几艘帆船同时靠岸，船长会想方设法夺取订单，包括将运费降低到荒谬的程度。"

第四章　拒绝牵绊的人

1 "风芭"这个词，可以指个人或一大群人任何符合"习惯"（通常指大家共有的，而非罕见的）的"行为方式"。比如说，如果一个人喜欢在饭前喝酒，而不是饭后喝酒，这么做就是他的"习惯"（风芭利，*fombany*）。贝塔尼亚的人经常去市场上卖鱼，这也可以被看作他们的"习惯"（风芭卓自，*fombandrozy*）。在这些特有的词组中，风芭的定义与过去的联系无关。

2 这种语言特点与方言上的差异无关。人们似乎很乐意向我强调，从贝塔尼亚到贝隆，我将会遇到"不同的讲话方式"（*resaky hafa*），例如某些音的发音不一样。

3 凯什兰（Koechlin, 1975: 46）提到，马斯克罗人告诉自己的孩子们不要像维佐人的孩子们那样没规矩（*ka manao ana-Bezo fa raty*）。

4 不过，这种温和也可能是被有意识地调教出来的。有一次，我看到一个小女孩被她的父母两人训斥，他们甚至拿着燃烧的火把威胁她不许再哭喊。我远远地看着，对大人们的严格和粗暴感到相当震惊。然而，通过解释我才知道，这个小女人被这么训斥是因为她在为妈妈弄掉头发中的虱子时索要酬劳，而这种要求她之前也提过很多次了。这个孩子"固执"（*mahery loha*），她的"习惯"（也就是一做事就要酬劳）非常不好（*raty mare fombany*），她的哭喊也表现出她"疯狂又暴躁"（*masiake anaky io*）。这个例子体现出，学着做一个"温和"的维佐人比维佐人自己愿意承认的要困难得多。同时，维佐人将孩子性格与气质的形成描述为一种自然而然的、不存在任何问题的过程，之所以变得温和，是出于自己骨子里生出的温和，这仅仅是为了建立和证明维佐人的性格特点是无处不在的温和。

5 "法栗"这个词通常指禁律，但不会用它来指习俗上存在的禁忌。例如，提醒孩子们不要碰我的财物，就是给他们的禁律（*faly anao*）。

6 更多关于婚礼仪式的内容，请参阅 Astuti, 1993。

7 *mora* 这个词用在"*fanambalia amin'ny Vezo mora mare*"这个描述中，意思是既"简单"又"便宜"（与之相反，*sarotsy* 的意思是既"麻烦"又"昂贵"）。

8 维佐人结婚的简易程度也经常令外人惊讶。我问马洛法斯，也就是在第二章中提到的安坦德罗小伙，维佐人的习俗和安坦德罗人的有什么区别，他想到的第一个习俗就与婚姻有关。带着惊讶和难以置信的表情，他强调维佐人结婚是多么容易啊，然后向我描述了一个像他这样的安坦德罗年轻男人，为了结婚要给岳父送上多么大数量的牛和羊。关于萨卡拉瓦贝米希萨特拉地区（Sakalava Bemihisatra）为结婚准备的财物，见 Baré, 1977: 58 和 Feeley-Harnik, 1991: 180。

9 如下文将叙述的，大家认为女人是"真正的起点——源头——因此是孩子的所有者"（*ampela ro tena tompony*）。

10 我的报道人似乎认为缔结婚姻的"简易性"及其所导致的夫妻关系的不稳定性是维佐人所特有的，奥提诺（Ottino, 1965）和瓦斯特（Waast, 1980）关于萨卡拉瓦人婚姻不稳定性的研究（也见 Baré, 1977: 57ff）指出这样的观点并不正确。然而在这里我关注的不是我报道人的观念基于社会学的意义，而是维佐人对婚姻的观念，以及他们将婚姻缔结为一种无牵绊的关系的方式。

11 那位岳父吼道："*zaha ro tompon asa ty, de zahay avao ro Mahavira azy, ka tsy mila anao. Arosoa!*"（"我们才是这件事的主人，能把它办好的只有我们，不需要你掺和。走开！"）

12 一个常被引用的故事是,当一个马斯克罗男人爱上一个维佐女人——我的朋友说,这经常发生,因为维佐女人不仅漂亮(*zampela Vezo ampela soa mar*),而且很富有(*manam-bola maro ampela Vezo*)——马斯克罗男人就会被迫去海边和维佐女人一同居住,因为维佐女人会觉得内陆不宜居,太热了。(Feeley-Harnik,1991:183)

13 马达加斯加北部高地的梅里纳人,在婚礼过程中,新郎要给岳父献上一笔钱,称为"羊屁股"(*vody ondry*)。"在举行仪式的过程中,新郎要对自己的岳父马首是瞻,他从岳父那里得到祖先的庇佑,他要负责岳父墓地的开销,但他并不仅仅是成为了一个新儿子,而且是成为了一个新的**好儿子**……不仅要像儿子一样为自己的岳父承担墓地的费用,还要贡献比儿子多得多的东西;不仅要帮助岳父打理田间的农活,还要一切以岳父的事为先'冲去干活',比对待自己亲生父亲的命令还要勤快。女婿给岳父的不是鸡屁股(*vody akoho*),而是羊屁股。"(Bloch,1978:27)

14 费里-哈尼克(Feeley-Harnik,1983-4:140)提到"暴躁(*siaka*)是皇室的主要特点之一"。

15 凯什兰(Koechlin,1975:46-48,64,95)将维佐人的迁移能力解释为一种回避权力控制的方法。A. 格安迪迪尔和 G. 格安迪迪尔(Grandidier and Grandidie,1908-28,I:376 note 4)也写道,在法国殖民之前,维佐人就经常被萨卡拉瓦国王掠夺(又见 Grandidier,1971:14)。当维佐人担心被掠夺时,会毫不犹豫地迁移。瓦伦(Walen,1881-4:12)写道,因为维佐人人数少,而且很弱,他们无法抵抗马斯克罗人的袭击,如果这两拨人发生了冲突,维佐人就会乘独木船逃离。

16 见 Fauroux,1975:78。

17 有关北部奴隶制度的讨论,见 Feeley-Harnik,1982。

18 费里-哈尼克(Feeley-Harnik,1978)对此有极富洞察的讨论。

19 当地方言又称为 *tapasiry*。

第六章 生的亲属关系 死的亲属关系

1 关于使用这种亲属关系所涉及的问题,请参阅 Astuti,1993。

2 *tompo* 一词的释义,请见下文注 20。

3 就他的视角而言,性别是无关紧要的。年长的女性也享有同样的视角。
4 据上文,萨丽是卢佛的妈妈,但是,萨丽和卢佛也可以被视为兄弟姐妹(萨丽的爸爸的爸爸的妈妈的爸爸,是卢佛的妈妈的爸爸的妈妈的爸爸的兄弟)。
5 爷爷的说法可以被理解为,婚姻具备的分割性是因为有些人,通常是某个人的女儿,在随配偶搬走的时候,就从家族中"遗失",成为异族。但在我与他对话的情境之下,儿女们因婚姻搬走后仍然会存在于爷爷包容的菲隆共尔视角之中,所以我觉得这种解释并不具备说服力。
6 爷爷似乎认为婚姻是一种将人们定义为"非亲属类关系"(non-kin)的工具,类似的观点请参阅亨廷顿(Huntington, 1978, 1988)关于马达加斯加南部游牧族群巴拉人(Bara)的研究。亨廷顿(Huntington, 1988: 100)提出巴拉人通过承认存在乱伦关系,以及认为乱伦是有罪的,"维护亲属类关系与非亲属类关系之间的区别"。梅里纳人的研究也表明他们将婚姻视为建立亲属联结(kinship links)的工具。梅里纳人认为,在同类成员之间的婚姻"不能形成不同群体间的姻亲关系,而是对亲属联结的二次确认",强调已经存在的谱系关系(Bloch, 1971: 196)。在这点上,婚姻成为一种亲属关系的标识,即使它并非实际存在(又见《亲爱的亲人》[*hzavana mpifankatia*]一书, p.203)。
7 我的报道人并未采用在区分亲属关系时用到的近亲与远亲的概念(*foko* 和 *longo*),这对概念由奥提诺(Ottino, 1963)所定义并被拉文德斯(Lavondès, 1967)和凯什兰(Koechlin, 1975)所使用。在这种概念中,奥提诺认为个人兄妹的近亲绝不会成为个人的远亲;凯什兰则持反面的观点(Koechlin, 1975: 32-33),认为建立亲属关系的不是婚姻,而是孕育下一代,婚姻中的禁忌也因此而来,相关讨论的案例请参阅 Feeley-Harnik, 1991: 203。
8 爷爷的子孙可以从自己出发,向上**同时**画出很多条追溯祖先的路径,他们也**不会**在所有可见的谱系中选择某一条。因此,孩子们追溯自己与祖先关系的过程(不是从祖先**出发**),与埃林顿关于这一点的讨论存在不同含义(Errington, 1989: 206, 222)。
9 最近,绍索尔指出"关于马达加斯加人社会关系的讨论已经专注于他们主要是血亲继嗣还是父系继嗣……而现在开始出现的这种争论或许本来就是错误的"(Southall, 1986: 417),在他关于北部萨卡拉瓦人社会关系的"摘要"中,巴雷(Baré, 1986: 390)也提出了相似的观点:"关于马达加斯加人的社会制度是否是'血亲型'的讨论对我来说似乎没有意义。"然而,绍索尔提出了一种"积累型亲属关系"（cumulative kinship）的新模型（Southall, 1986：417）。其依据为"所有马达加斯加人的亲属制度中看起来最有特色的一点，并非它们的属性是血亲或父系，而是他们强调亲属关系和继嗣身份是一种在生活中逐渐获得、日益增加的存在，即使在死后也是如此，而非在出生时就获得并存在固定定义的"。巴雷（Baré, 1977）认为，虽然居住地在时空中是固定的，但人们通过对居住地"愿望"的选择来强调氏族间的姻亲关系是"灵活"的，因此从静态的视角看大家是一个继嗣群。除此之外，他的研究还提出了关于女性和女性的孩子在"积累型"继嗣中的特点（Baré, 1986：374）。

10 也可参阅巴雷关于马达加斯加北部贝米希萨特拉王朝的研究（Baré, 1977：35ff），他认为居住地是确立"一个氏族的主要归属关系"的原则。法鲁克斯（Fauroux, 1980:83ff）和施莱莫（Schlemmer, 1983：104）也讨论过人们会在多个氏族关系中选择其一作为归属。

11 请参阅赫克特（Hecht, 1977）的研究，她认为普卡普卡人的父系继嗣是"通过墓葬累积的父系关系"，她将 pöwa 和 kavae（父系单位）描述为"父亲与墓葬的类别"。

12 布洛奇（Bloch, 1971）还提到梅里纳人认为询问人们的 karazama 是不合适的，虽然这种不适感与询问维佐人的壤葬有很大区别。因为在梅里纳人之中，人们的类属暗含其阶层（根据其类属与国王的亲近程度而定），询问一个人的 karazana 具有令人尴尬的阶级意味。不过，维佐人与之相反，个人的类属关系也是有效社会信息的一部分，可以通过巧妙地询问人们的 tanindrazana（祖先的居住地）来知晓。所以，"一个有经验的梅里纳人脑中印有一张梅里纳人的旧社会关系图"，知道一个人的 tanindrazana 就相当于知道了对方的 karazana 和阶层（p.107）。

13 本章中所提到的父系/母系或父亲的/母亲的壤葬，指的是父亲或母亲下葬时将会进入的壤葬，我并不是在表达父亲或母亲在活着的时候就已经"属于"某个壤葬了。

14 交谈中提到的仪式类型在当时的情境下是非常明确的，人们通常都把索颅纳安克仪式称为索颅仪式，我在下文的描述中也会使用这种惯例上的叫法。

15 为方便叙述，我使用"伊阿诺"作为人名，其意是"某某人"，没有性别之分。

16 如果伊阿诺的父亲还活着，伊阿诺就会被埋进他父亲将要埋进的坟墓。反之，伊阿诺父亲坟墓的地点，要由伊阿诺的爷爷是否为自己孩子举行过索颅仪式来决定。

17 在此我特意使用了"祖辈"这个含糊的代词，更详细的说明请参阅下文中关于哈宗满加的部分。

18 见上文注 16。

19 即使在伊阿诺的父亲死后，伊阿诺**自己**仍然可举办索颅仪式（*misoro vata*，"自己举办索颅仪式"）。

20 维佐语："*Manomboky eto, manan'anaky ny lehilahy. Laha tsy mahavita soro, tsy manan, anaky ny lehilahy fa ampela ro tompon aja, ampela, neniny niteraky azy, ie ro tompon'ajà. Laha mahavita soro, baban'ajà ro tompon'ajà. [Pause] Hoatsy, maty ny zaza; laha mbo tsy mahavita soro babany, miley amin'ny lolon'neniny. Maty zaza, maty ajà, vita soron babany, milevy amin ny lolonbabany.*" 我将 *tompo* 这个词粗糙地翻译为"主人"或"女主人"，因为其实这个词有太多种含义，从最简单的物品的所有者（*tompon-kiraro reto*，鞋子的主人）到人或物的权属关系（*tompon-trano*，房子的主人、一家之主；*tompon aia*，孩子的主人、孩子的监护人；*tompon-tany*，土地的主人或当地的土著）。另外，在马达加斯加的很多地方，*tompoko*（"我的主人"）这个称呼的意思等同于"先生"或"女士"。

21 虽然父亲只需要为第一个孩子举行索颅仪式就可以获得确立该女性之后生的所有孩子的埋葬地的权力，但与聘礼系统不同，他对该女性的**生育力**并没有永久掌控权。此外，如果婚姻破裂，索颅仪式就会失效，因为这位举办过索颅仪式的男性，不再是女性和其他男性所生的孩子的"主人"，其他孩子们的父亲仍要依次举行索颅仪式，如果他们没有，孩子就会被埋进母亲家的坟墓。换句话说，索颅仪式既不能建立父亲的地位，也不能保障父亲的地位，这也说明了索颅仪式所关乎的并不是对生育的权力，而是对遗体的权力。拉文德斯阐述了关于马斯克罗人的截然不同的索颅仪式（Lavondès，1967：63-67）；施莱莫（Schlemmer，1983：101）将该仪式论述为"人的生育力即为劳动力：适龄工作的人"。

22 也见 Koechlin，1975：133。

23 极少出现的情况——根据女方壤葬的习俗，也可能会要求男性提供香蕉或大豆。

24 拉文德斯（Lavondès，1967：64）提到，马斯克罗人的索颅特索克，是"为了'终结'女方家族所做坏事而引发的后果（soro ala havoa），不论这些坏事是有意还是无意所为。"举行仪式的时候，男方家族要献上一头牛，在女方家长辈处祭杀，如果男方的家庭很穷，也可以使用大米。没有材料表明马斯克罗人的索颅特索克可以作为孩子出生后举办的索颅仪式的替代，也见Schlemmer，1983：100-101。虽然凯什兰并未明确地讨论过这个话题，但他似乎认为自己在贝瓦图相处过的维佐人将索颅特索克看作索颅奥比的替代（Koechlin，1975：134）。

25 biby 这个词，有比"动物"更广泛的含义，它可以指所有不是人类的生物，包括动物、行为不像人类的人、祖先，还有大海及森林中的各种生物。因此，我倾向于不要去翻译它。

26 关于小孩子确切到了几岁才应该被埋进坟墓中虽然还存在争议，但我在这里所陈述的大原则是所有维佐人都没有异议的。

27 还有一个人跟我说的是，即使"水宝宝"有了骨头，但骨头都很软，也很脆弱（taola fa misy, avao, fa malemy, tsy henja）。

28 关于马达加斯加东南部的塔纳，关于塔纳拉人（Tanala）因遗体而发生冲突的例子，见 Beaujard，1983：446ff。

29 女人被埋进丈夫的坟墓，是作为她孩子的母亲，而不是作为她丈夫的妻子，可以印证这一点的是不孕的女人不能被埋进她丈夫家的坟墓，且这点被维佐人视为禁忌，因此大家不会公开谈论。

30 同上文的例子一样，在父亲和母亲的坟墓之间进行选择，仍然是在阐释关于父方（父亲和孩子的关系）和母方（母亲和孩子的关系）之间的差异。

31 维佐语 nenikely、babakely（"小妈妈"、"小爸爸"，一个人父母的妹妹/弟弟）和 nenibe、babebe（"大妈妈"、"大爸爸"，一个人父母的姐姐/哥哥）很少用于区分父母或父母的兄弟姐妹。

32 关于马约特人（Mayotte）在葬礼中失去个人属性（depersonalization）的过程，兰贝克和布莱斯拉的研究（Lambek and Breslar, 1986：407）指出，在葬礼上提及死者时，要使用和母亲有关的称谓，而实际在平时的生活中，大家使用的是和父亲有关的称谓。他们认为其原因是，与父亲的关系是一种必须被宣示的社会习俗，而与母亲的关系是一种不言而喻、"自然"的事实，因此，应使用母系的称谓来描述死者的社会身份。而维佐人则相反，他们称呼死者用的是死者与举办索颅仪式之人的关系，所表明和激活的是死者第一次作为壤葬成员的身份。

33 那些没有举行过索颅仪式的人由此会被称为"女人的孩子"（anakan'ampela），因为他们与"单族"壤葬及其坟墓唯一的关联来自生了自己的女人。

34 我使用哈宗满加（祭祀祖先时使用的木杆）这个词来指示真正**持有**哈宗满加的人，虽然实际在文献中他们被称为 mpltan-kasomanga（持有哈宗满加的人），原因如下文所述，在我做田野的地方，人们觉得这两者间没有区别。

35 凯什兰（Koechlin, 1975: 129）大概解释了哈宗满加所处的位置，强调他与壤葬间的联系是作为一同被埋在坟墓中的死者，而非他作为一群生者所定义的壤葬首领所发挥的作用。

36 哈宗满加不能是女人，因为"女人跟着男人"（ampela manaraky johar）。虽然说女人在婚姻中跟随男人，但在这种情境下更重要的是，当她们与孩子一起被埋在丈夫家的坟墓时，她们有可能死亡时也跟着男人，如果女人可以成为哈宗满加，她们就可能活着时是一个壤葬的哈宗满加，而在下葬后又变成了另一个壤葬的成员。

37 哈宗满加念诵祖先名字时，不能念那些比他年轻的死者（"年幼的兄弟姐妹"[zay]或"孩子"[anaky]）的名字，他们只能作为一个整体与其祖先（ankapobe）一同被提起。如果有某个供品是献给他们中的某个人时，哈宗满加会让一个年轻些的人来做实际上的祭祀。

38 案例见 Julien, 1925-9; Lavondès, 1967; Koechlin, 1975; Schlemmer, 1983: 100 note 25。

39 在马达加斯加西部，哈宗满加被认为是最初王国统治时强加于原住民的。关于马哈法利人的讨论，见 Kent, 1970: 314；关于萨卡拉瓦的马斯克罗人的讨论，见 Lavondès, 1967: 21 note 3。

40 维佐语："Hazomanga maranitse rery, aminy Vezo, misy avao kiraikiraiky, fa zay no mahasarotsy azy raha zay, fa tsy dea izy loatsy no tompony fa raha mandimby olo lavitsy any ka zay ro tsy ananane anioreniane any raha eo Fa laha tenia tom pony, manahaka ao Masikoro mbao reo, reo fa tompony reo, razany eo avao laha teo, tsy nandeha baka lavitsy any, ehe, ka fa maty raiky fa mandimby azy eo ie, maty raiky fa mandimby azy eo ie, zay Fa Vezo, olo baka lavitsy ka ny razambeny, tompon'hazomanga io, tsy raha eo fa tavela any, any any. Fa hanaky avao,

zafy avao, mandeha maniatoy, manatoy io ka io tsy mahazo manory any hazo maranitsy io atoy io, fa tena tompony mbo any, mbo lavitsy any."

41 凯什兰（Koechlin，1975：126）描述了贝瓦图的哈宗满加；米洛特和帕斯卡（Millot and Pascal，1952：27）发表过一张穆龙贝地区哈宗满加的图片。

第七章　分隔生与死

1 *biby* 一词的释义，请见第六章注 25。
2 每次人们提到与死亡和墓地有关的东西时，基本都会说 *sañatsia tany manintsy*。
3 如果一个人了解梅里纳人的分类体系，会觉得维佐人认为他们的墓地是热的也是一种"正确"的说法。对梅里纳人来说，坟墓和祖先都是冷的，因为它们代表了"重聚"这个积极的概念并且解决了人们在生活中所经历的分离感，而对维佐人来说，坟墓是热的，因为它们代表了人们在生活中所忽略掉的分割性。
4 阿比纳尔和马尔扎克（Abinal and Malzac，1987）将梅里纳人的方言 *aina* 翻译为"生活"（法语：*vie*），将 *miaina* 翻译为"活着、有生命的、呼吸、一呼一吸"（法语：*être en vie, vivre, respire, se respire, se dilater*）。我将 *ay* 一词翻译为"呼吸"（而不是"生命"），因为我的报道人对我解释这个词的时候，是用呼吸的动作做示范的，虽然他们使用这个词表达的意思是"生命"。
5 见 Feeley-Harnik，1979，1984，1986，1991：40，其中描述了关于为贝米希萨特拉地区（萨卡拉瓦北部）的皇室服务时，"热的工作"和"冷的工作"之间的区别。与皇室葬礼有关的工作是热的，其他服务都是冷的。
6 在贝塔尼亚和贝隆期间，我参加过 12 场葬礼。
7 布洛奇（Bloch，1971：142）所描写的梅里纳人葬礼上唱圣歌的内容与维佐人的情况相同："唱的歌的确都是教堂里的圣歌，但他们以一种热闹的方式演唱，与在教堂中演唱的方式是不一样的。"
8 在贝塔尼亚确实是这样的情况，人们使用去穆龙达瓦林厂购买的一种现成木板；而在贝隆，造棺材要花费更多的时间，被视为一项"大工程"，因为所需要的木材更粗糙，刨平它更费力。
9 对梅里纳人来说，在葬礼上煮肉时加盐是禁忌，"以免它太好吃了"（Bloch，1971：142）。

10 在贝塔尼亚租房子给我的男人有个烦恼,那就是因为他在当地的煤气公司工作,有时候会影响他去参加贝塔尼亚的葬礼,这在他看来非常麻烦与危险,也非常不好,他会担心,**自己**死的时候谁会来为他守夜和唱歌呢?

11 关于梅里纳人在葬礼下的"自动行为"(automatism),请参阅 Bloch, 1971: 142;关于马约特岛说马达加斯加语人群的相关研究,请参阅 Lambek and Breslar, 1986: 404-405。然而,与维佐人相反,以上案例中的人们参加仪式时似乎未加思考。

12 我到贝塔尼亚一个多月时就出现了第一场葬礼,在我强烈的要求下才得以参加守夜和聚餐。干亲家的每一个人似乎都劝我不要去,他们一直在说,我不去的话也"没关系"。当时我以为他们是不希望我参与进某些重大事件,于是坚持表示,由于和他们的关系,我觉得自己有参与其中的责任。很多人在聚餐和守夜上看到我时都特别惊讶,特意过来跟我说他们觉得我能来参加这些活动很棒。甚至有一次,他们在责备有人没来参加守夜的讲话中,还提到我在活动中的参与度。当葬礼结束后,我特别感激那些大方允许我参与其中的村民,而后来我才知道,那些村民其实也很感激**我**,因为在他们看来,我放弃了自己的凉爽来和他们一起经历死亡带来的中断。我也明白了我的干亲们之所以坚持劝我别参加葬礼,其实是在表达:作为一个外乡人,我没有义务参与,因为我依然可以在家睡个好觉、吃些美味的食物。

13 和我相处的那些维佐人并没有遵循某种守丧(*misaona*)的行为,据他们自己所说,这是"海边人"的习惯。有些报道人告诉我,维佐人也会用一些可见的方式表达哀思,如果他们想这么做的话。男人们从墓地回来后,会剃掉头发和胡子,然后一整年都不再这么做;女人会把头发编成辫子,并且一整年都不解开这个辫子。一位朋友分析,维佐人之所以不使用这些表达哀思的行为是因为人们死亡的频率太高了,如果这么做的话,维佐人得年复一年地顶着一头乱发,穿着黑色衣服,这会让人看起来很滑稽。我们也可以猜测,维佐人不想看起来很滑稽,是因为这会让他们之前为将死亡从村中驱除、让生活回归凉爽如常的那些努力全都白费。同样地,大家对为亲人和朋友的死亡而特别伤心的人也缺乏耐心,会觉得太过了。即使每个人对死亡的反应都会不一样,也要看人们和死者的关系,以及死者去世时的状态,尤其是死者的年龄。在贝塔尼亚的时候,有一个健康英俊的青年男子突然死掉了,整个村子都为之震惊。葬礼之后,这个男人的父亲陷入了深深的悲伤与低落中。由于我住的干妈家的房子离他家特别近，我可以看到他终日无所事事，长时间地发呆。如果只是一阵子这样，大家会觉得是正常的，但仅仅在葬礼结束一两天后，我的干妈就开始表现出不安，她对我和家里的其他人说这个男人不能整天这么消沉，应该有人叫他一起去捕鱼，让他不要总想着儿子的死亡。她还让我去跟他聊聊，给他一些药什么的。虽然我的干妈是真的担心这个男人的身体健康和精神状态，但显然她觉得看到这个男人就很烦，因为这会提醒她和我们这个人儿子的死亡。听她热切地讲述我们的邻居，我感觉她希望这位父亲忘掉哀伤，催促他赶紧振作，原因或许是只有这样才能彻底将他儿子那给村庄带来"损失"的死亡，从大家生活中成功驱除。

14 大蒂克罗克的死紧随莎菲似乎并未被视为有何特殊意义。人们提到这两个女人曾经是非常亲密的朋友，而且她们都已经很老了。但也有人暗示说大蒂克罗克是等着自己好朋友的葬礼结束后才死的，这样就可以避免人们同时筹备两场葬礼会遇到的问题。

15 有一点必须要强调，维佐人认为是死者引导了生者去执行她想要的葬礼的样子。根据死者生前喜好的区别，葬礼也会有所区别。我之所以选择讲述大蒂克罗克的葬礼，是因为在她的葬礼上人们实在太开心了。

16 请参照 Feeley-Harnik，1991：35，费里-哈尼克提到过一段阿纳拉拉瓦（Analalava）地区某位萨卡拉瓦老婆婆葬礼上的演讲，发言人"开场就强调了 T 嬷嬷（Mme. T）的长寿及她有很多后人：16 个孩子（*zanaka*），其中 13 位都仍在世，109 位孙辈，大概 12 位重孙（*zafy faharoy*）"。

17 上文我提到过，当死者年事已高时丧宴**应该是**什么样子，以及当死者是年轻人时丧宴**不能是**什么样子。可与之类比的是，快乐与悲伤、庆祝活得精彩的漫长一生与痛心于英年早逝所带来的损失，这两种体验在情感上的区别是显而易见的，并且在所有其他葬礼上不断重演。不过，聚餐以一种令人非常痛苦的画面强调了这种差异，类似的讨论请参阅布洛奇（Bloch，1985）对于梅里纳神话故事的分析。梅里纳神话讲述了很久以前人们会吃自己的祖先，在对比两组意象的区别时——年轻人吃老人是可接受的意象，老人吃年轻人是有问题的意象——这个故事起到了重要作用。而在维佐人的葬礼上，"年轻人吃老人"和"老人吃年轻人"这两种意象的对比关系，则体现为：如果聚餐是在老人的葬礼上，孙辈们因祖父母的慷慨而开心地大吃大喝，与之相反，如果聚餐是在意指"损失"（年轻人）的死亡时，大家用餐时要非常谨慎地避免表现得贪婪。

第八章 为死者服务

1 当哈宗满加禀告祖先，他们的后代要给他们建一座新坟墓时，他将其称为祖先的房子。
2 古迪（Goody，1962）描写了洛达加人（LoDagaa）在葬礼的过程中"活着的人……要'摆脱'自己与（死者）鬼魂的关系，为了'不再做梦'"（p.129），或者要在与死者共同的经历中"擦除对死者的记忆"（p.130），这么做他们就不会再梦见死者了（p.147）。在这个案例中，一定需要擦除的记忆是生者的。然而，在维佐人那里更强调的是，死者自己对生的记忆与眷恋，我们会读到，这是永远无法彻底"摆脱"的。关于死者让生者完全失却记忆的讨论，也见 Battaglia,1990: 67ff。
3 女人可能还不知道自己死后要被埋在哪个坟墓。即使一位已婚女人未来不会埋进自己丈夫家的坟墓中，也仍会参加丈夫为他的壤葬所组织的工作。然而，她可能不会称自己为"丧事的主人"，而是作为与"主人"有婚姻关系的人（*olo mpanambaly*）。不过，如果女人参加自己父亲或兄弟组织的仪式，她的身份就是"丧事的主人"。
4 马达加斯加的语言中表达复数所有格的"我们的"，有两种后缀，一种以 *-ntsika* 结尾，一种以 *-nay* 结尾。如果提到的是 *asantsika*，人们就是在强调大家在组织和举行仪式时的责任，如果提到的是 *asanay*，就与这部分意义无关。
5 关于围栏对萨卡拉瓦人的意义，见 Feeley-Harnik，1980。关于围栏对生者的分隔性，案例又见 Lavondès，1967: 69 note 3。
6 贝塔尼亚的人说，因为欧洲的窃贼，这种雕刻几乎没留下多少。见下文注 23。
7 虽然从六十年代起，混凝土对维佐人来说就是很容易弄到的材料，但当我试图询问更早些的习俗时，和我对话的人明显不感兴趣，或许是因为他们认为过去和现在没什么重要区别，人们仅仅是学会了使用混凝土这种材料。大家都觉得要感谢欧洲人，混凝土让他们可以更好地完成一直想要达成的目的，那就是为死者建造永久长存的坟墓。在萨卡拉瓦王朝强调自己坟墓的持久性很重要时，混凝土的持久性似乎尤其有意义（见 Baré，1977；Lombard，1973；Lavondès，1967；Feeley-Harnik，1978，1991；Bloch，1981）。

8 死者房子的耐久性与坚固性是马达加斯加的一个特点，经常被与生者房子的脆弱性做对比。布洛奇提到过梅里纳人"想要建造尽可能持久的坟墓"，坟墓比房子要持得多是"一种对梅里纳社会及所有活着的人所在社会之流动性的否认"——通过这种行为，坟墓成为梅里纳人认为自己的社会是什么样子以及应该是什么样子的证明（Bloch, 1971: 114）。如我在第六章中提到的，对梅里纳人来说，坟墓是让"重聚"成为可能的地方，是梅里纳人最终实现成为"相同的整体"这个想象的地方，也是让这一切永恒的地方。而对维佐人来说，坟墓的持久性包含着另一种含义。它实现的并不是一种死者想象中的情形，而是终结了对那些只能存在于生者生命中情形的想象，从这个角度来说，混凝土是一种合适的材料来体现生活的流动性与不确定性和死亡带来的固定性之间的转变，以及菲隆共尔和"单族"壤葬之间的转变。

9 这个特指针对十字架仪式的献资。

10 具体花费如下：混凝土 52870 FMG，钢筋 19000 FMG，油漆 7750 FMG，砖头 50000 FMG，朗姆酒 230000 FMG，米 140000 FMG，一头牛 135000 FMG，市场上买的肉 30000 FMG；茶卡叶、番茄和洋葱 3000 FMG，叭富乐（磁带音箱及喇叭）租金 40000 FMG。

11 一共有 9 位成年人。2 位女青年（*somonjara*）和我自己都参与了献资，在应该献资的人中，有 2 位男青年（*kidabo*）和 1 位女青年未参与。本子上记录的献资金额从 5000 FMG 到 80000 FMG 不等。此外，在仪式的各个过程中产生的临时开销会被所有人平摊，这部分献资并未被记录到本子上。

12 根据维佐人观察到的星象，在 11 月举行任何仪式都被视为禁忌。有一次阿萨洛洛仪式在 12 月举行，很多人觉得这很不寻常，也不合时宜。

13 哈宗满加在这段时间里购买了一艘新的独木船，他的兄弟姐妹都暗说他是用大家献资的钱买的。实际上，这其中一部分钱是他自己的，而另一部分钱是我借给他的。为了澄清这些谣言，哈宗满加找机会召开了一次家庭会议，表示他从未碰过为仪式筹的钱。

14 见 Parry and Bloch, 1989 及第三章注 17。

15 这里特别要强调的一点是，死者**不应该**感到意外。如我们在前文中了解的，经常处在感到意外的状态其实是活着的维佐人的一个特点，甚至可以说是维佐人文化中的推崇，"我们就是这样活着的"。如此，死者在其领域是缺乏意外的，这也体现了生与死显著区别的另一个特点。

16 维佐语：*"Faly tokoa rozy nandray anio, nahazo anio raha io, io raha electrophone hananam-bazaha ro natoro*[*-lareo aze, ka faly, ravo reo, ka izay ro afambara anao, iha raza-be matoe, tsy hotseriky nareo noho la anie hoe-he: laha zafiko reo, anake reo nahazo raha, ka la tsy misy ty fahatarovan-dreo ahiko*""*Oho tsy misy amin'zay, ka izay ro ikaihanianareo afiambarafiareo io.*"

17 成年人教小孩如何跳密娜娑基舞（维佐小孩经常在学会走路前就学会怎么跳这种舞了），让他们翘起臀部、举起双手、弯下膝盖、放低身体再慢慢直立，鼓励孩子们跳得幅度更大些。

18 请参照 Feeley-Harnik，1991：442。

19 虽然通常只会"讨要"一个十字架，但一旦这个十字架"给出"，其他的也会被一起"给出"。

20 仪式的第一个阶段（制作十字架模具），以及仪式快结束时人们将十字架送往墓地的行动，都会由巫师指示吉日，这段时间内其他阶段的安排则可以怎么方便怎么来。

21 因为这个女人被埋进了她丈夫家的坟墓，所以她的父亲和兄弟姐妹就无法为她建十字架，只能等她丈夫主动这么做。

22 一头小母牛要花费 100000 FMG，一箱啤酒不到 30000 FMG。

23 妮蒂克十字架上的乳房装饰被视为不同寻常的创意，我干亲家的人都向我保证之前从未见过那样的十字架。他们自己觉得十字架上的乳房和曾建在坟墓上的雕塑稍微有点儿像（*mitovitovy*），这些雕塑中还有些其他形象，包括这样大乳房的女性。关于这点的讨论，见 Astuti，1994。

24 关于梅里纳人在翻尸换衣仪式（*famadihana*）中的"亵渎祖灵"方面的讨论，见 Bloch, 1971: 167ff。

25 更值得注意的是，大蒂克罗克遗体的送行队伍与大蒂克罗克十字架的几乎是同一支。

26 对于 *kisaky* 这个词，其翻译很难令人满意。我选择使用"闹着玩的玩笑"（playful joke）这个说法来表达这种戏弄行为的两个方面，它既是为了让大家感到好玩的随性而为，同时它也并没有让接受者付出代价的恶意。达尔（Dahl，1968：112）将 *kizake* 译为"嘲弄"（moquerie）。

27 维佐人听我描述安塔那那利佛的梅里纳人的翻尸换衣仪式时非常惊恐，在这个仪式中人们会和祖先的遗体一同跳舞（见 Bloch，1971，1982）。维佐朋友们的反应也很典型，他们表示比起维佐人的"简易"，梅里纳人的仪式太"艰难"了，而他们显然没意识到翻尸换衣仪式与十字架仪式的相似之处。

28 费里－哈尼克（Feeley-Harnik，1991：453-454）提到过南贝米希萨特拉王朝的萨卡拉瓦人在替换皇室坟墓附近的围栏时是怎样工作的（*menaty*，服务），他们的工作体现了一种"更易完成、更易想起、更易谈论的皇室葬礼"。

维佐语词汇表

第一章 前言

动词 *mive*
以海为生、栖海而居的人 *olo mitolo rano, olo mipetsaky andriaky*
不是一个真正的族群 *une ethnie veritable*
不是一个特殊的人种 *une race spéciale*
不是一个可被识别的民族 *une peuplade distincte*
维佐人的身份不是固定的呀 *Vezo tsy karazan'olo*
没人一出生就是维佐人，出海、捕鱼、在海边生活，就成了维佐人 *tsy Vezo am'raza, fa Vezo satsia mandeha andriva, maminta, mipetsaky amin' sisindriaky*
硬土地 *tany mahery*
软泥沙 *fasy malemy*
冯德罗 *vondro*
浴室 *ladouche*
特点 *toetsin-tana*
去哪儿啊 *Ho aia nareo*
去市场 *Handeha a bazary añy zahay*
大餐 *laoke matavy*
每天都吃鱼 *oma fiaisanandro isanandro*
吃腻了 *tsy morimoritsy*
无聊透顶 *bangy bangy*

思乡病 *jangobo*
行为（风芭）*fomba*
生计方式 *fiveloma*

第二章　活在当下的维佐人

你是个维佐人 *fa Vezo iha*
你真是个维佐人 *fa Vezo toko iha*
维佐人的标志 *famantaram-Bezo*
你正在成为一个维佐人 *fa mihavezo iha*
相当维佐 *Vezo mare*
强行返航 *mangalatsy lala*
危险 *sarotsy*
不害怕 *tsy mahataotsy*
不畏惧 *tsy menatse*
她总在问问题 *mañontany raha isanandro*
不怕水 *tsy mahataotsy rano*
学得特别快 *malaky mianatsy*
学习维佐人的身份 *mianatsy havezoa*
学 *mianatsy*
会 *fa mahay*
变成维佐人了 *manjary Vezo*
成为维佐人 *mahavezo*
当然会，因为所有生活在沿海地区的人都会呀 *fa mahay mandaño zahay, ka laha olo mipetsaky andriaky mahay mandaño iaby.*
那他其实是个维佐人 *fa Vezo ie laha mahay mandaño*
也是个维佐人 *mahavezo anakahy*
亲戚 *longo*
不熟悉大海 *tsy mahay rano*
学习讨海技术非常困难 *mahery mianatsy rano*
就是他不会游泳 *I mahavoa zay tsy mahay mandaño*

我想学，但是我太害怕了 ta hianatsy, nefa mavoso
如果他能熟悉大海，他就是维佐人了 ka laha mahay rano, fa tsy mañahy, fa Vezo ie
法拉法塞 farafatse
树干 mivan-daka
拉卡弗哈 laka fihara
拉卡 laka
拉卡艋嘎 laka molanga
艋嘎 molanga
洛卡 roka
制作一艘新的独木舟 miasa laka
非常艰难 sarosty mare
洛卡还没被做成独木舟 mbo tsy azo atao laka
让树干变成独木舟 maha laka zay
和女人无关的工作 tsy asan' ampela
有女人一起是禁忌 tsy falin' ampela
亲兄弟 fatidra
正在成为一个马斯克罗人 maha-Masikoro anakahy
自己越来越像马斯克罗人了，因为他已经没法划船从贝隆到穆龙达瓦了 mihamasikoro mare aho, ka tsy mahay milay laka ho avy a Morondava añy
牛舟 lakan' aomby
你了解独木舟 fa mahay laka iha
他是维佐人 fa Vezo aja io
会看天 mahay toetrandro
刮的不是女人风 tsy lozokin' ampela
不论你是不是维佐人，翻船这种事都经常发生 fa ny arendrea, na Vezo na tsy Vezo lafa tonga, lafa avy ny arendrea, fa avy avao
使自己成了一个真正的维佐人 fa Vezo tokoa ie
帕特萨 patsa
裳皮鱼 pepy
捕着玩儿 maminta fahatany
她会了，她就是一个地道的维佐人 fa mahay, fa Vezo mare ie

渔场 riva
他因为捕了九条拉玛撒就完全忘记了手上的伤，他可真是个维佐人！ fa Vezo ie, ka laha mahazo lamatsa sivy isanandro, de tsy mañahy tanany!
鱼药 aolim-binta
法纳巴卡 fanabaka
马达加斯加语中的药物 fanafody gasy
巫师 ombiasa
脏了 mampaloto
你是个马斯克罗人吗？ ka manao akory, fa Masikoro aja ty?
你这样子非常维佐噢！ fa Vezo mare iha!
维佐人很懂鱼 Vezo mahay fia
费劲 miola
她可真是个安坦德罗人 Antandroy tokoa iha
重口味 misy fofony
获得一些微薄的利润 manao tongo tsy
毛利很低 vola kelikely
亏损或赔钱 maty vola
海滩鱼市 manao tongotsy
卖得多了 fa zatsy mamarotsy a bazary
懂鱼 mahay fia
真漂亮 soa
那个女人 ampela io
她是维佐人 fa Vezo ampela io
已经完成了 fa vita
已经长胖了 fa matanjaky iha
已经死了、坏了、累了 fa maty
让维佐人成为维佐人 Mahavezo ny Vezo
活结 dinikily
习惯 fa zatsy
怎么了？你是变成马斯克罗人了吗？ ka manao akory? Fa Masikoro iha?
马斯克罗人没有独木船 tsy manan-daka

维佐人没有耕地 tsy mana tanim-bary, tsy mana baiboho
浪费他们的时间 tsy misy dikany

第三章　没计划的人

维佐人的生计方式 fivelomam-Bezo
没计划 tsy mahihitsy
意外中 tseriky
丝网捕捞 maminta
流网捕捞 mihaza
障碍网捕捞 mitandrano
潜捞 maniriky
米得储克 mitindroke
谋生 velomampo
讨海 mila hany
农业 fambolea
今天 androany
一些食物 mahita raha
每天 isanandro
采集它们（作物）mahazo raha kely
等待 miamby
作物生长 raha mitiry
收获一大批庄稼 mahazo vokatsy bevata
"讨海"的人没有土地 tsy mana tanim-bary, tsy mana baiboho
过去 avy bakañy
公务员 foncionera
自己的前辈很早就懂得制作独木舟 olo be taloha fa nahay niasa laka
玛斐 mafay
在某人背后 amboho
里面 añatiny
把这个渔网放到后面去 atery amboho eñy harata iñy

把这个渔网放到海里去 atery añaty riaky eñy harata iñy
活着 velomampo
造物主 Ndrañahary
捕光了 holany fia
带腮的女人 ampela mañanisa
海龟 fano
对海龟的尊重 manaja zay
容易 tsy miola
聪明 mahihitsy
小菜 laoke
弄些小菜 mikarakara laoke
鳝鱼 bica
从来不需要担心他们的小菜 tsy manahira laoke zahay ato
生气 meloke
无聊 morimoritse
做些安排 mahihitsy
意外 tseriky
我不知道呢，这要看海 mbo tsy hainteña riaky io
白人（瓦扎哈）vazaha
老板 patron
看天气 mañenty riaky
今天天气意外地不好 mahatseriky riaky ty; mahatseriky tsioky ty
从船后偷看 mitsikiroke am-porin-daka
今天没法在市场上卖鱼赚钱了，真意外 tseriky teña tsy misy vola androany
换钱 mivily vola
买食物 mivily hany
满足 vintsy
快乐 falifaly
没人愿意每天都吃鱼 tsy mety laha oma fia avao isanandro
椰奶糕 godrogodro
米糕 mokary

椰子糖 bonbom-boania
她们都会要求我看看她们的篮子里装了些什么回家 tsy hitanao raha andesin' ampelan' Betania lafa mimpoly baka bazary
不会做安排 tsy mahihitsy
快要饿死 maty mosare
维佐女人喜欢每天都去市场 tian' ampela Vezo mamonjy bazary isanandro
不习惯 tsy zatsy
不喜欢 tsy tia
在家囤食物 hany an-trano
维佐人赚很多钱，但他们不知道如何"管理"这些钱 zahay Vezo mahazo vola maro ka tsy mahay mampiasa vola zahay
在海里捞钱 mahita vola añaty rano
卡拉诺罗 kalanoro
吃得像卡拉诺罗一样 atao sakafon' kalanoro
晚上没有食物了，就只能干坐着 lafa hariva, laoke tsy misy, de mipetsaky avao teña
服装 siky
维佐人只会胡吃海喝 oma, oma avao ny Vezo
完全没想到 tseriky mare
钱不见了 tsy mahita vola
双桅帆船 botsy
纳托 nato
人们非常会做计划 mahihitsy mare olo reo
本村的特色 toetsin-tana
古已有之 natao bakañy
习惯 fa zatsy
这个村里的所有人 olo iaby an tana eto
这没关系 tsy mañahy
这些船是用海里的钱建的 vola bakan-drano ro mahavita zay
一点点攒 mivory vola tsikelitsikely
双桅帆船的船主 tompom-botsy
赚很多钱 vola bevata

储备粮 hany an-trano
附近没有市场 tsy misy bazary ato
市场来找我们 ka zahay atoy mandala amihay ny tsena
饿死 maty mosare
没有能产粮食的地 tsy misy tanim-bary
这里人的一种农业 fa io no sahala fambolea atao' hay eto
巨型庄稼 vokatsy bevata
非常会计划的人 olo mahihitsy mare
他们会管理钱财 mahay mampiasa vola rozy
让钱增长 mitombo
这些造帆船的贝隆人仍然是维佐人,即便独木船才是维佐人的根 mbo Vezo olo ro miasa botsy, fa laka ro fototsim-Bezo
造帆船不会让人成为维佐人,但有些维佐人会造帆船 botsy tsy mahavezo, fa Vezo ny olo ro mamonjy botsy
造帆船是白人的工作,不是维佐人的工作 asa botsy asam-bazaha, tsy asam-Bezo
在沿海的运输工作结束后,船长会登上独木船出海捕鱼 de roso ie, mandeha mihaza, mandeha maminta
不论发生什么,维佐人都会去讨海 na ino na ino, tindroke tsy afaky
成功地捕到海龟 mahay mitoraky fano
是个真正的维佐人 Vezo tokoa
强壮 matanjaky
男人日复一日地在海上捕鱼 maminta an-drano avao rozy, isanandro
女人每天都去市场 de roso ny ampela, mamonjy bazary isanandro
船员 matelot
在沙滩上买鱼去卖 manahaky mpanao tongotsy reñy
蝇头小利 manao profity kelikely
他们是没计划的人 tsy mahihitsy zahay
维佐人不想给人打工 tsy tiam-Bezo laha misy patron
希望你能捡到钱 hohita kitapo raraky
非常会做计划 mahihitsy mare

第四章　拒绝牵绊的人

维佐人不喜欢牵绊 *tsy tiam-Bezo fifeheza*
这是以前人的习惯 *fa fomban' olo taloha*
这是过去流传下来的习俗 *fa fomba bakañy bakañy*
"麻烦"和"严苛"的规矩 *raha sarotsy*
当场死亡 *maty sur place*
你们没那么多习俗 *fombanao tsy maro*
习俗 *fa fomba*
维佐人的习俗比较简易，它们不繁琐 *fombam-Bezo mora, tsy sarotsy loatsy*
天性"柔和"，性格"简单" *malemy fanahy, mora fanahy*
一颗柔软的心 *Vezo malemy fo*
他们不带棍子 *tsy manday kobay*
滑稽、出丑 *adaladala*
语气温柔 *moramora*
我们沿海地区的人非常亲切，又温和，不会责备和惩罚孩子们 *tsika olo andriaky tsy mandily anaky, tsy mamohotse anaky*
生病 *mamparary*
好了好了，没事的 *fa soa io, fa soa*
习俗都比较"简易" *fomba mora*
无法去应对 *tsy saky*
太严苛的规矩 *fomba sarotsy*
这是习俗 *fomba' hay*
她认为这种习俗实在是太"苛刻"和奇怪了 *fombanareo sarotsy sady sambihafa mare*
这些行为也是"好"的 *fa soa io*
没什么可羞愧的 *tsy mahamenatse*
遵循沿海居民的习俗 *manaraky fomban' olo andriaky*
难受 *malahelo*
恶心 *mamparary*
害怕 *mampatahotsy*

维佐人"不敢",因为"他们太害怕了"tsy mahasaky, ka mahatahotsy mare zahay
维佐人不喜欢"太多"法栗 tsy tiam-Bezo laha misy faly maro
禁忌(法栗)faly
人们违反了它就会死掉 raha sarotsy mahafaty olo
无时无刻不在死掉 maty isanandro isanandro
遵守很多规矩 falim-pano
然加 ranja
经常地"死掉"maty isanandro isanandro
哈宗满加 hazomanga
不当之处 hadisoa
和维佐人结婚很容易 fanambalia aminny Vezo mora mare
整瓶酒就结束了 filako raiky avao, de vita amin'zay
仪式完成 fa vita fomba
自制朗姆酒 nañosena
蒸馏朗姆酒 toakem-bazaha
高兴一下 plesira avao
出门散个步 mitsangatsanga aminzay
20个配偶 roapolo valy
所有地方 mañatoy mañaroy
生过孩子 latsaky anaky
这个孩子不是你的 anaky io, tsy anakinap
这话很难听 safa sarotsy
这是对女性很恶劣的习俗 fombandrozy sarotsy mare aminampela
捆绑 mifehy
如果写在纸上了 vita soratsy
离婚就没那么容易了 sarotsy saraky
维佐人不喜欢去政府登记结婚 tsy tiam-Bezo mahavita fanambalia an-fanjakana
自由 libre
不喜欢固定的关系 tsy tiam-Bezo fifeheza
不同的人、异族人 olo hafa
姻亲角色 affinal

用女人换男人 ampela takalo johary

没有人地位低，也没有人地位高 tsy misy ambany, tsy misy ambony

这是我的孩子，现在不仅仅是我的了，也是你的孩子 anako ty tsy anako, fa anakinao

因为我的孩子与对方家庭中的人结婚了，所以我尊重他们，他们也尊重我，因为他们的孩子与我们家庭中的人结婚了
zaha manaja an-drozy satsia anako manambaly amindrozy, de rozy manaja anakahy satsia anakindrozy manambaly amiko

他们要娶你女儿也会让你的地位变高呀 fangatandrozy ro mañambony anao

问他愿不愿意嫁女儿 hoavy ato mangataky valy

还需要再次请他参加婚礼 hoavy ato indraiky mangataky anaky

是的，的确 eka, marina io

女婿需要去女方家中拜访很多次 mamangy any rafoza

表示尊重 manaja

放低自己 mañambany

不合时宜 tsy mety

错 diso ie

说话客气 maramora

男人跟着女人 johary manaraky ampela

不好的婚姻 fanambalia raty, tsy soa

有违传统 tsy fomba

暂时的 tezitsy

永久的 saraky

头顶自己的家当 miloloha enta

一个男人扛着自己的家当离开 mahamenatse laha johary milanja enta lafa roso mandeha

这个男人像女人一样 mitovy amin' ampela johary iñy

给家里帮忙 mañampy zay

他要一直担心自己会不会被赶走 mahatahotsy horoasiny

他没有话语权 tsy mana povoara

一家之主 tompon-trano

因为他的岳父岳母可以指挥他 miasa mare teña ka rafozanteña maniriky an-teña

懒汉 ebo

找安逸的人：哪儿凉快哪儿待着 manaraky aloke ie：andrefa aloke, andrefa; antiñana aloke, antiñana
非常便宜 mora mare
有计划的年轻人 kidabo mahihitsy
开始找老婆 mila valy
萨卡拉瓦国王 Sakalava mpanjaka
阴晴不定 masiake
维佐人从前是萨卡拉瓦国王的臣民吗 nanompo mpanjaka ny Vezo
就没有国王了 mpanjaka tsy misy
维佐人没有国王 Vezo tsy mana mpanjaka
长吻鼻鱼 fiantsica
处死 mamono
维佐人没有财产，他们没有田地，也没有牛 ka Vezo tsy manan-kanana, tsy mana tanim-bary, tsy mana aomby
一筐筐肉质极好的鱼干 fia venja, maiky soa
浪费行为 mosera
如果国王来到海边，维佐人就会出海，因为他们不想在村里等着见国王 de lafa niavy andriaky ny mpanjaka, de roso an-driva ny Vezo, ka tsy nahefa mipetsaky antana mandramby zay
调查大家的祖先 mitety raza
表明自己愿意做他的子民 manampo zay
维佐人不喜欢牵绊 tsy tiam-Bezo fifeheza
历史（坦塔拉）tantara
安噶诺 angano
不真实的 mavandy
牵绊 fifeheza

第五章　中场

维佐人没有固定的身份 Vezo tsy karazan'olo

第六章　生的亲属关系 死的亲属关系

爷爷 *dadillahy*
年纪很大的老人 *fantitra be*
孙子 *zafy*
他是位故事大王 *mahay mitantara ie*
人们是怎样成为一家人的 *mahalongo an-drozy*
菲隆共尔（亲属关系）*filongoa*
维佐人有很多亲戚 *Vezo manan-dongo maro mare*
在父亲和母亲两方都有亲戚 *amin'ilan'babanteña, amin'ilan'neninteña*
有共同的母亲和／或共同的父亲 *miharo neny, miharo baba*
因此她们是孩子真正的所有者 *ampela ro tena tompony*
孩子 *anaky*
孩子的孩子的孩子 *kitro*
后代很多很多 *maro mare*
只沿着父系 *amin'ilan'babanteña*
只沿着母系 *amin'ilan'neninteña*
兄弟姐妹 *ampilongo*
一件好事、好东西 *raha soa*
维佐人有太多亲戚了，这让找个"异族人"结婚变得几乎不可能 *maro mare longonteña, tsy misy olo hafa*
可她也坦言说，自己的婚姻并不好 *anambalia ty raty, tsy soa*
我没有公公，我的公公就是我的爸爸，而我的嫂嫂本来也就是我的姐姐 *tsy mana rafoza zaho, ka rafozako mbo babako, velahiko mbo rahavaviko*
不是这样 *diso io*
萨丽的爸爸现在变成了萨丽的公公 *babany manjary rafozany*
大家其实都是一家人，是婚姻让大家分开，成为不同的人 *olo raiky avao, fa fanambalia ro mampisaraky*
如果一个人有孩子，这个人配偶的父母就会成为孩子的亲戚 *laha latsaky anaky teña, refozanteña manjary longon'anakinteña*
人们的亲属关系会永远延续 *longon'olom-belo mihamaro isanandro isanandro*

这些人根本**不是**自己孩子们的配偶，而就是自己的孩子 tsy vinantoko ty, fa anako, zafiko
这是我的孩子，现在不是我的了，而是你的孩子 anako ty tsy anako, fa anakinao
壤葬 raza
八个壤葬 valo raza
一个壤葬 raza raiky
活着的人有八个壤葬 olom-belo valo raza
过去死掉的人 olo taloha fa nimaty
遗体是引发矛盾的存在 faty ro mampialy olo
遗体不能分割，不能让一伙人带走脑袋，另一伙人带走脚 tapa roe, raiky mahazo lohany, raiky mahazo tombokiny
你是哪个壤葬的 ino razanao
活着的人 olom-belo
祖先的土地 tanin-drazana
索颅仪式 soro
索颅纳安克仪式 soron'anake
遗体的主人 tompom-paty
给他办过索颅仪式 laha vita soro
没有给他办过索颅仪式 laha tsy vita soro
索颅还没来得及办 mbo tsy vita soro
讨尸 mangataky faty
母亲那边的亲属将遗体给了他 laha manome faty
主人 tompo
自己的岳父岳母才是真正的"遗体的主人" rafozany ro tena tompom-paty
买壤葬 mivily raza
并不是要买一张嘴或买一块肉，买的又不是孩子的身体，买的是孩子的尸骨 tsy mivily vavany, tsy mivily nofotsiny, fa taola iny ro nivilin'olo
送给 manome
孩子的"主人" tompon'ajà
办第二次索颅仪式应该是马斯克罗人独有的习俗 fomban'i Masikoro avao, tsy fombam-Bezo

这是为什么、有什么含义 ino dikany
索颅仪式没有两场 soro tsy roe
那应该谁是孩子的"主人"呢 ia ro tompon'anaky ty
索颅特索克（孕期索颅）soron-tsoky
卡泼奇 Kapoaky
索颅奥比（牛索颅）soron'aomby
牛 aomby
还不是人类，只是 biby mbo tsy olo, fa biby
不会埋进墓穴中 tsy milevy an-dolo
水宝宝 zazarano
柔软 malemy
当它们能自己坐起来 fa mahay mipetsaky
变成"人类"fa olo
因为"水宝宝"没有骨头 taola tsy misy
收集并保存骨头 fanajaria taola
可能会得到，也可能不会 misy mahazo, misy tsy mahazo
可能会给，也可能不会 misy manome, misy tsy manome
女人活着的时候，跟着丈夫；女人死了，要埋进为她办过索颅仪式的父亲家的坟墓 ampela manaraky valyl aha velo; laha maty milevy am-babany nisoro zay
和为他办过索颅仪式的父亲在一起 amin'ny baba nisoro zay
女性被视为"真正的起点"、"源头"，"因此是孩子真正的所有者" ampela ro tena tompony
"亲生父亲"或"亲生母亲"neny/baba niteraky zay
为他/她办索颅的父亲 baba nisoro zay
为他/她办索颅的父亲埋在一起 am-babany nisoro zay
和壤葬交谈 mañambara an-draza
提供供品 misoron-dolo
他要主持索颅仪式 misoro an-kazomanga
坟墓的主人 tompom-dolo
死亡的危险 homaty
当场死亡 maty sur place

谁和谁去找哈宗满加了 *namonjy ny hazomanga zahay*
在哈宗满加那儿开会 *mivory an-kazomanga*
事情已经告诉哈宗满加了 *mañambara any hazomanga tse zahay*
他的**身体**就是哈宗满加 *vatako ro hazomanga*

第七章　分隔生与死

死者与生者不在一个地方，他们不相同 *ny maty ny velo tsy miaraky, tsy mitovy*
死去的人不是人，他们是 *biby*，和活着的人没关系 *lolo reo tsy olo fa biby, tsy longon'olom-belo*
区分开来 *miavaky*
屏障 *hefitsy*
森林 *añala any*
村庄 *lavitsy mare*
植被 *tsy hita maso*
感伤 *mampalahelo*
害怕 *mahatahotsy*
散步 *mitsangatsanga*
搬运遗体 *laha manday faty*
修建坟墓 *lafa miasa lolo*
一个在村庄的南边 *an-dolo raily*
一个在村庄的东边 *an-dolo be*
一分为二 *kopaky tana*
特别遥远 *lavitsy tokoa*
热的 *mafana*
冷的 *manintsy*
原谅我 *sañatsia*
向冷的土地请求原谅 *sañatsia tany manintsy*
土壤 *tany*
在墓地中没有呼吸 *an-dolo tsy misy ay*
活着的 *fa velo*

有呼吸了 *ainy fa misy*

他没有呼吸了 *fa roso ny ainy*

理所当然的说法 *fomba firesake*

活着的人喜欢凉爽，总想纳凉 *nintsy ro ilain'olom-belo*

因为凉爽意味着宁静，无忧无虑，过着一种没烦恼的生活 *laha tsy misy probléme, laha tsy misy heritseritsy hafa, de manintsinintsy soa teña*

强调墓地相对于村庄是不一样的 *sambihafa mare*

凉爽宜人 *manintsinintsy soa*

当村中有人死亡时 *laha misy faty*

葬礼结束了 *fa vita*

年事已高 *naharitsy*

正式的讣告 *fañambara*

直到黎明、彻夜不眠 *miaritory*

丧宴 *sakafo am-paty*

缅怀死者 *mamonjy faty*

热歌 *hira masake*

从凌晨持续至黎明 *vaky andro*

不会那么难过 *tsy mampalahelo*

特别棒的歌者 *mahay mihira rozy*

唱得卖力 *mihira mare*

留一手 *manao politiky*

棺材 *tamango*

十字架 *lakroa*

丧食 *hany am-paty*

很难吃 *tsy soa*

这是因为炖肉的水中没有放洋葱和番茄 *ketsiky am-paty tsy soa … tsy misy tongolo, tsy misy tamatese*

不是为了让人们吃饱的 *tsy mahavintsy*

惭愧 *mahamenatse*

艰难习俗 *fomba sarosty*

一种特殊树木 *ravin-kinama*

再好不过的东西 *raha soa mare*

坏了 *vaky manta*

人死了就死了 *lafa maty, maty*

它什么也感觉不到，什么也听不见 *tsy mahare raha*

智者 *olo mahihitsy*

长者 *olo be*

"人死了就死了"，以及"人死不能复生，接下来就只会散发出尸体的臭味"，还有"死者已矣，该入土为安了" *lafa maty maty … tsy mihavelo fa mansty … tsy maintsy mandevy lafa maty*

法尼托 *Fañitoa*

这是你们的祖母，她死了 *io dadinao, fa maty io*

禁止 *fa faly*

向祖先禀告 *mañambara*

避免他们感到意外 *tsy hotseriky nareo*

人们不想让祖先这么做 *ka hañontanianareo*

人们不想让祖先来惹事 *mipetsara soa nareo*

擅长在公开场合讲话的人 *mahay mivola am-bahoake*

死者已经去了该去的地方 *farany, fa avy an-plasy misy zay, lit*

结束了，我们回家吧 *fa vita, tsika holy*

婴儿的死亡 *zazamena, zazarano*

婴儿还没有成为严格意义上的人类 *mbo tsy olo*

正值盛年 *mbo tanora*

老人 *olo fantitra*

喜悦 *sambatsy*

非常倦了 *rerake mare*

大魔王 *devoly be*

热烈的庆祝 *fisa masake*

嘎朗基 *gañaky*

看守死者 *ho tsatsy faty*

荣耀 *malaza*

热烈 *masake*

长寿 *fa naharitsy*

第八章 为死者服务

阿萨 *asa*

房子 *trano*

非常生气 *meloke mare*

置人于死地 *mahafaty*

我们做的事是在保佑我们 *asantsika ro tsipiranon-tsika*

死者有求于生者 *olo maty manino an'olom-belo*

丧事的主人 *tompon'asa*

冷 *manintsinintsy*

围栏 *vala*

盒子（萨萨坡）*sasapoa*

维佐习俗 *fombam-Bezo*

外来者 *vahiny*

混凝土的围栏 *asa lolo*

混凝土十字架 *asa lakroa*

阿萨洛洛仪式 *asa lolo*

好 *soa*

存在很久 *maharitsy*

贵 *sarotsy mare*

礼金（恩加）*enga*

海里来 *vola bakan-drano*

大工程 *asa bevata*

让他们能"看到"很多鱼 *mahita fia maro*

亏你每天捕那么多鱼呢 *kanefa, mahazo fi amaro isanandro isanandro nareo*

自己却没能做到 *tsy mahihitsy nareo*

好日子 *andro soa*

择日 *mila andro*

法宁滋拿 *fanintsina*

效果很强 *mahery*
茶卡叶 *tsaka*
密娜娑基 *minotsoky*
对完成这样一个"大工程"的贡献 *asa bevata io*
现在是时候散场回家了 *dia ravo tsika zao holy*
不明智 *tsy mahihitsy*
一旦结束了，就要结束 *lafa vita, fa vita*
令人惊奇 *mahatseriky*
阿萨拉阔仪式 *asa lakroa*
建造十字架模具 *manily lakroa*
十字架要被立起来 *mananga lakroa*
将十字架送往墓地 *atery an-dolo*
建造十字架 *manily lakroa*
十字架的主人 *tompon' lakroa*
讨要 *mangataky*
获得 *mahazo*
亲生的 *anaky naterany*
行为 *hadisoa*
非常好的事 *raha soa mare*
没有赶上遗体告别的人 *tsy tsatsy ny faty*
他们终于见到了自己的母亲 *farany fa hitan-drozy nenin-drozy*
成为一件好事 *mahasoa zay*
母亲 *nenindrozy*
贝糯糯 *Be-nono*
女婿 *vinanto*
岳父 *rafoza*
叭富乐 *baffle*
我们唱的歌没变化，都是一样的 *fihiran' olo tsy miova, fa mitovy avao*
十字架中的一个是小孩子 *aja mbo kelikely*
大麻烦 *istoara bevata*
戏谑关系 *ampiziva*

敬 *mahasaky*

伟大的祖母 *dady-be*

哺育了很多人 *namelo olo maro ie*

确实是个"大魔王",在她死后仍是 *devoly be ie*

停止呼吸 *tsy misy hay*

死人和活人不在一起,他们不一样 *ny maty ny velo tsy miaraky, tsy mitovy*

他们不是人类,他们是 *biby lolo reo tsy olo fa biby*

不再是生者的亲人 *tsy longon' olom-belo*

参考文献

Abinal, R.P. and Malzac, C.P. 1987. *Dictionnaire malgache-français* (first edn 1888). Fianarantsoa.
Acheson, J.M. 1981. Anthropology of fishing. *Annual Review of Anthropology* 10:275–316.
Alvarez, A.R. n.d. Ethnicity and nation in Madagascar. Paper presented at the Conference on Malagasy cultural identity from the Asian perspective, Leiden University, 28–9 March 1994.
Angot, M. 1961. *Vie et économie des mers tropicales*. Paris: Payot.
Astuti, R. 1991. Learning to be Vezo. The construction of the person among fishing people of western Madagascar. Unpublished PhD thesis, University of London.
  1993. Food for pregnancy. Procreation, marriage and images of gender among the Vezo of western Madagascar. *Social Anthropology. The Journal of the European Association of Social Anthropologists* 1, 3:1–14.
  in press a. 'The Vezo are not a kind of people'. Identity, difference and 'ethnicity' among a fishing people of western Madagascar. *American Ethnologist*.
  1994 'Invisible' objects. Funerary rituals among the Vezo of western Madagascar. *Res. Anthropology and Aesthetics* 25:111–22
Baré, J.-F. 1977. *Pouvoir des vivants, langage des morts: idéo-logiques Sakalave*. Paris: Maspero.
  1986. L'organisation sociale Sakalava du Nord: une récapitulation. In Kottak *et al*. 1986 pp. 353–92.
Battaglia, D. 1990. *On the bones of the serpent: person, memory and mortality in Sabarl Island society*. Chicago: The University of Chicago Press.
Battistini, R. 1964. *Géographie humaine de la plaine côtière Mahafaly*. Toulouse: Cujas.
Battistini, R. and Frere, S. 1958. *Population et économie paysanne du Bas-Mangoky*. Paris: ORSTOM.

Beaujard, P. 1983. *Princes et paysans: les Tanala de l'Ikongo*. Paris: L'Harmattan.
Bird-David, N. 1990. The giving environment: another perspective on the economy system of gatherer-hunters. *Current Anthropology* 31:183–96.
1992. Beyond 'the hunting and gathering mode of subsistence': culture-sensitive observations on the Nayaka and other modern hunter-gatherers. *Man* n.s. 27:19–44.
Birkeli, E. 1922–3. Folklore sakalave recueilli dans la région de Morondava. *Bulletin de l'Académie Malgache* 6:185–423.
1926. *Marques de bœufs et traditions de race: documents sur l'ethnographie de la côte occidentale de Madagascar*. Oslo etnografiske museum: Bulletin 2. Oslo.
Bloch, M. 1971. *Placing the dead: tombs, ancestral villages and kinship organization in Madagascar*. London: Seminar Press.
1978. Marriage amongst equals: an analysis of the marriage ceremony of the Merina of Madagascar. *Man* n.s. 13:21–33.
1981. Tombs and states. In S.C. Humphreys and H. King (eds.), *Mortality and immortality*. London: Academic Press, pp. 136–47.
1982. Death, women and power. In M. Bloch and J. Parry (eds.), *Death and the regeneration of life*. Cambridge: Cambridge University Press, pp. 211–30.
1985. Almost eating the ancestors. *Man* n.s. 20:631–46.
1986. *From blessing to violence: history and ideology in the circumcision ritual of the Merina of Madagascar*. Cambridge: Cambridge University Press.
in press. People into places: Zafimaniry concepts of clarity. In E. Hirsch and M. O'Hanlon (eds.), *The anthropology of landscape*. Oxford: Oxford University Press.
unpublished. Seminar paper on knowledge and the person among the Zafimaniry (LSE).
Bloch, M. and Parry, J. 1982. Introduction. In M. Bloch and J. Parry (eds.), *Death and the regeneration of life*. Cambridge: Cambridge University Press, pp. 1–44.
Bodenhorn, B. A. 1989. 'The animals come to me, they know I share'. Iñupiaq kinship, changing economic relations and enduring world views on Alaska's North Slope. Unpublished PhD. Thesis, University of Cambridge.
Borofsky, R. 1987. *Making history: Pukapukan and anthropological constructions of knowledge*. Cambridge: Cambridge University Press.
Carsten, J. 1989. Cooking money: gender and the symbolic transformation of means of exchange in a Malay fishing community. In J. Parry and M. Bloch (eds.), *Money and the morality of exchange*. Cambridge: Cambridge University Press, pp. 117–41.
Comaroff, J.L. 1987. Of totemism and ethnicity: consciousness, practice and the signs of inequality. *Ethnos* 3–4: 301–23.
Condominas, G. 1959. *Perspective et programme de l'étude sociologique du Bas-Mangoky*. Paris: ORSTOM.
Couvert and Nockain 1963. Rapport de la S.A.T.E.C. (sur les goélettes naviguant sur les côtes nord-ouest à sud-ouest de Madagascar). Antananarivo. Mimeo.
Covell, M. 1987. *Madagascar: politics, economics and society*. Marxist Regimes

参考文献 | 293

Covell, M. 1987. *Madagascar: politics, economics and society*. Marxist Regimes Series. London and New York: Frances Pinter Publishers.
Dahl, O. C. 1968. *Contes malgaches en dialect Sakalava*. Oslo: Universitetsforlaget.
Dandouau, A. and Chapus, G.-S. 1952. *Histoire des populations de Madagascar*. Paris: Larose.
Decary, R. 1964. *Contes et légendes du sud-ouest de Madagascar*. Paris.
Deschamps, H. 1960. *Histoire de Madagascar*. Paris: Berger-Levrault.
Dina, J. 1982. Etrangers et Malgaches dans le Sud-Ouest Sakalava, 1845–1905. Thèse IHPOM, Aix-Marseille I.
Douliot, H. 1893–6. Journal de voyage fait sur la côte de Madagascar (1891–1892). *Bulletin de la Société de Géographie* 1893:329–66; 1895:112–48; 1896:26–64, 233–66, 364–91.
Eggert, K. 1981. Who are the Mahafaly? Cultural and social misidentifications in Southwestern Madagascar. *Omaly sy Anio* 13–14:149–76.
 1986. Mahafaly as misnomer. In Kottak *et al.* 1986, pp. 321–35.
Errington, S. 1989. *Meaning and power in a Southeast Asian realm*. Princeton: Princeton University Press.
Fardon, R. (ed.) 1990. *Localizing strategies: regional traditions of ethnographic writing*. Edinburgh, Washington: Scottish Academic Press, Smithsonian Institution Press.
Faublée, J. 1946. *L'ethnographie de Madagascar*. Paris: Maisonneuve et Larose.
 1954. *Les esprits de la vie a Madagascar*. Paris: PUF.
Faublée, J. and Faublée, M. 1950. Pirogues et navigation chez les Vezo du sud-ouest de Madagascar. *Anthropologie* 54:432–54.
Fauroux, E. 1975. *La formation sakalava, ou l'histoire d'une articulation ratée*. Paris: ORSTOM.
 1980. Les rapports de production Sakalava et leur évolution sous l'influence coloniale (région de Morondava). In R. Waast *et al.* (eds.), *Changements sociaux dans l'Ouest Malgache*. Paris: ORSTOM, pp. 81–107.
Feeley-Harnik, G. 1978. Divine kingship and the meaning of history among the Sakalava (Madagascar). *Man* n.s. 13:402–17.
 1979. Construction des monuments funéraires dans la monarchie Bemihisatra. *Taloha* 8:29–40.
 1980. The Sakalava house. *Anthropos* 75:559–85.
 1982. The king's men in Madagascar: slavery, citizenship and Sakalava monarchy. *Africa* 52:31–50.
 1983–4. The significance of kinship in Sakalava monarchy. *Omaly sy Anio* 17–20:135–44.
 1984. The political economy of death: communication and change in Malagasy colonial history. *American Ethnologist* 11:1–19.
 1986. Ritual and work in Madagascar. In Kottak *et al.* 1986, pp. 157–74.
 1991. *A green estate: restoring independence in Madagascar*. Washington and London: Smithsonian Institution Press.
Firth, Raymond 1939. *Primitive Polynesian Economy*. London: George Routledge

and Sons.
1946. *Malay fishermen: their peasant economy*. London: Kegan Paul, Trench, Truber.
Firth, Rosemary 1966. *Housekeeping among Malay peasants* (2nd edn). London: Athlone Press.
Fortes, M. 1969. Cognatic systems and the politico-jural domain. In M. Fortes, *Kinship and the social order*. London: Routledge and Kegan Paul, pp. 122–37.
1970. The significance of descent in Tale social structure. In M. Fortes, *Time and social structure and other essays*. London: Athlone Press, pp. 33–66.
1987. The concept of the person. In M. Fortes, *Religion, morality and the person: essays on Tallensi religion*, ed. J. Goody. Cambridge: Cambridge University Press, pp. 247–86.
Fortune, R. 1963. *Sorcerers of Dobu: the social anthropology of the Dobu Islanders of the Western Pacific*. London: Routledge and Kegan Paul.
Fox, J. 1987. The house as a type of social organization on the island of Roti. In C. Macdonald (ed.), *De la hutte au palais: sociétés 'à maison' en Asie du Sud-Est insulaire*. Paris: CNRS.
Goody, J. 1962. *Death, property and the ancestors*. London: Tavistock.
Grandidier, A. 1971. *Souvenirs de voyages d'Alfred Grandidier 1865–1870 (d'après son manuscrit inédit de 1916)*. Association malgache d'archéologie. Documents anciens sur Madagascar VI. Antananarivo.
Grandidier, A. and Grandidier, G. 1908–28. *Ethnographie de Madagascar*. 4 vols. (part of *Histoire physique, naturelle et politique de Madagascar*). Paris.
Hecht, J. 1977. The culture of gender in Pukapuka: male, female and the *Mayakitanga* 'Sacred Maid'. *Journal of the Polynesian Society* 86:183–206.
Huntington, R. 1973. Religion and social organization of the Bara people of Madagascar. Unpublished PhD thesis, Harvard University.
1978. Bara endogamy and incest prohibition. *Bijdragen Tot de Taal-, Land-, en Volkenkunde* 134:30–62.
1988. *Gender and social structure in Madagascar*. Bloomington: Indiana University Press.
Hurvitz, D. 1986. The 'Anjoaty' and embouchures in Madagascar. In Kottak *et al.* 1986, pp. 107–20.
Julien, G. 1925–9. Notes et observations sur les tribus sud-occidentales de Madagascar. *Revue d'Ethnographie et des Traditions Populaires* 1925:113–23, 237–47; 1926:1–20, 212–26; 1927:4–23; 1928:1–15, 153–75; 1929:2–34.
Kent, R. 1970. *Early kingdoms in Madagascar, 1500–1700*. New York: Holt, Rinehart and Winston.
Koechlin, B. 1975. *Les Vezo du sud-ouest de Madagascar: contribution à l'étude de l'eco-systeme de semi-nomades marins*. Cahiers de l'Homme XV. Paris: Mouton.
Kottak, C.P., Rakotoarisoa, J.A., Southall, A. and Verin, P. (eds.) 1986. *Madagascar: society and history*. Durham: Carolina Academic Press.
Lambek, M. 1983. *Between womb and tomb: notes towards the conceptualization of*

Lambek, M. 1983. *Between womb and tomb: notes towards the conceptualization of Malagasy social structure*. Mimeo.
　1992. Taboo as cultural practice among Malagasy speakers, *Man* n.s. 27: 245–66.
Lambek, M. and Breslar, J.H. 1986. Funerals and social change in Mayotte. In Kottak *et al.* 1986, pp. 393–410.
Lavondès, H. 1967. *Bekoropoka: quelques aspects de la vie familiale et sociale d'un village malgache*. Cahiers de l'Homme VI. Paris: Mouton.
Lieber, M.D. 1990. Lamarckian definitions of identity on Kapingamarangi and Pohnpei. In Linnekin and Poyer 1990, pp. 71–101.
Linnekin, J. and Poyer, L. (eds.)1990. *Cultural identity and ethnicity in the Pacific*. Honolulu: University of Hawaii.
Lombard, J. 1973. Les Sakalava-Menabe de la côte ouest. In *Malgache qui est tu?* Neuchâtel: Musée d'Ethnographie, pp. 89–99.
　1986. Le temps et l'espace dans l'idéologie politique de la royauté sakalava-menabe. In Kottak *et al.* 1990, pp. 143–56.
　1988. *Le royaume sakalava du Menabe: essai d'analyse d'un système politique à Madagascar, 17è–20è*. Paris: ORSTOM.
Macintyre, M. 1989. The triumph of the *susu*. Mortuary exchanges on Tubetube. In F.H. Damon and R. Wagner, (eds.) *Death rituals and life in the societies of the Kula ring*. DeKalb: Northern Illinois University Press, pp. 133–52.
Malinowski, B. 1922. *Argonauts of the Western Pacific: an account of native enterprise and adventure in the archipelagoes of Melanesian New Guinea*. London: Routledge and Kegan Paul.
Marcuse, W.D. 1914. *Through Western Madagascar in quest of the golden bean*. London: Hurst.
Marikandia, M. 1991. Contribution à la connaissance des Vezo du Sud-Ouest de Madagascar: histoire et société de l'espace littoral au Fihezena au XVIII et au XIX siècles, Thèse de Troisiéme cycle, Université de Paris I Pantheon–Sorbonne, Sciences Humaines, UER d'Histoire.
Millot, J. and Pascal, A. 1952. Notes sur la sorcellerie chez les Vezo de la région de Morombe. *Mémoires de l'Institut Scientifique de Madagascar* I, série c:13–28.
Noël, V. 1843–4. Recherches sur les Sakalava. *Bulletin de la Société de Géographie* 1843:40–64, 275–85, 285–306; 1844:385–416.
Ottino, P. 1963. *Les économies paysannes malgaches du Bas-Mangoky*. Paris: Berger-Levrault.
　1965. La crise du système familial et matrimonial des Sakalava de Nosy-Be. *Civilisation Malgache* 1:225–48.
Parry, J. and Bloch, M. 1989. Introduction. In J. Parry and M. Bloch (eds.), *Money and the morality of exchange*. Cambridge: Cambridge University Press, pp. 1–32.
Petit, G. 1930. *L'industrie des pêches à Madagascar*. Paris: Société des Editions Maritimes et Coloniales.
Poirier, Ch. 1953. Le damier ethnique du pays côtier Sakalava. *Bulletin de l'Académie Malgache* 31:23–8.

Pomponio, A. 1990. Seagulls don't fly into the bush: cultural identity and the negotiation of development on Mandok Island, Papua New Guinea. In Linnekin and Poyer 1990, pp. 43–69.
Radcliffe-Brown, A.R. 1950. Introduction. In A.R. Radcliffe-Brown and D. Forde (eds.), *African systems of kinship and marriage*. Oxford: Oxford University Press, pp. 1–85.
Sahlins, M. 1987. *Islands of history* (first published in 1985). London and New York: Tavistock Publications.
Schlemmer, B. 1980. Conquête et colonisation du Menabe: une analyse de la politique Gallieni. In R. Waast *et al.* (eds.), *Changements sociaux dans l'Ouest Malgache*. Paris: ORSTOM, pp. 109–31.
—— 1983. *Le Menabe: histoire d'une colonisation*. Paris: ORSTOM.
Southall, A. 1971. Ideology and group composition in Madagascar. *American Anthropologist* 73:144–64.
—— 1986. Common themes in Malagasy culture. In Kottak *et al.* 1986, pp. 411–26.
Strathern, A. 1973. Kinship, descent and locality: some New Guinea examples. In Jack Goody (ed.), *The character of kinship*. Cambridge: Cambridge University Press, pp. 21–33.
Strathern, M. 1988. *The gender of the gift: problems with women and problems with society in Melanesia*. Berkeley: University of California Press.
—— 1992. Parts and wholes: refiguring relationships in a postplural world. In A. Kuper (ed.), *Conceptualizing societies*. EASA Monograph, London: Routledge and Kegan Paul, pp. 75–104.
Thune, C. 1989. Death and matrilineal reincorporation on Normanby Island. In F.H. Damon and R. Wagner (eds.), *Death rituals and life in the societies of the Kula ring*. DeKalb: Northern Illinois University Press, pp. 153–78.
Waast, R. 1980. Les concubins de Soalola. In R. Waast *et al.* (eds.), *Changements sociaux dans l'Ouest Malgache*. Paris: ORSTOM, pp. 153–88.
Wagner, R. 1977. Analogic kinship: a Daribi example. *American Ethnologist* 4, 4:623–42.
Walen, A. 1881–4. Two years among the Sakalava. *Antananarivo Annual* 5:1–15; 6:14–23; 7:37–48; 8:52–67.
Watson, J.B. 1990. Other people do other things: Lamarckian identities in Kainantu Subdistrict, Papua New Guinea. In Linnekin and Poyer 1990, pp. 17–41.

This is a simplified Chinese translation of the following title published by Cambridge University Press:

People of the Sea: Identity and Descent among the Vezo of Madagascar
By Rita Astuti
ISBN: 9780521024730
© Cambridge University Press 1995

This simplified Chinese translation for the People's Republic of China (excluding Hong Kong, Macau and Taiwan) is published by arrangement with the Press Syndicate of the University of Cambridge, Cambridge, United Kingdom.
© Cambridge University Press and East China Normal University Press Ltd. 2022

This simplified Chinese translation is authorized for sale in the People's Republic of China (excluding Hong Kong, Macau and Taiwan) only. Unauthorized export of this simplified Chinese translation is a violation of the Copyright Act. No part of this publication may be reproduced or distributed by any means, or stored in a database or retrieval system, without the prior written permission of Cambridge University Press and East China Normal University Press Ltd.

Copies of this book sold without a Cambridge University Press sticker on the cover are unauthorized and illegal.
本书封面贴有 Cambridge University Press 防伪标签，无标签者不得销售。

上海市版权局著作权合同登记　图字：09-2020-844 号
All rights reserved.